本书受重庆市社会科学规划项目"重庆市城乡经济协调发…（项目编号：2019QNJJ18）资助。

重庆市城乡经济协调发展研究

Research on the Coordinated
Development of Urban and
Rural Economy in Chongqing

赵宸元◎著

经济管理出版社
ECONOMY & MANAGEMENT PUBLISHING HOUSE

图书在版编目（CIP）数据

重庆市城乡经济协调发展研究 / 赵宸元著. -- 北京：
经济管理出版社，2025. 4. -- ISBN 978-7-5243-0284-1

Ⅰ. F299. 277. 19

中国国家版本馆 CIP 数据核字第 2025UT4734 号

责任编辑：吴　倩　康国华
责任印制：许　艳
责任校对：蔡晓臻

出版发行：经济管理出版社
　　　　　（北京市海淀区北蜂窝 8 号中雅大厦 A 座 11 层　100038）
网　　址：www. E-mp. com. cn
电　　话：（010）51915602
印　　刷：唐山玺诚印务有限公司
经　　销：新华书店
开　　本：720mm×1000mm/16
印　　张：14. 75
字　　数：281 千字
版　　次：2025 年 6 月第 1 版　　2025 年 6 月第 1 次印刷
书　　号：ISBN 978-7-5243-0284-1
定　　价：88. 00 元

前　言

　　自改革开放以来，中国经济快速发展，城镇化率显著提升，但城乡发展不均衡问题日益凸显，城乡差距扩大，出现了资源利用不合理、生态环境破坏等问题，尤其在山地城镇，这些问题更为突出。党的二十大报告强调推动城乡融合、区域协调发展，这是构建新发展格局、实现中国式现代化的必然要求。统筹城乡发展，破除城乡二元结构，对解决"三农"问题、缩小城乡经济差距、推动共同富裕至关重要。

　　山地城乡空间发展既面临共性问题，也有其独特挑战，如生态环境脆弱、资源承载力小等。建设完整健全的城乡统筹发展体制机制，实现城乡社会经济系统优化，是打破城乡二元结构、建立良性互动的关键。西南地区，特别是重庆，作为中西部唯一的直辖市，区位优势明显，是西部大开发和共建"一带一路"、长江经济带的重要节点，习近平总书记对重庆发展提出了更高要求，强调加快城乡融合发展，建立健全体制机制，推动区域协调发展。

　　在实际发展中，重庆各个地区的资源禀赋不同，发展思路也不同，虽然整体经济实力有所增强，但城乡间的差距仍然明显。在新型工业化、信息化、城镇化、农业现代化的背景下，若能突破传统思路，构建城乡间正确处理竞争与合作关系的制度化框架，畅通城乡经济循环，打造高质量发展共同体，或能为重庆城乡经济协调发展找到适宜路径。

　　本书作为重庆市社会科学规划项目"重庆市城乡经济协调发展研究"（项目编号：2019QNJJ18）的研究成果，在理论和实践两个层面都具有重要贡献：

　　在理论层面，本书多维度、多层次、跨区域地展开研究，针对重庆市的实际情况，致力于研究城乡协调发展路径依赖，通过理论与实践分析发现新问题、新矛盾，进一步深化认知，补充和扩展城乡经济协调研究，完善竞合理论分析框架，夯实城乡经济协调发展研究的理论基础。

　　在实践层面，城乡产业的梯度差异、区域产业的关联性与要素流动的便利性为城乡产业的合理分工与协调布局提供了可能，本书通过系统探索，并结合重庆实际情况，全面认识了重庆城乡经济协调发展的现实基础及影响因素，明确了协调路径和发展机制，为政府、企业的决策提供了理论支撑，促进了实践操作能力的提升。同时，本书对数字驱动城乡经济、重庆数字经济与产业融合水平、重庆数字经济存在的问题及数字驱动路径等方面进行了详细探讨，提供了数字经济赋能城乡经济协调发展的实践视角。

　　另外，感谢我的研究生雷兆龙雨、阳妮妮、王子含、黄倩、刘鹏宇、雷汛、李飞浪、胡阳、陈海清、殷明珠、蔺世豪、高艳妮等同学，他们在本书撰写的过程中完成了许多协助工作，包括研究资料的准备、数据的收集和处理等，为本书的完成作出了贡献。

赵宸元

二〇二四年十一月于北京

目　录

第一章　绪论

第一节　研究背景

　　我国的城乡发展战略出现了重大调整，党的二十大报告提出，深入实施区域协调发展战略、区域重大战略、主体功能区战略、新型城镇化战略，优化重大生产力布局，构建优势互补、高质量发展的区域经济布局和国土空间体系。改革开放以来，我国经济快速发展，实现了质的飞跃。根据国家统计局 2021 年 5 月发布的第七次全国人口普查数据，2020 年常住人口城镇化率达 63.9%，城镇化率大幅度提高。由于特殊的国情，我国在工业化、城镇化发展的初期，一直实行向城市和工业倾斜的宏观经济政策，导致城乡发展不均衡。城乡居民之间的收入差距在经历了 20 世纪 80 年代前期短暂的缩小之后，开始逐步拉大，由此引发了城乡差距拉大、城乡二元结构特征明显、"三农"问题突出等一系列问题。同时，快速城镇化带来了建设用地粗放型增长、城镇空间无序扩张、土地资源利用不合理、生态环境破坏和自然资源滥用、灾害频发等问题。由于地形复杂、自然生态敏感脆弱等客观因素，这些问题在山地城镇发展过程中表现得尤为突出，严重制约我国经济社会的可持续发展。

　　2023 年 12 月，中央经济工作会议部署了九项重点任务，"推动城乡融合、区域协调发展"是其中重要一项。实现城乡经济协调发展，是构建以国内大循环为主体、国内国际双循环相互促进的新发展格局的有力支撑。党的二十届三中全会通过的《中共中央关于进一步全面深化改革、推进中国式现代化的决定》指出，"城乡融合发展是中国式现代化的必然要求"。

基于国情，统筹城乡发展，着力推进城乡经济一体化，破除城乡二元结构，是"三农"问题的迫切需求，同时也是缩小城乡经济差距，有序推进共同富裕目标实现的关键，更是实现高质量发展的重要渠道。从实际出发，山地城乡空间的统筹发展，既面临全国普遍存在的共性问题，也有其自身独特的个性特征。除成渝经济区、关天经济区等较为发达外，其他大多是连片欠发达地区，其更大的发展瓶颈体现在生态环境脆弱、资源承载力较小、城镇化基础较差、多民族聚居文化差异较大等具体问题上。因此，在推进新型城镇化、谋求城乡经济快速稳定发展方面，山地区域面临着较平原地区更为严峻的挑战。但是，统筹城乡发展是一个复合的系统，针对当前山地地区日益严峻的城乡二元结构情况，无论是从城乡融合发展的角度看，还是从山地城乡融入一个更大的系统进而实现其整体结构优化和完善的角度看，都需要在各层级体制机制改革创新及各领域、各部门协调发展的基础上，建设完整健全的城乡统筹发展体制机制，以城乡社会经济系统优化为任务，统一规划、统一部署，打破城乡二元结构，建立良性互动的城乡一体化发展纽带。到目前为止，还没有哪个国家的经验可以借鉴。因此，只有经过长期的不断探索，才能寻找出解决这一世界性难题的新路径。西南地区存在集大城市、大农村、大山区和大库区于一体的特征，要充分考虑其所具有的城乡二元结构，利用国家城乡统筹发展政策及长江经济带的发展优势，大力推进城乡统筹发展，实现城乡协调发展，从而帮助西南地区解决区域城乡规划建设和发展的问题。

重庆作为我国中西部地区唯一的直辖市，区位优势突出，是西部大开发的重要战略支点，处在共建"一带一路"和长江经济带的联结点上。2024 年 4 月 24 日，习近平总书记在重庆考察时对重庆提出了更高的要求，强调重庆要对标新时代新征程党的中心任务和党中央赋予的使命，充分发挥比较优势、后发优势，进一步全面深化改革开放，主动服务和融入新发展格局，着力推动高质量发展，奋力打造新时代西部大开发重要战略支点、内陆开放综合枢纽，在发挥"三个作用"上彰显更大作为，不断谱写中国式现代化重庆篇章。在实际发展中，重庆各个地区的资源禀赋不同，发展思路也不同，虽然整体经济实力有所增强，但城乡间的差距仍然明显。在顺应我国新型工业化、信息化、城镇化、农业现代化趋势，统筹实施乡村振兴战略和新型城镇化战略的重要前提下，若能突破传统思路，在产业梯级特征突出的城乡构建起能够正确处理竞争与合作关系的制度化框架，促进城乡经济实现良性循环，打造城乡高质量发展共同体，或能为重庆城乡经济协调发展寻找到适宜的路径。

第二节 研究意义

推动城乡融合发展是重庆实现共同富裕的必由之路，也是拓展城乡发展空间的强大动力。重庆集大城市、大农村、大山区、大库区于一体，区域发展水平差距较大，要在更高层次和更高水平上推进城乡区域协调发展，需紧扣"一体化"和"高质量"两个关键，不断增强城乡发展的协调性、联动性、整体性，建立更加有效的城乡区域协调发展机制，实现城乡融合发展，城市乡村各美其美、美美与共。本书针对重庆市城乡经济协调发展的具体情况展开研究，具有理论与现实两个维度的意义。

在理论意义方面，本书对重庆市城乡经济协调发展的具体情况展开了多维度、多层次、跨区域的深入研究，全面分析了其特点和发展趋势。本书研究从重庆市城乡经济协调发展出发，致力于厘清对城乡区域协调发展路径依赖、竞争与合作一般规律的认知。这不仅有利于揭示城乡经济协调发展的内部机制，还能为产业梯级特征明显的城乡区域建立有效的制度化框架提供指导，帮助城乡经济在竞争与合作之间找到平衡。同时，本书还将探索如何在城镇化进程中以产业为纽带构建理论分析框架，帮助读者更好地理解城乡经济互动的动态过程，促进资源的合理配置与有效利用，从而推动城乡经济协调发展理论创新。本书还通过对理论与实际案例的深入分析发现了新问题、新矛盾，进一步深化了对城乡经济协调发展的认知，也为相关研究提供了新的视角和思路，同时通过补充和扩展城乡经济协调研究，进一步夯实了城乡经济协调发展的理论基础，为政策制定和实践提供了理论支持。

在现实意义方面，城乡产业的梯度差异、产业的关联性及要素流动的便利化使合理的产业分工与协调布局成为可能。通过系统性的探索，并结合实际情况，全面认识重庆市城乡经济协调发展的现实基础及影响因素，进而明确城乡经济协调发展的路径和机制，能够为政府和企业的决策提供坚实的理论支撑，有助于促进实践操作的理性提升，助力重庆市在实现可持续发展与经济增长的过程中找到适合自身特点的城乡经济协调发展路径。目前，我国城乡经济协调发展正处于探索与改革的关键时期，重庆作为西部大开发的重要战略支点，以及共建"一带一路"和长江经济带的联结点，积极探索城乡经济协调发展的路径，成为我国城乡融合发展实践的重要组成部分。重庆市的城乡经济协调发展不仅关乎自身经济的向好发展，还将为其他城市提供可借鉴的示范经验。

第三节　研究内容

一、城乡经济协调发展的理论研究

本书在借鉴相关理论的基础上，深刻理解党的二十大报告中关于区域协调发展的论述，从价值链的视角认识城乡产业竞争的内涵，辨析要素禀赋、人口流动、专业化分工之间的内在联系，探究竞争与合作思路下城乡经济协调发展的基本原理，明确协调发展过程中城乡之间互补互促的互动关系。

二、城乡经济协调发展的实践经验借鉴

不同国家和地区根据自身的实际情况，采取了各具特色的政策和措施，推动了城乡之间的经济平衡和区域协调。本书通过多维度和多层次的案例分析，研究美国、日本和德国城乡经济协调发展的实践路径，以及浙江、上海、江苏、广东城乡一体化发展的实践案例，分类别、分层次总结以上案例的经验特点，并因地制宜地提出重庆市城乡经济协调发展可借鉴的启示和应用策略。

三、重庆市城乡经济发展的全面透视与整体评价

本书全面透视重庆市城乡经济二元结构动态变化情况及其对城乡经济协调发挥的重要影响。围绕共同富裕目标，研究重庆市城乡经济发展情况，具体从收入分配与差距、公共服务、产业结构、社会保障与福利等方面分析发展现状。同时，综合评估重庆市的城乡收入分配制度、城乡产业结构协调发展情况等，对重庆市城乡协调发展作出总体评价。

四、动态进化博弈模型的建立及重庆城乡经济协调发展的互动机制与模式构建

本书通过对重庆市城乡经济协调发展的研究明晰重庆市城与乡之间和乡与乡之间的协调发展问题，从城乡区域发展、乡与乡之间的差异、未来发展预期和偏

好出发，建立城乡价值链上下游竞争性与互补性的企业间、企业与政府间的动态进化博弈模型，考察重庆城与乡之间、乡与乡之间合作博弈的框架和条件，探讨各种因素的复杂反馈效应，并据此构建城乡协调发展模式。

五、重庆市城乡经济发展的协调度测度与评价

本书采用熵权法及耦合协调度模型对重庆市城乡经济协调发展的重要影响因素进行研究，并采用灰色关联度分析法对熵权法计算的权重进行验证，最后对重庆市城乡经济协调发展作出更多元化、更具针对性的总结。

六、数字经济驱动重庆市城乡经济协调发展的路径研究

在数字经济蓬勃发展的大背景下，本书借助数字经济驱动重庆市城乡经济协调发展、促进城乡产业融合。基于现实基础，研究团队通过量化研究，对重庆市数字经济与产业融合发展水平进行测度，评估数字经济在重庆市各产业中的渗透程度及其带来的经济效益，揭示了数字经济与制造业、服务业、农业等产业的融合情况，提出了数字经济驱动重庆城乡经济协调发展的路径。

七、重庆市城乡经济协调发展的政策建议

本书明确了统筹协调的政策取向，从农民现代化、要素流动、产业协调等方面提出了政策建议。

第四节　研究方法

在重庆市城乡经济协调发展研究中，本书集成运用经济学、系统科学等多学科方法，注重理论研究与实证分析的紧密结合，为提高实证结论的可信度，注重多种分析方法下的结果对比分析。理论研究以经济学理论为核心，注重规范分析。

（1）采用因素分析、数据包络分析（DEA）对产业分工的价值创造进行量化。多维度、多指标建立分析模型，确立多指标评价体系。

（2）逻辑分析法。根据重庆市城乡协调发展及其对策的有关研究，结合具体情况，从多种逻辑角度进行分析，发现问题，提出具有针对性的改进建议和措施，保证研究的真实有效性。

（3）综合应用动态进化博弈模型、灰色关联度分析法、耦合协调度模型，深入探索复杂系统中的互动关系与演化趋势，为决策制定提供科学依据。

（4）在采取案例分析法（分析典型案例和总结经验）、比较分析法（探索城乡经济协调基本规律）的基础上，将实证方法与情景分析法、进化博弈模型相结合，对城乡经济协调发展机制展开深入研究，最终对重庆市城乡协调发展提出对策与建议。

第五节　主要创新点

一、学术思想上的创新

党的二十大报告提出要实现全体人民共同富裕，促进人与自然和谐共生，坚持以推动高质量发展为主题，着力推进城乡融合和区域协调发展。党的十九大报告提到要深入实施区域协调发展战略。研究紧随党的引领，针对国家战略需求，结合区域实证数据，对城乡经济理论进行探讨与完善。

在学术研究方面，本书更深入地探讨城乡发展的二元结构差异和发展偏好、产业属性和企业类别，研究城乡专业化分工的价值创造，基于分工理论、二元结构理论、协调发展理论与要素禀赋理论搭建城乡协调发展研究的理论基础。城乡协调发展是古老而创新的命题，本书创新性地利用动态博弈思想对重庆市城与乡之间、乡与乡之间的合作博弈进行分析，构建城乡经济协调发展模型，这在重庆市经济协调发展相关学术研究中是一次创新的尝试。

二、研究方法上的创新

在研究方法方面，本书使用多种方法构建的方法体系对重庆市城乡协调发展中的新问题、新矛盾进行分析。例如，使用动态博弈模型对重庆市城乡之间的互动机制与博弈进行分析；使用熵权法对成渝地区的耦合协调度进行创新研究。明确各个研究板块的独特性，使用合适的研究方法进行分析。从重庆市城乡发展的差异、未来发展预期和偏好出发，创新性建立重庆市城乡企业之间及乡镇企业之间的动态进化博弈模型。

在方法应用方面，本书注重数据与模型的建立，对大量的重庆市城乡经济数据进行收集、整理、建模分析；关注方法缺陷，注重研究方法选择的科学性和适用性；多维度、多层次地对同一问题的多种研究方法进行对比，确保研究结论的正确性和实用性。以前的研究很少将竞争与合作引入城乡发展关系的讨论中，本书在竞争与合作的博弈视角下探讨重庆城乡经济协调发展，结合成渝地区产业结构与当前的数字经济发展背景，在方法应用上具有一定的创新性。研究旨在为探索政府的激励与惩罚机制对重庆城乡之间合作博弈稳定策略的影响提供思路和借鉴，为重庆市城乡产业协调发展、企业有关决策提供参考，同时服务于监管部门、研究人员、投资者、实务人士。

第二章 理论分析框架

第一节 文献回顾

党的二十大报告指出，坚持以推动高质量发展为主题，着力推进城乡融合和区域协调发展，推动经济实现质的有效提升和量的合理增长。结合实际而言，着力推动城乡经济协调发展不仅是高质量发展的内在要求，还是实现共同富裕的重要支撑。经典的发展经济学理论表明，经济发展就是城市化、工业化和城乡差距缩小的过程。与社会经济发展阶段相对应，发达国家和地区已经进入了城镇化的高级阶段，即农业和工业之间的相互联系和相互依赖进一步加强。同时，相关实践证明，整合城市资源，打造城乡产业体系，能够更好地实现城市农业经济与工业经济良性循环发展。目前，众多的发展中国家和地区仍然处于城镇化初级阶段，其核心问题是如何处理好城市和乡村的关系问题，如何利用新技术加快工业化、城镇化和信息化进程。特别是我国在当前的城镇化进程中，城镇化发展依然滞后于工业化发展，并且城乡差距持续扩大。为此，学术界进行了广泛的讨论和研究，将城乡一体化作为一种手段，通过生产要素的优化配置，确保城乡协调发展，而后通过调整传统的城乡分割体质，达到实现城乡融合发展的目的。2014年，《国务院关于建立统一的城乡居民基本养老保险制度的意见》发布，标志着我国在政策方面从城乡分割转向城乡一体化发展（林万龙，2018）。相比于传统的城乡分割体制，以城乡基本公共服务均等化的政策体系为重要基础的城乡一体化更具发展潜力，能够进一步落实好城乡经济协调发展，为实现城乡融合发展增添动力。从"要素—空间—功能"视角分析，通过对闲置土地资源加以有效利用，促进城乡要素流动，建立城乡融合空间体系，使其更好地服务于城乡经济协调发展（应寿英等，2024）。当然，城乡经济协调发展也是机遇与挑战共存的过程。

首先，统筹城乡经济协调发展存在许多现实问题，迫切要解决的就是城乡区域及各级政府之间发展诉求的矛盾和竞争问题。Breton 在《竞争性政府：一个关于政治与公共财政的经济理论》一文中指出，政府本质上是具有竞争性的。特别地，各级地方政府在资本、人才、技术、优惠政策等多个领域既存在横向竞争，也存在纵向竞争。各区域经济发展没有形成良好的联系和互动关系，区域政策简单化没有突出区域差异，区域发展政策缺乏制度支持等，这些都是影响区域经济协调发展的重要因素。赵华和丁凡（2019）在新发展理念框架下，构建了城乡融合发展评价指标体系，从多个角度对全国省域层面的城乡融合发展水平进行了测算，结果显示新发展理念下的城乡融合发展水平存在显著的区域差异。王寅生和初升（2019）认为，解决城乡资源双向流动问题，完善有利于创新创业的制度环境是迫切需要解决的城乡一体化发展问题。徐雪和王永瑜（2023）在加快构建全域城乡融合发展新格局背景下，对2010~2020年中国31个省份城乡融合发展总体及分维度水平进行测算，并对区域城乡融合发展差距展开研究。结果表明，城乡融合发展总体及各维度水平存在明显的地区差异且主要来源于区域间差异。上述内容充分说明缩小城乡间的差异是统筹城乡协调发展的关键一步。

其次，通过查阅大量相关文献资料发现，探究数字经济、城乡经济协调发展、共同富裕三者之间的关联，有助于做好有关城乡经济协调发展现实问题的研究。2023年，中央金融工作会议指出，要做好科技金融、绿色金融、普惠金融、养老金融、数字金融。杨珍珍和徐敏（2023）基于实证分析发现，数字普惠金融对区域协调发展存在显著促进作用，尤其是在覆盖广度、欠发达的地区和网络覆盖水平低的地区，能够发挥资本要素提升效应和城乡收入差距缩小效应。申社芳等（2024）合理高效利用经济模型，从城乡协调发展这一视角解释了数字经济和经济韧性之间的关系，验证了数字经济对促进城乡经济协调发展的重要作用，着重体现在城镇和农村的消费结构优化、城镇和农村居民的收入水平提高两大方面。陈浩天和肖延玉（2024）采用"多方法+组合式模型"即熵值法、耦合协调度模型、探索性空间数据分析法及灰色关联度分析法，得出制定差异化区域协调发展战略，建构跨区域协作机制已成为实现数字经济、生态保护与城乡融合发展互构式发展的重要前提，因此要实现城乡经济协调发展，数字经济是重要保障，生态保护工作有序开展亦是不可或缺的部分。共同富裕既是中国特色社会主义的本质要求，也是中国式现代化的重要特征，以优化县域产业结构为重要着力点，以整合城乡基础设施为有效途径，以补齐农业农村短板为战略目标，有利于快速打通城乡经济通道，突破发展制约，因此从共同富裕的视角而言，城乡经济协调发展离不开产业结构提升、"三农"问题妥善解决及城乡基础设施完善（孙成明，2024）。

再次，结合发达国家的实际及有关文献资料来看，城乡区域协调发展本质上并不是完全均等的发展。区域协调发展是非均衡的发展，既要适度倾斜，又要适度协调，是倾斜与协调相结合的区域战略。在发展过程中各子系统职能互补、相互促进，具有克服冲突、协调矛盾的能力，从而实现区域整体利益最大化。因此，在城乡经济发展中，城乡竞争与合作同时存在，辩证地看待城乡竞争与合作的关系是关键，地方政府应着眼于区域整体的经济利益和自身的长远经济利益。如果不能正确处理城乡的竞争与合作关系，就无法真正实现城乡经济的协调发展。唐源秀（2023）基于相关经济数据分析结果可以发现，地方政府竞争在数字普惠金融对城乡收入差距的影响中具有逆向调节作用。因此，优化政府竞争，进一步加强区域之间的合作力度，着力打造城乡一体化，既是实现城乡经济协调发展的重要保障，也是构建新发展格局的关键要求。

最后，基于我国特殊国情，处理好城乡经济协调发展问题，找准影响因素，因地制策尤为重要。结合实际，提高城市化水平、经济发展水平、构建扁平化的地区城镇体系对城乡协调发展具有正向推动作用（戚斌，2017）。刘勇（2022）认为，以分工协作、空间一体化与综合竞争能力相应的三种主要功能为依据，可将城乡经济体系进一步细分为高层、中层和基层，在有序推进城乡经济理论完善的同时，也要为城乡经济协调发展夯实基础。有学者选取川渝地区作为研究对象，发现市场动态有利于川渝地区城乡一体化的整体发展（Jiang et al.，2024）。此外，城乡产业结构也是较为关键的因素，通过明确产业优化发展方向，能够在稳定城市进步的同时提升乡村水平（罗健，2024）。综合经济学的相关理论而言，产业结构优化确实能够更好地促进城乡经济协调发展。另外，学者在实际研究过程中发现城乡所处地理位置与经济协调发展程度同样存在密切的联系（Liu et al.，2024），因此在有序推进城乡一体化发展时，应当将其纳入考虑范围。

着力打造城乡一体化，有序推动城乡经济协调发展，做实做好以城带乡，进一步增强城乡"深融合"，不仅是构建新发展格局的有力支撑，也是实现高质量发展的关键一环，同时还是实现中华民族伟大复兴的中国梦的重要基础。结合大量相关文献资料，有关城乡经济协调发展的研究不但构建了坚实的相关理论基础，而且在实践中得出了具有较高经济价值的成果。基于全球视角，城乡一体化的思想早在 19 世纪中期就已经在西方国家成为社会经济发展研究的主流。国外学者研究城乡经济协调发展所采用的主要模型与理论包括二元经济模型、循环积累因果理论、农村发展理论、城市偏向理论，在一定程度上提升了国外相关研究进程。国内学者对于城乡经济协调发展的研究主要利用系统协调模型、空间杜宾模型，尤其是面板数据分析，来对我国城乡经济协调发展的长期趋势及所涉及的因果关系进行较为深入的分析。

当前，关于城乡经济协调发展的研究多局限于城乡发展的不均衡性和矛盾性方面，较少从竞争与合作的转化角度进行研究。因此，本书从城乡经济协调发展过程中合作和竞争共存、共变的角度出发，试图通过创新机制寻找到城乡发展中竞争对手与合作伙伴相互转化的可能性，以便从共赢的角度发掘城乡协调发展的潜力，为重庆市"十四五"期间统筹城乡协调发展提供参考。

第二节　研究的理论基础

一、相关理论

在经济学界直接以城乡协调发展为研究内容的文献并不多见，但许多研究与城乡经济协调发展有直接联系。其中，比较有代表性的理论有二元结构理论、区位理论、非均衡增长理论、梯度推移理论、协调发展理论、人地关系理论、系统论、可持续发展观。

1. 二元结构理论

经济学家威廉·阿瑟·刘易斯是研究发展中国家经济问题的领导者和先驱。在 1954 年发表的《劳动无限供给条件下的经济发展》中，刘易斯提出了"二元经济"发展模式。他认为，发展中国家在经济发展过程中必然会存在现代工业部门和传统农业部门并存的状况，传统农业部门存在边际生产率为零的大量剩余劳动力，他们在最低工资水平下提供劳动。现代工业部门和传统农业部门之间存在关联效应，现代工业部门以低工资从传统农业部门吸纳劳动力，现代工业部门将利润资本化并扩大部门规模，传统农业部门的劳动力被不断吸纳，劳动生产率随之提高，两部门劳动边际生产率趋于相等。这一过程将持续把沉积在传统农业部门中的剩余劳动力全部转移干净，直至出现城乡一体化的劳动力市场为止。刘易斯的"二元经济"发展模式可以分为两个阶段：一是劳动力无限供给阶段，此时劳动力过剩，工资取决于维持生活所需的生活资料的价值；二是劳动力短缺阶段，此时传统农业部门中的剩余劳动力被现代工业部门吸收完毕，工资取决于劳动的边际生产力。由第一阶段转变到第二阶段，劳动力由剩余变为短缺，相应的劳动力供给曲线开始向上倾斜，劳动力工资水平开始不断提高。经济学把连接第一阶段与第二阶段的交点称为"刘易斯转折点"。

20世纪60年代初，美国经济学家拉尼斯（Gustav Rains）和费景汉（John C. H. Fei）在1961年共同发表的《经济发展理论》和1963年共同出版的《劳动过剩经济的发展：理论和政策》中对刘易斯二元结构模型作了重要的补充和修正。他们认为刘易斯模型贬低了农业在经济发展中的地位和作用，把农业对经济发展的贡献缩小到只为工业部门扩张提供所需的廉价劳动。事实上，农业部门还为工业部门的扩张提供了必需的劳动剩余。拉尼斯和费景汉把经济发展过程分为农业经济、二元结构经济、成熟经济三个阶段。在第一阶段由于农业部门的边际劳动生产率接近于零，因而农业劳动者的转移不会影响到农业部门的总产量和农村劳动者的收入，这就是刘易斯所说的劳动无限供给。在第二阶段农业部门的边际劳动生产率大于零，却低于农村劳动者的平均收入，因而农业劳动者的转移虽然不会影响到农村劳动者的收入，但农业总产量仍会下降，农产品开始出现价格上涨，并引起现代工业部门工资水平的上升。在第三阶段农业剩余劳动力已全部为现代工业部门所吸收，传统农业部门将按商业化原则经营，传统农业部门和现代工业部门的工资都将由边际劳动生产率来确定，实际工资将上升。由此，二元结构消失，社会经济进入稳定增长的阶段。拉尼斯和费景汉对刘易斯理论的不足之处进行了改进，使其更加准确和合理，形成了一个涵盖面更广的经济发展理论体系。学术界通常把二元结构模型称为刘易斯—费—拉尼斯模型。

按照费景汉和拉尼斯的观点，工业化的困难在第二阶段。如果生产技术没有进步以至于农业劳动生产率没有显著提高，那么在这个阶段劳动力会从传统部门流出，导致粮食等农产品总产量下降，农产品短缺就不可避免。一旦农产品的供给出现不足，现代工业部门必须提高名义工资以稳定产业工人的实际生活水平。现代工业部门的利润率将因此降低，产业扩张的速度放慢，这意味着现代工业部门吸收剩余劳动力的能力弱化。如果农业部门的生产率始终没有提高，工业部门的扩张又没有其他资本积累源泉，那么经济发展的速度会显著放慢，困难的格局可能持续相当长的时间，甚至在某种极端的情况下始终无法完成该阶段。这一阶段的长短取决于传统部门的生产率和现代部门的资本积累水平。传统部门的产出率越高，现代部门资本积累的速度越快，困难的第二阶段就会越短。在最理想的情况下，第二阶段将会消失。

城乡融合发展是指以城乡生产要素双向自由流动和公共资源合理配置为重点，以工补农、以城带乡，统筹推进城乡基本公共服务普惠共享、城乡基础设施一体发展、城乡产业协同发展、农民收入持续增长，形成工农互促、城乡互补、协调发展、共同繁荣的新型工农城乡关系，加快推进农业农村现代化和乡村振兴。城乡协调发展的实践过程实际上就是逐步打破原有的城乡二元结构，实现资源的均衡配置和公共服务的普惠共享。

2. 区位理论

区位理论主要包括农业区位论、工业区位论和城市区位论等，它着重从空间位置关系变化的角度深刻揭示农业与工业、城市与农村之间的差别和联系，重点分析城市效益的根源，认为城市是一种以生产要素集聚为特征的社会生产方式。城镇之间及子系统之间的相互作用使其集聚效应大于分散效应，形成了城镇化发展的动力源泉，进而确定了城市的分布状态和分布形式。

农业区位论是指以城市为中心，由内向外呈同心圆状分布的农业地带，因其与中心城市的距离不同而引起生产基础和利润收入的地区差异，该理论由德国农业经济学家杜能首先提出。在运输业高度发达、运费在农产品市场价格中所占比重越来越小的今天，过分突出运输费用显然是无法与现实模型相一致的。新的农业区位论认为，任何农业模式都是多个因子综合作用的产物，在不同的历史条件下，不同的因子所起的作用会随之发生变化。

工业区位论的代表人物是德国经济学家阿尔弗雷德·韦伯，他从工业区位理论的角度阐释了产业集群的现象。韦伯把产业集群归结为四个方面的因素：一是技术设备的发展。随着技术设备专业化整体功能的加强，技术设备相互之间的依存会促使工厂集中化。二是劳动力组织的发展。一个充分发展的、新颖的、综合的劳动力组织被看作一定意义上的设备，由于该组织存在"专业化"，因而也促进了产业集群化。三是市场化因素。韦伯认为这是最重要的因素。产业集群可以最大限度地提高批量购买和出售的规模，得到成本更为低廉的信用，甚至"消灭中间人"。四是经常性开支成本。产业集群会引发煤气、自来水等基础设施建设，减少经常性开支成本，能够通过运输指向和劳动力指向两个不同的途径去分析产业集群能够达到的最大规模。韦伯将产业集聚分为两个阶段：第一阶段是企业自身的简单规模扩张，能够引起产业集中化，这是产业集聚的低级阶段。第二阶段主要是背靠大企业以完善的组织方式集中于某一地方，并引发更多的同类企业出现，这时大规模生产的显著经济优势就是有效的地方性集聚效应。不少学者认为产业集群仅仅发生在小企业当中，似乎只有小企业才有集群现象。事实上，无论是在已经完成工业化的国家，还是正在工业化的国家，大企业的产业集群现象都十分普遍，而且大企业因产业集群引起的规模经济效应优于小企业。韦伯在他的研究中也专门论述了这个观点，该理论的核心就是通过对运输、劳动力及集聚因素相互作用的分析和计算，找出工业产品的生产成本最低点，以此配置工业企业的理想区位及其布局，即城市经济、地方经济和工业中心区经济。

城市区位论又称中心地理论，由德国经济学家克里斯塔勒创建，他认为有三个条件或原则支撑中心地体系的形成，它们分别是市场原则、交通原则和行政原则。在不同的原则支配下，中心地网络呈现不同的结构，而且中心地和市场区的等级顺序有着严格的规定。在克里斯塔勒设置的前提条件下，中心地均匀分布在平原上，同一等级的中心地之间距离相等，服务范围是相同半径的圆形区。由于竞争机制的存在，各个中心地都想扩大服务区范围，相邻的中心地服务区之间将出现重叠，根据中心地购物的原则，重叠区的消费者将以中心线为界被最近的中心地吸引。于是，每个中心地的服务区变成空间结构稳定的六边形。每个次一级的中心地成为六边形的六个顶点，各级中心地组成一个规律递减的多级六边形，形成一般均衡状态下的中心地空间分布模式。分析不同等级的中心地城市与中心性商品和服务之间规则的层次关系可以总结出城市服务功能地域空间网络体系的规律，确定一定区域内城市等级及其空间分布特征。

通过区位理论，我们可以识别和评估不同区域的经济和社会活动的最佳空间位置，从而优化城乡空间布局，帮助确定基础设施（如交通、水利等）的最佳位置，降低运营成本并提高效率。这有助于推动城乡基础设施的一体化发展，缩小城乡发展差距，促进城乡融合。另外，区位理论还可以指导城乡产业布局，使城市和乡村的产业能够互补发展，通过产业互补促进城乡经济深度融合。区位理论还可应用于城乡协调发展中的生态保护，通过合理规划保护区和开发区的位置，实现人与自然的和谐共生，既保护生态环境，又提升城市居民的生活质量。

3. 非均衡增长理论

非均衡增长理论主要包括增长极理论、中心—边缘理论和循环累积理论，它侧重从经济发展的时间顺序揭示城乡关系变化的过程与规律。

增长极理论是1950年由法国经济学家佩鲁提出的，他认为经济增长通常首先出现在一些增长部门或地区，然后通过不同渠道从一个或数个增长中心逐渐向其他部门或地区传导。通过产业关联形成"极",又通过"极"向外扩散,推动周围地区特别是农村的经济增长。

弗里德曼的中心—边缘理论对佩鲁的增长极理论进行了拓展,将增长极模式与各种空间系统发展相融合。他认为经济活动的空间组织通常具有强烈的极化效应和扩散效应,中心区和边缘区相互依存机制是通过中心区自身经济的不断强化,进而形成对边缘区的支配态势。在经济发展初始阶段二元结构十分明显,表现为一种单核结构,随着经济进入起飞阶段单核结构逐渐为多核结构替代。当经济进入持续增长阶段,随着政府政策的干预,中心和外围界限会逐渐消失,区域经济发展实现融合。

缪尔达尔的循环累积因果理论认为经济发展过程总是从一些条件较好的地区开始,一旦这些区域因初始优势比其他区域超前发展,就会通过累积因果过程不断积累有利因素,进一步强化和加剧区域间的不平衡。这里存在两种相互作用的力量:一是回波效应,表现为各生产要素从不发达区域向发达区域流动,使区域发展差距不断扩大;二是扩散效应,表现为各生产要素从发达区域向不发达区域流动,使区域发展差距趋于缩小。为防止区域差距无限制扩大,政府应采取一定的特殊措施来刺激欠发达地区的发展,缩小区域差距。在城乡关系变化上缪尔达尔的理论揭示了城市的等级扩散现象,即由中心城市向外扩散,总是以不同等级城市体系的"蛙跳规律"进行。

非均衡增长理论中的增长极概念可以有效地应用于城乡协调发展过程。根据这一理论,城市作为增长极,凭借其集中的技术、资本和人才优势,通过外溢效应推动农村及周边区域的经济发展。将非均衡增长理论中主导部门带动非主导部门的理论运用到城乡协调发展过程中,城市是主导部门,能够通过先进的技术和管理经验向农村地区辐射,从而提升农村生产力,带动资源在城乡之间双向流动。政府在推动城乡协调发展时,可以通过支持主导产业发展促进增长极的形成和发展,从而实现区域经济的整体提升。例如,通过实施强镇带村工程,推动城市资源向乡村流动。此外,非均衡增长理论还强调了基础设施在推动区域经济发展中的重要性,城乡协调发展同样需要完善的交通、能源、信息等基础设施体系及均衡的公共服务体系,以确保资源能够高效流动和经济活动能够顺畅进行。

4. 梯度推移理论

梯度推移理论基于弗农的工业生产生命循环阶段论,侧重从区域经济发展的空间扩散角度揭示城乡关系变化的过程与规律。根据工业生产生命循环阶段论,工业各部门甚至各种工业产品都处在不同的生命循环阶段,必然经历创新、发展、成熟、衰老四个阶段，在不同阶段，各部门都将由兴旺部门转为停滞部门最后成为衰退部门。区域经济学家把生命循环理论引用到区域经济学中，创造了梯度转移理论。该理论的基本观点是无论是在世界范围内还是在一国范围内，经济技术的发展都是不平衡的，客观上形成了一种经济技术梯度。

在梯度推移理论中，梯度指的是各区域在经济、技术、资本、人力资源等方面的差异。有梯度就有空间推移。生产力的空间推移要从梯度的实际情况出发，首先让有条件的高梯度地区引进先进技术，然后逐步向处于二级梯度、三级梯度的地区推移。随着经济的发展、推移的速度加快，地区间的差距逐步缩小，实现了经济分布的相对均衡。梯度推移理论的应用不仅限于发达地区和欠发达地区之间，还可以在同一地区内的不同区域之间进行。例如，城市和乡村之间、中心城市和周边小城镇之间的经济活动流动。该理论的一个关键观点是政府和政策的干预能够有效地引导这种梯度流动，具体来说，通过加强对欠发达地区的政策支持，增加基础设施投资，推动产业转移，鼓励技术和人才外溢，促使经济资源和活动逐步向发展较为滞后的地区扩展。

在城乡协调发展中，梯度推移对促进城乡经济和谐发展有着显著的作用。第一，梯度推移有利于推动落后地区的经济发展。发达地区的产业可以通过梯度推移转移到欠发达地区，推动欠发达地区的经济发展，缩小两地差距。第二，梯度推移有利于促进发达地区的产业升级。原有产业发生转移后，发达地区为了保持自身优势，必然会不断寻求创新和发展，催生新技术，形成新的技术优势和产业优势。另外，梯度推移也为发达地区寻求新发展提供了必要的生产要素条件。第三，梯度推移有助于促进区域间生产要素的合理配置。区域间主、客观条件不同决定其生产要素配置在客观上存在优化欠缺，梯度推移有助于促进城乡间生产要素的优化配置，提高生产要素的配置效率和配置效果。第四，梯度推移为城乡之间的合作创造了更好的条件，由梯度推移导致的产业转移是进行区域间合作的重要途径。第五，梯度推移有助于保持适度的区域经济差距，适度的差距是欠发达地区社会经济发展的动力源，为发达地区和欠发达地区提供了区域竞争与合作的平台。由于存在诸多延缓城乡梯度推移进程的黏性因素，因此仅靠市场机制的作用常常难以起到以上作用。因而，政府的宏观调控是梯度推移作用得以有效发挥的必要条件。

5. 协调发展理论

协调发展理论主要包括人地关系理论、可持续发展观和系统论等思想和理论，侧重从城与乡的整体发展、人与自然、经济与社会、资源与环境等持续协调发展的角度揭示城乡关系变化的过程与规律。

党的十八届五中全会首次提出"创新、协调、绿色、开放、共享"五大发展理念。"五大发展理念"把协调发展放在我国发展全局的重要位置，坚持统筹兼顾、综合平衡，正确处理发展中的重大关系，补齐短板、缩小差距，努力推动形成各区域各领域欣欣向荣、全面发展的景象。协调发展理念是对马克思主义关于协调发展理论的创造性运用，是党对经济社会发展规律认识的深化和升华，为理顺发展关系、拓展发展空间、提升发展效能提供了根本遵循。

西方发达国家长期以城市发展为中心，虽未直接提出城乡协调发展，但伴随着工业化的推进，对农业农村的投资、政策支持与对城市管理理念的探索有效地促进了农村发展。发展中国家的城乡协调问题日益突出，发展经济学中经典的二元经济理论"刘易斯-拉尼斯-费景汉"模型为破解城乡二元结构提供了重要依据，也引发了发展中国家城市偏向的发展模式。随着经济全球化、科技进步，以及管理组织现代化，发展中国家人口高速增长和转移导致城乡关系出现新变化，引起了理论界的高度关注，因此国外学者对发展中国家城乡地域的研究重点也逐渐转移到对城乡之间相互作用的分析上。城乡联系和要素流动是城乡关系变动和城乡发展的基础，在各要素流的作用下，农村结构变化和发展与城市功能和角色紧密联系，二者相互影响、协同共进。

城乡协调的相关研究不仅包括城镇系统与乡村系统间的关系特征，也包含城乡发展转型过程中要素、结构、功能、政策等的协调。城乡要素流动和空间集聚效应是城乡联系和交互作用的基础，表现为城乡人口、土地、资源、资金、信息、技术等生产要素在城乡之间的流动与重组；结构层是城乡要素组成及重构的反映，包括城乡产业结构、就业结构、土地利用结构、城乡空间体系等方面；功能层是城市与农村参与区域间及城乡间分工与协作的主导功能与定位，分为经济功能、社会功能、生态涵养功能、粮食生产功能等，主要由其生产部门和服务部门的活动体现，随着生产水平提高及消费需求改变，城乡地域功能发生变化；政策层是与城乡发展适宜的政策体制，包括城乡户籍、土地、就业、社会保障、医疗及教育等方面相关政策和制度。相关研究还包括层级间的有机互馈。要素层、结构层、功能层、政策层构成自下而上的驱动体系，下层级变化驱动上层级变动；政策层、功能层、结构层、要素层为自上而下的反馈体系，上层级的调整分为正反馈和负反馈，既可能深化下层级的变化，也可能对其形成阻碍。

6. 人地关系理论

1912 年，法国人文地理学家白吕纳在《人地学原理》一书中提出人地相关的思想以后，人类更加强调人地之间的相互制约、相互影响，人地之间的适应、调整和协调。该理论认为地理环境是人类生存与发展的基础，人与自然环境的相互作用与影响构成了复杂的人地关系。在改造自然的过程中从原始的自然崇拜、天人合一思想到地理环境决定论、人定胜天思想，再到现在的人地协调发展，人类对自然的认识不断深化。特别是进入工业化社会以后，过度的资源开发导致环境恶化，引发了一系列的社会、经济、人口等问题。协调好人与自然的关系，走持续发展之路，是人类对传统发展观念的深刻反思。对城市和乡村而言，进行经济建设就是要处理好城市和乡村的关系，摒弃不顾资源和环境容量盲目进行粗放式生产和毁林开荒等破坏环境的做法，积极探索城市与乡村的和谐发展路子。

7. 系统论

1969 年，普利高津从热力学第二定律出发，提出了著名的耗散结构论，他认为宇宙中的各系统无论是有生命的还是无生命的，无一不是与周围环境相互依存、相互作用的开放系统。根据这一思想，城市和乡村由多种要素组成，是一个具有整体性、综合性、开放性的系统，城乡之间相互影响、相互制约，构成了具有整体结构与功能的复合体。城乡关系并不是一种垂直的上下行政关系，乡村既不附属于城市，也不是城市农产品、原材料的供应基地和工业产品的倾销地，城乡关系是一种网络化、横向联系的水平关系。通过建立良好的协作关系，促进城乡之间资源互补、要素互通，城市能有力地辐射和带动农村发展。与此同时，城市通过农村要素的流入，不断改善自身功能与结构，持续提升自身发展实力，进一步增强带动农村发展的实力，形成城乡良性互动的发展格局。

8. 可持续发展观

人类社会经过了采猎文明、农业文明、工业文明三个发展阶段，在创造大量物质财富的同时影响了自然环境有限的环境承载力，威胁到了人类的长远生存与发展。为有效解决全球环境危害和能源危机，1987 年，以挪威首相布伦特兰夫人为首的世界环境与发展委员会出版的《我们共同的未来》正式提出了可持续发展概念。其核心是既要满足当代人的需求又不至于损害后代人满足其需要能力的发展，旨在谋求人与自然、人与人的和谐发展，实现经济效益、社会效益、生态效益的统一。改善城乡关系就是要从城市与乡村长远发展的角度出发，采取必要的措施统筹城市与乡村的经济社会发展，努力消除城乡经济社会之间的发展差距，解决收入分配不公平等问题，实现城乡经济社会的可持续发展。社会学家、经济学家和人类学家还从城乡关系的角度指出，城乡之间应打破相互分割壁垒，促使生产力在城市和乡村之间合理分布，推动城乡经济和社会生活紧密结合与协调发展，逐步缩小城乡之间的差距直至消灭使城市和乡村融为一体。生态、环境学者从生态环境的角度指出，城乡一体化是对城乡生态环境的有机结合，保证自然生态过程畅通有序，促进城乡健康、协调发展。总而言之，国外多数区域发展理论主张从不同角度、以不同方式来调控城市与乡村之间的关系，最终实现城市与乡村的协调发展，这对我国城乡协调发展具有重要的理论指导意义。

二、相关方法

1. 灰色关联度分析法

灰色系统理论是由我国邓聚龙教授在 1982 年提出的，最早刊登于 Systems & Control Letters 上。灰色系统理论、概率论和模糊数学是研究不确定性系统最常用的方法。这种数据分析方法可以用来分析信息不完整的系统，它结合了自动控制和运筹学的数学方法，具有能够合理地利用较少的数据进行建模并寻找实际存在规律的特性，能够克服数据不足或系统周期短的问题。按照控制论的国际惯例，信息量的多少通常以颜色的深浅来表示："白色"表示信息充足、确定或者已知，"黑色"表示信息缺乏、不确定或者未知，"灰色"表示部分信息不确定，这种划分将系统分为白色系统、黑色系统、灰色系统。灰色系统中的信息不确定一般是指系统的因素不能完全确定，各因素之间的关系不能完全清楚，系统的结构不能完全掌握，系统的作用原型不能完全了解。

灰色系统理论认为似乎杂乱无章的系统行为实际上是有序的，并且具有整体功能，这些杂乱无章的数据背后必然隐藏着一定规律。灰色系统理论把所有的随机过程都当作和时间有关的、在一定范围内变化的灰色过程。它不像经典的系统分析方法那样，通过对大样本的研究来从中获取统计的规律，而是将杂乱无章的原始数据通过数据生成的方法整理成具有明显规律的生成数列，也就是通过已知的一些信息来研究并预测未知领域，进而实现对整个系统的了解。

灰色系统理论自提出至今已有 40 多年，现已经成为一门新兴的学科。该理论体系的基础是灰色矩阵、灰色方程及灰色代数系统，模型体系的基础是灰色模型，方法体系的基础是灰色序列生成，分析系统依托灰色关联空间，形成了以系统的分析、评估、建模、预测、决策、控制及优化为主体的技术体系。灰色系统理论的应用十分广泛，对实验数据没有特殊的要求和限制，常被用于数据生成、关联分析、模式预测、评估决策和系统控制领域。

灰色关联度分析法是将因素之间发展趋势的相似或相异程度作为衡量因素间关联程度的一种方法。简言之，灰色关联度分析法的意义是在系统发展过程中，如果两个因素的变化态势是一致的，即同步变化程度较高，那么可以认为两者关联度较高；反之，两者关联度较低。这一理论提出对各子系统进行灰色关联度分析，意图通过一定的方法或相关模型，寻找系统中各子系统之间的数值关系，从而分析各子系统之间的关联程度。因此，灰色关联度分析法为系统发展变化态势提供了量化的度量。本书通过构建灰色关联模型，根据母序列和各特征序列之间发展趋势的变化情况来衡量各指标之间的关联程度。

在灰色系统分析中，若 k 为时间序号，$X_i(k)$ 为因素 X_i 在 k 时刻的观测数据，则称 $X_i=x_i(1)$，$x_i(2)$，$\cdots$，$x_i(n)$ 为因素 X_i 的行为时间序列。设序列 X_0、X_i 长度相同，且初值皆不等于零，X'_0、X'_i 分别为 X_0、X_i 的初值像，则称 X'_0 与 X'_i 的灰色绝对关联度为 X_0 与 X_i 的灰色相对关联度，简称为相对关联度，记作 r_{0i}。

$$r_{0i}=\frac{\min_i\min_k|x_0(k)-x_i(k)|+\rho\max_i\max_k|x_0(k)-x_i(k)|}{|x_0(k)-x_i(k)|+\rho\max_i\max_k|x_0(k)-x_i(k)|} \tag{2-1}$$

灰色相对关联度是序列 X_0 与 X_i 相对于始点的变化速率之联系的表征，X_0 与 X_i 的变化速率越接近，r_{0i} 越大；反之，就越小。

2. 完全信息动态博弈

关于完全信息博弈的最早研究出现在 20 世纪 50 年代，但确切出自何人之手无从得知，这就是所谓的"佚名定理"。该定理认为，重复博弈的策略均衡结局与一次性博弈中的可行个体理性结局恰好一致，这个结局可被视为将多阶段非合作行为与一次性博弈的合作行为联系在一起。或者可以说，只要行为人有足够的耐心，任何满足个体理性的可行支付都可以通过一个特定的子博弈精炼纳什均衡实现。然而，虽然所有可行的个体理性结局确实代表了合作博弈的解，但是它不能够提供相关信息，并且是相当模糊的。

完全信息静态博弈具有的两个特点分别是完全信息和动态。动态是指在博弈中参与人的行动有先后顺序，且后行动者能够观察到先行动者所选择的行动。完全信息是指每一个参与者的收益函数在所有参与者之间为公共知识，即每个人既知道自己的收益函数，也知道别人的收益函数，别人也知道你知道他的收益函数。完全信息动态博弈是指博弈中的信息是完全的，即双方都掌握参与者对其他参与人的战略空间和战略组合下的支付函数有完全的了解，但行动是有先后顺序的，后者可以观察到前者的行动，了解前者行动的所有信息，而且一般都会持续较长时期。这允许他们考虑彼此的角色，更好地理解另一个参与者对他们自己利益和损失的影响。

动态博弈习惯用扩展式表述。战略式表述的三要素包括参与人集合、每个参与人的战略集合、由战略组合决定的每个参与人的支付。扩展式表述的要素包括参与人集合、参与人的行动顺序、参与人的行动空间、参与人的信息集、参与人的支付函数、外生事件（自然的选择）的概率分布。以 n 人有限战略博弈为例，我们以开发商开发房地产为背景进行简单分析，并假设如下行动顺序：①开发商A 首先行动，选择开发或者不开发；②开发商 A 决策之后，自然选择市场需求；③开发商 B 在观测 A 的决策与市场需求之后，决定是否开发（见图 2-1）。

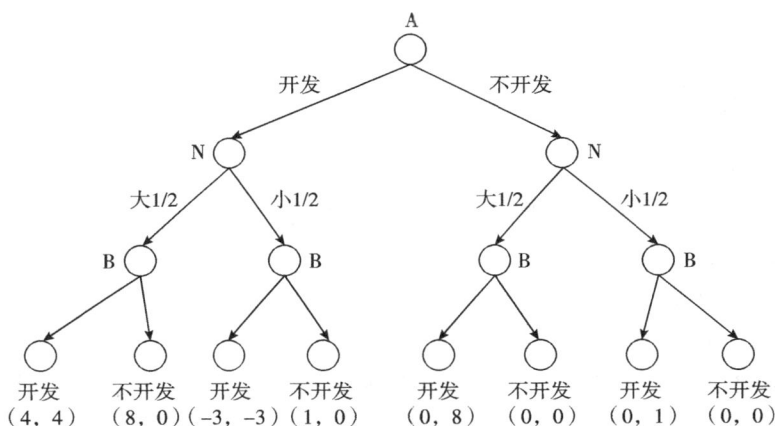

图 2-1　有限战略博弈扩展式

3. 熵权法

熵权法是将物理学理论与研究应用于经济学的方法，熵权是物质微观热运动时混乱程度的标志，后被广泛使用在信息论基本原理中，信息是系统有序程度的度量，熵是系统无序程度的度量。因此，在信息理论中熵可以用来判断某项指标的离散程度，指标的信息熵值越小，说明指标的离散程度越高，该指标在综合评价中的作用越显著，即权重越大。若某项指标的熵值全部相等，则说明该指标对综合评价无意义，即为无效指标。因此，熵可作为度量工具，用以计算指标的权重，作为综合评价的依据。对于一组数据，每个指标的信息熵可以记为：

$$E_j = -\mathrm{Ln}(n)^{-1} \sum_{i=1}^{n} p_{ij} \mathrm{Ln} p_{ij} \qquad (2-2)$$

TOPSIS 综合评价法的全称为 Technique for Order Preference by Similarity to an Ideal Solution，该方法是由 C. L. Hwang 和 K. Yoon 于 1981 年首次提出，是根据有限个评价对象与理想化目标的接近程度进行排序的方法，是在现有的对象中进行相对优劣的评价。TOPSIS 综合评价法用于量化各待估对象的综合评分，其原理是在各待估对象各个指标中确定最优解和最劣解，计算各待估对象与最优解的欧氏距离，从而得出各待估对象的相对贴近度并进行排序。熵权法的引入弥补了 TOPSIS 综合分析法无法凸显重要指标的缺陷，能够增强评价结果的科学性。作为一种逼近于理想法的排序法，引入熵权法的 TOPSIS 综合分析提高了评价结果的科学性。TOPSIS 综合分析法只要求各效用函数具有单调递增或递减性，是多目标决策分析中常用的方法，又称为优劣解距离法。其中，最优、最劣距离记为：

$$D_i^+ = \left(\sum_j \left(z_{ij}^* - z_j^{*+} \right)^2 \right)^{1/2} \tag{2-3}$$

$$D_i^- = \left(\sum_j \left(z_{ij}^* - z_j^{*-} \right)^2 \right)^{1/2} \tag{2-4}$$

在最优解、最劣解基础上构建相对接近度 C_i，对 C_i 进行排序，C_i 越大表明评价对象越接近最优值。

熵权法的优点是可以根据各项指标值的变异程度来确定指标权数，这是一种客观赋权法，避免了人为因素带来的偏差。相对于那些主观赋值法，熵权法精度较高，客观性更强，能够更好地解释所得到的结果。其缺点是忽略了指标本身的重要程度，有时确定的指标权数与预期的结果相差甚远。同时，熵权法不能减少评价指标的维数，即熵权法的使用需要符合数学规律，且具有严格的数学意义，但这往往会忽视决策者主观的意图。如果指标值的变动很小或者很突然地变大（变小），那么熵权法的使用就有局限性。总体而言，熵权法适合多指标、极端值少的模型。

第三节　本章小结

本章对城乡经济协调发展的相关文献进行了梳理，分析了当前城乡经济协调发展研究在有关方面所存在的局限性，与此同时，探究了二元结构理论、区位理论、非均衡增长理论、梯度推移理论、协调发展理论、人地关系论的价值，着重研究了灰色关联度分析法、完全信息动态博弈模型及熵权法的优缺点，为进一步做好相关研究夯实了理论基础。整体来看，实现城乡经济协调发展离不开城市与农村恰当的发展力度，需要做实做好城乡一体化。

　　具体而言，国外关于处理好城乡关系、实现城乡经济协调发展的研究呈现出多元化的特点，着重于理论框架的构建及实证分析的开展，如非均衡增长理论的提出。当然，其他国家在推进城乡经济协调发展方面所积累的成功经验也具有较大的借鉴意义，如中东欧国家在非农就业结构调整方面的成就，德国的"城乡等值化"理念。上述成果不仅能够为我们更好地寻求解决城乡深度融合发展过程中所遇现实问题的途径提供丰富的理论支持，还能推动我国加快实现共同富裕的目标。

　　目前，农业农村仍然是我国现代化建设的短板，相关研究表明，通过借鉴不同国家和地区在打造城乡一体化方面的成功经验，对我国已有机制加以创新，充分激发现代化城市的潜能，着力提高农村基础设施完备度，以城带乡，打通城市与农村之间的经济通道，因地制宜地应对城乡经济协调发展的挑战，真正打破地域限制，最大限度地推动城乡经济合作，有序推进城乡融合发展。这不仅仅是重庆市内需所在，还是构建新发展格局、实现高质量发展的重要一环，更是助力共同富裕目标的重要支撑。但是，从现实来看，实现城乡经济协调发展的方法与现存问题之间仍存在一定的落差，因此基于城乡一体化设计相应理论体系尤为关键。

　　总之，结合理论体系与实践经历而言，我国与国外在城乡经济协调发展方面既有相似之处，又有显著性差异。尤其是在资源配置与经济模式方面，我国着重强调通过优化城乡结构，结合区域经济的发展方向，促进生产要素的自由流动，把握好公共资源的均衡配置，从而凸显城乡经济协调发展。但是，我国目前仍然存在城乡收入差距较大、农村基础设施相对落后等问题。与此同时，随着乡村振兴战略的深入实施，我国在缩小城乡差距、提升农村居民生活质量方面仍有很大提升空间。因此，借鉴国外的经验，结合我国的实际情况，进一步完善我国的城乡统筹发展政策，从而促进城乡经济协调发展是非常重要的。

第三章　城乡协调发展的互动关系

本章在讨论城市发展与农村发展互动关系的基础上，从基本概念入手，确立了城乡协调发展的依存条件，构建了城乡协调发展的理论分析框架，为后续研究奠定了理论基础。

第一节　城市在区域发展中的作用

城市与区域是一个相互联系、相互依赖、相互促进的整体，两者互为前提和条件。城市是区域的增长极，是区域的核心，而区域是城市的载体、支撑和扩散腹地，两者不可分割。21 世纪是城市化的世纪，城市化已经成为当前中国区域经济发展的主要载体和推动力，多中心城市空间布局已经成为中国大城市发展的战略选择。城市空间结构在区域经济协调发展中的地位和作用日益凸显，区域经济协调发展对城市空间结构的影响越来越大。

一、城市是区域的增长极

中心城市在区域经济增长中起主导作用。增长极理论认为，区域中的经济增长是一种非均衡的增长，它首先体现为区域内若干个发展极的增长，而后通过这些"极"的发展带动整个区域的经济增长。在佩鲁的论述中，"发展极"被定义为由主导产业或具有创新能力的企业在某些地区集中形成的经济中心，这种经济中心在现实生活中往往体现为城市聚集体。从区域的角度来讲，区域中心城市是经济区域中经济发达、功能完善，能够渗透和带动周边地区经济发展的行政社会组织和经济组织的统一体。鉴于中心城市对周边地区的主导性作用，以及城市对周边地区的吸引和扩散作用，因此需要把城市经济与区域经济和外部经济紧密地联系在一起。实践证明，城市扩张不仅是加快区域经济协调发展的战略途径，还是获取发展红利的平台。

增长极理论的基本观点可以概括为经济增长是不均衡的，存在极化效应，技术变化和创新对经济增长有重要作用，"极化"依赖于具有特殊性质的一个或多个推进型产业。推进型产业具有规模大、增长速度快、物资供应充足、与其他工业市场联系紧密、有创新精神等特点。作为"增长极"的推进型产业，可以通过吸引力及扩散力不断扩大自身的规模，并对所在部门和地区产生支配影响，使所在区域的推动型产业迅速壮大发展，进而带动区域经济增长。

增长极是由推进型产业及其相关产业的空间聚集形成的经济中心，它具有较强的创新和增长能力，能通过扩散效应，以自身的发展带动其他产业和周围腹地发展。区域增长极具有以下特点：在产业发展方面，增长极通过与周围地区的产业关系成为区域发展的组织核心；在空间分布方面，增长极通过与周围地区的空间关系成为支配经济活动空间分布与组合的重心；在物质形态方面，增长极就是区域的中心城市。因此，城市经济是区域经济发展的增长极。

城市增长极与区域经济之间存在着相互促进的作用。第一，城市本身的经济增长会产生向心力和吸引力，使周围区域的劳动力、资金、技术等要素转移到核心城市，从而加大核心城市与周围区域经济发展的差距；第二，城市增长极通过与周围地区的产品关联和商品供求关系，对周围地区进行辐射和带动，进而使城市和所在区域共同发展；第三，在极化效应的作用下中心城市不断发展壮大，其对所在区域的作用强度、影响范围和程度随之增大，在市场机制和政府干预的共同作用下产生扩散效应，通过产品、资金、技术、人才、信息的流动，对周围腹地发挥促进、带动作用；第四，动态的聚集和扩散作用促使城市与所在区域在空间上发生演化，推动城市与区域的融合进程，聚集和扩散过程又促进了城市与区域之间的物质、能量、人才等交流，推动了城市与区域共同发展。

二、城市布局影响和决定区域经济空间结构的形成与发展

区位指向、集聚与扩散机制及空间近邻效应是区域空间结构形成与发展的基本力量。作为区域增长极的中心城市，其对区域经济活动的区位指向具有重大影响，可通过其集聚与扩散功能、空间近邻效应影响区域空间经济结构的形成与发展。因此，城市的形成、发展、衰落和消失都将引起区域产业结构和空间结构的相应变化，城市布局将成为影响和决定区域人口分布、产业布局、要素流动及国

土空间格局的重要因素。其中，城市支柱产业的选择决定了整个区域的产业发展方向。

区位指向是指经济活动在选择地理位置时所依据的特定条件或标准。这些条件可能包括自然资源、交通便捷性、市场接近度、劳动力成本、政策环境等多个方面。城市作为经济活动的主要载体，其布局首先受到区位指向的深刻影响。自然资源导向：历史上，许多城市的兴起与繁荣直接依赖于丰富的自然资源，如矿产、水源、土地等。这类城市往往围绕资源点布局，形成资源依赖型的经济结构。随着技术进步和资源利用方式的转变，虽然直接依赖自然资源的产业比重有所下降，但资源型城市依然需要通过转型升级寻找新的发展路径。交通与物流导向：现代交通网络的完善极大地促进了商品、资本、信息的流动，使交通节点成为经济活动的重要聚集地。港口城市、铁路枢纽城市、航空中心城市等，凭借其在物流体系中的关键位置，吸引了大量制造业、服务业的集聚，促进了区域经济的一体化发展。市场与消费导向：随着市场经济的发展，市场规模和消费潜力成为决定城市布局的重要因素。大城市因其庞大的消费群体和多元化的市场需求，成为众多消费品生产和服务企业的首选之地。同时，城市间的市场联动效应也促进了区域经济空间结构的优化调整。

集聚与扩散机制是区域经济空间结构动态变化的两大核心机制。中心城市通过其强大的经济辐射力，吸引周边地区的资源、人才、技术等要素向中心集中，形成规模效应和集群效应。当中心城市的经济发展到一定阶段时，部分产业或功能会向外围地区扩散，带动整个区域的均衡发展。城市作为区域经济活动的核心，通过集聚效应实现资源的高效配置和生产的规模效应。一方面，高度集中的产业环境促进了技术创新和产业升级，提高了生产效率；另一方面，多样化的服务业和完善的城市基础设施吸引了大量高素质人才，为城市经济发展提供了持续的动力。此外，集聚还带来了交易成本降低、信息共享便捷等外部经济效应，进一步增强了城市的吸引力。随着中心城市的发展，土地资源紧张、生活成本上升、环境污染等问题日益凸显，导致部分产业向成本更低、环境更好的周边地区转移，形成产业转移和梯度发展的格局。这种扩散不仅缓解了中心城市的压力，还为外围地区带来了发展机遇，促进了区域经济的整体协调发展。同时，扩散过程还伴随技术、管理经验的传播，有助于提升整个区域的产业竞争力。

空间近邻效应指的是地理空间上接近的实体之间相互作用产生的正面或负面影响。在城市布局中，空间近邻效应不仅影响着城市内部的功能分区和资源配置，还决定了城市之间、城市与乡村之间的经济联系与合作模式。城市内部的空间近邻效应：城市内部不同功能区（如商业区、工业区、居住区、文教区等）的布局受到空间近邻效应的直接影响。合理的功能分区有助于减少交通拥堵、环境污染等问题，提高居民生活质量和工作效率。例如，商业区靠近交通枢纽，便于人流集散；工业区倾向于布局在城市的下风向或河流下游，以减少对居民区的环境影响。城市间的空间近邻效应：城市间的经济联系和合作往往基于地理位置的邻近性。相邻城市通过共享基础设施、协同产业链发展、共建区域市场等方式实现资源互补和优势叠加，促进区域经济一体化进程。城市群、都市圈的形成正是空间近邻效应在更大空间尺度上的体现。城乡间的空间近邻效应：城乡之间的空间近邻效应主要体现在城乡融合发展上。通过优化城乡空间布局，促进城乡要素双向流动，可以实现城乡经济的良性互动。例如，城市周边的现代农业示范区、乡村旅游度假区等，既利用了城市的资金、技术、市场等优势，又带动了农村地区的产业升级和就业增加，促进了城乡协调发展。

城市的形成、发展、衰落乃至消失都是区域经济空间结构演变的重要组成部分。城市布局不仅影响着区域的人口分布、产业布局，还深刻影响着要素流动和国土空间格局。人口分布：城市作为人口高度集中的地区，其布局直接影响着区域人口的分布格局。随着城市化进程的加速，人口不断向城市迁移，特别是大城市和城市群，导致人口分布的不均衡情况加剧。合理的城市布局和政策引导，有助于缓解大城市的人口压力，促进中小城市和乡村地区的人口回流与增长。产业布局：城市布局对产业布局具有决定性影响。中心城市因其资源集中、交通便利、市场广阔等优势，往往成为高新技术产业、现代服务业的聚集地；外围地区根据自身的资源禀赋和发展条件承接产业转移，发展特色产业。优化城市布局，可以促进产业结构的优化升级，实现区域经济的差异化、特色化发展。要素流动：城市布局通过影响交通网络、信息流通、金融服务等基础设施的建设，间接调控资本、技术、劳动力等生产要素的流动方向。合理的城市布局能够促进要素的高效配置和流动，提高资源配置效率；反之，则可能导致资源错配、要素浪费等问题。国土空间格局：城市布局是国土空间格局的重要组成部分。在推进新型城镇化、实施区域协调发展战略的背景下，优化城市布局对促进国土资源的节约集约利用、保护生态环境、实现可持续发展具有重要意义。科学的城市布局规划可以引导土地开发活动有序进行，避免无序扩张和过度开发带来的问题。

城市支柱产业的选择不仅关系到城市自身的经济发展质量和竞争力，还对整个区域的产业发展方向具有深远影响。引领产业升级：城市支柱产业通常是区域内具有较强竞争力、较高附加值和广阔市场前景的产业。通过技术创新、产业升级和品牌建设，支柱产业能够带动上下游产业链发展，促进区域产业结构的优化升级。形成产业集群：支柱产业的发展往往伴随着相关配套产业和服务的集聚，能够形成产业集群效应。产业集群不仅能够降低生产成本，提高生产效率，还能促进技术创新和产业升级，增强区域经济的整体竞争力。塑造区域品牌：城市支柱产业的发展往往与区域特色资源、历史文化等因素紧密结合，能够形成具有鲜明地域特色的产业品牌。这些品牌不仅提升了城市的知名度和美誉度，还吸引了更多的投资、人才和技术资源，促进了区域经济的持续健康发展。

三、城市化通过推力机制和拉力机制推动区域经济协调发展

城市化发展是联系集聚经济和城市空间结构演变的有效途径。城市化过程是经济城市化、空间城市化和人口城市化相互联系、相互制约、相互协调的过程。城市化对区域发展的带动主要表现在城市化的推力机制和拉力机制上，城市所产生的巨大吸引力和辐射力不仅能拉动周边地区的经济发展，还能刺激各种资源向城市集聚，进一步加速城市化和农村现代化。加快城市化发展，要把城市化作为解决"三农"问题和扩大内需的关键，以城市化带动区域协调发展。城市化发展到高级阶段还会引起城市体系的变化，产生城市群，整个城市群作为集聚中心能够产生更大的辐射作用。城市群网络体系的建立可以增强区域间的经济联系，扩大溢出效应的扩散范围，促进区域经济协调发展。

经济城市化是城市化进程的核心驱动力，它体现在产业结构的优化升级、经济总量的快速增长及经济活动的空间集聚上。随着工业化进程的加速，第二、第三产业逐渐成为城市经济的主导，吸引了大量农村剩余劳动力向城市转移，为城市经济发展提供了充足的劳动力资源。同时，城市经济的繁荣也带动了基础设施建设、公共服务水平的提升，进一步增强了城市的吸引力和承载力。空间城市化是城市化在空间维度上的体现，它表现为城市地域的扩张、城市功能的完善及城市空间结构的优化。随着城市人口的增加和经济活动的集聚，城市空间不断拓展，新的城市区和功能区不断涌现，城市空间结构逐渐由单一向多元、由紧凑向开放转变。这种空间上的变化不仅满足了城市经济发展的需要，还为城市居民提供了更加舒适、便捷的生活环境。人口城市化是城市化进程中最直观的表现，它是指农村人口向城市迁移，农村居民生活方式、价值观念等发生转变。人口城市化不仅扩大了城市的人口规模，还推动了人口结构的优化和人口素质的提升。这些变化为城市经济发展提供了更加丰富的劳动力资源和消费市场，同时促进了城市文化的繁荣和社会进步。

城市化的推力机制主要体现在城市对周边地区的辐射和带动作用上。城市作为区域经济活动的中心，具有强大的吸引力和辐射力。一方面，城市通过提供优质的公共服务、完善的基础设施和丰富的就业机会，吸引了大量农村人口向城市迁移，为城市经济发展提供了源源不断的动力。另一方面，城市通过技术创新、产业升级和市场拓展等方式，不断向周边地区输出先进的生产技术和管理经验，带动了周边地区的经济发展和产业升级。此外，城市化还通过优化资源配置、提高生产效率等方式，推动了区域经济的协调发展。城市作为区域经济活动的集聚地，能够更有效地利用资源、降低成本、提高效率。这种优势不仅体现在城市内部，还通过城市与周边地区的经济联系和合作传递到了整个区域，促进了区域经济发展水平的整体提升。

城市化的拉力机制主要体现在城市对资源的集聚和整合作用上。城市作为区域经济活动的中心，具有强大的资源集聚能力。一方面，城市通过提供优越的投资环境和政策支持，吸引了大量资本、技术、人才等生产要素向城市集聚，为城市经济发展提供了坚实的物质基础。另一方面，城市通过整合和优化资源配置，提高了资源的利用效率和产出效益，为城市经济发展提供了强大的动力支持。此外，城市化还通过促进城乡融合发展、推动区域一体化等方式，增强了区域经济的整体竞争力。城市作为城乡融合发展的核心，通过优化城乡空间布局、推动城乡产业协同发展、加强城乡基础设施建设等方式，促进了城乡经济的协调发展。同时，城市作为区域一体化发展的重要节点，通过加强与其他城市的合作与交流，推动了区域经济的一体化发展，增强了区域经济的整体竞争力。

随着城市化进程的深入推进，城市群作为城市化高级阶段的产物逐渐崭露头角。城市群是由多个城市组成的紧密联系的城市集合体，具有强大的集聚和辐射能力。城市群的形成和发展不仅促进了城市间的经济联系和合作，还推动了区域经济的一体化和协调发展。城市群作为集聚中心，能够产生更大的辐射作用。通过加强城市群内部城市间的合作与交流，优化城市群空间布局和产业结构，可以提升城市群的整体竞争力和可持续发展能力，进一步增强城市群对周边地区的辐射和带动作用。同时，城市群作为区域经济协调发展的新引擎，通过加强与其他地区的经济联系和合作，推动区域经济一体化和协调发展，为区域经济的可持续发展注入了新的活力。

四、城市体系与区域经济发展相互促进

区域内的任何城市都不是孤立的，城市之间的空间相互作用将彼此分离的城

市结合为具有一定结构和功能的有机整体，由此形成了城市体系。城市体系是城市空间相互作用的结果，是城市经济网络的依托。随着经济全球化的不断深入，城市之间的经济联系逐渐加强，区域内的生产、贸易、投资、金融等经济行为以及经济要素的空间聚集与扩散更多的是在城市与城市之间进行。城市体系既是区域经济运行的结果，又是区域经济进一步发展的依托、基础和制约因素，还是区域问题产生的根源之一。因此，加强城市体系与区域经济发展关系的理论与实践研究，引导城市向着合理的方向发展，促进区域经济持续发展不但有必要，而且具有重要的现实意义。

城市体系并非一蹴而就，而是城市空间相互作用、长期演化的结果。这种相互作用体现在多个层面：经济上的互补与竞争、文化上的交流与融合、交通上的便捷与通达等。随着城市规模的扩大和功能的多样化，城市间的联系日益紧密，形成了多层次、多维度的城市网络。在这个网络中，每个城市都扮演着特定的角色，有的城市可能是区域经济的中心，引领着周边地区的发展；有的城市可能是专业化的生产基地，为整个区域提供特定的产品或服务。城市体系作为城市经济网络的依托，其重要性不言而喻。它不仅为区域经济提供了广阔的发展空间，还通过优化资源配置、促进技术创新和产业升级等方式，推动了区域经济的持续健康发展。同时，城市体系也是区域经济竞争力的重要体现，一个结构合理、功能完善的城市体系往往能够吸引更多的投资、人才和技术，从而增强整个区域的综合实力。

随着经济全球化的不断深入，城市之间的经济联系呈现出跨越国界、跨越区域的趋势。这种跨城市的经济联系不仅促进了资源的优化配置和产业的协同发展，还推动了技术创新和产业升级的加速进行。在经济全球化的背景下，城市间的竞争与合作日益激烈。一方面，城市需要不断提升自身的综合竞争力，以吸引更多的资源和要素；另一方面，城市需要加强与其他城市合作，以共同应对经济全球化带来的挑战和机遇。这种竞争与合作的关系不仅推动了城市自身的快速发展，还促进了整个区域经济的繁荣与进步。

一方面，城市体系的发展水平直接反映了区域经济的综合实力和发展阶段。一个结构合理、功能完善的城市体系能够为区域经济提供强有力的支撑和保障；一个发展滞后、结构不合理的城市体系可以制约区域经济的进一步发展。另一方面，区域经济的发展也对城市体系产生了深远的影响。随着区域经济的不断发展，城市化进程不断加快，城市数量不断增加，规模不断扩大，功能不断完善。同时，区域经济的发展推动了城市间的经济联系和合作，促进了城市体系的优化和升级。这种相互促进的关系不仅推动了城市体系的快速发展，还促进了区域经济的持续繁荣。

第二节　农村在区域协调发展中的作用

农村发展是实现区域协调发展、社会稳定和经济繁荣的重要因素。广大农村地区是城市的腹地，正是这种腹地支撑着城市核心的形成和发展。农村向城市提供各种生产要素，是城市的主要市场，如果没有这种腹地的支撑，城市将无法生存和发展下去。

一、农村向城市供应基本农副产品

农村经济发展可以提高农产品的产量和质量，为城市提供丰富的农副产品。农村地区作为城市农副产品的主要供应地，其重要性不言而喻。城市居民的日常生活离不开新鲜的蔬菜、水果、肉类和谷物等产品。这些产品不仅满足了城市居民的基本营养需求，还为城市居民提供了多样化的饮食选择。随着城市化进程的加快，城市人口的增加，城市人口对农副产品的需求量不断上升，农村的生产能力直接影响着城市居民的生活质量。

随着科技的进步和生产力的显著提高，农业生产方式发生了革命性的变化，农业生产效率得到了极大的提升。现代农业技术，如精准农业、智能农业、生物技术等，使农业生产效率和产量有了显著提高。这些技术的应用不仅提高了作物的产量，还改善了农产品的品质，使农村地区能够向城市提供更加多样化和丰富的农副产品，满足城市居民日益增长的生活需求。同时，城市居民对健康、绿色、有机食品的需求日益增长，对农副产品的需求趋于多样化和个性化，这促使农村地区调整生产结构，以满足市场的需求。农村地区通过调整种植结构，发展特色农业和精品农业，以适应城市市场的变化。例如，一些农村开始种植有机蔬菜、特色水果等。

农业是保障国家粮食安全和满足城乡居民基本生活需求的基石。随着科技的进步和政策的支持，农村经济必将迎来更加广阔的发展前景，农村地区的农副产品生产将更加高效、安全、可持续，从而为城市居民提供更加优质的产品和服务，推动城乡经济均衡发展。

二、农村向城市提供工业原料和劳动力资源

农村除了向城市提供农副产品，农村经济还是城市经济中多种资源的来源。许多农副产品是城市生产的原料，如小麦作为面粉厂的主要原料，是城市食品工业的基础；棉花作为纺织业的原料，是城市服装制造业不可或缺的资源。这些农副产品的供应稳定性直接关系到城市工业生产的连续性和效率。另外，随着不可再生能源（如石油、煤炭）的减少，科学研究把目光投向农产品及其副产品，以获取再生性能源，如玉米、甘蔗等作物可以用于生产生物柴油和乙醇等生物燃料。这些可再生能源的开发有助于减少对不可再生能源的依赖，缓解能源危机，同时减少环境污染。另外，农村地区还是城市经济发展所需矿产资源的重要来源。许多城市工业生产所需的原材料，如铁矿、铜矿、煤炭等，都来源于农村的矿山。这些矿产资源的开发和利用为城市工业生产提供了必要的物质基础，推动了城市经济的发展。

农村地区拥有大量的劳动力和人才储备，是区域发展的重要支撑。随着农业技术的进步和农业生产率的提高，农村地区的劳动力结构也在发生变化。越来越多的农民从传统的农业生产转向非农产业，为区域经济发展提供了丰富的劳动力资源。农村劳动力不但数量庞大，而且成本相对较低，这对城市企业降低生产成本、提高竞争力具有重要意义。同时，随着农村教育水平的提高，农民的技能和受教育水平不断提升，农村地区培养了大量具有专业技能和创业精神的人才，为城市提供了更多高素质的劳动力资源，为区域经济发展注入了新的活力和动力。

农村地区为城市提供的工业原料和劳动力资源对城市经济的发展具有重要意义。城乡之间的互补关系将推动区域经济均衡发展和社会全面进步。

三、农村为城市产品提供广阔消费市场

随着农村经济的发展和农民收入的提高，农村地区的消费能力增强，这为城市产品提供了广阔的市场。农村消费市场对城市经济的发展具有重要意义。首先，农村地区的购买力提升有助于城市工业产品的市场拓展。随着农村居民收入的增加，他们对各类消费品和服务的需求不断增长，这为城市企业提供了新的市场机会。其次，农村消费市场规模的扩大有助于城市经济的稳定增长。农村可以吸收城市工业的过剩产能，缓解城市市场的竞争压力，促进城市经济健康发展。

城市向农村输出的产品主要分为两大类：第一类是消费品，包括衣物、食品、住房、交通工具及文化娱乐等产品和服务。这些产品和服务满足了农村居民

的物质生活和文化生活需求，提高了他们的生活质量。随着农村居民生活水平的提高，他们对消费品的需求不断升级，从基本的生活用品到高端的电子产品，从传统的手工艺品到现代的文化娱乐产品，农村市场对各类消费品的需求日益多样化。第二类是农业生产资料，包括种子、化肥、农药和农业机械等。这些农业生产资料的投入数量和技术含量直接决定了农业生产的现代化水平。随着农业科技的进步，农业生产资料的种类和质量也在不断提高，为农业生产提供了更多的选择和可能性。城市为农村提供的农业生产资料不仅提高了农业生产效率，还促进了农业可持续发展。除提供农业生产资料外，城市还为农业生产提供了技术服务。城市拥有先进的农业科技和丰富的农业人才资源，可以为农村地区提供农业技术咨询、农业技术推广、农业机械维修等服务。这些技术服务帮助农村地区提高了农业生产效率，降低了生产成本，增加了农民收入，进一步扩大了农村消费市场。

随着互联网的普及和电子商务的发展，农村消费市场呈现出新的发展趋势。越来越多的农村居民开始通过网络平台购买城市产品，这不仅提高了农村居民的购物便利性，还为城市企业提供了新的销售渠道。农村消费市场的扩大是城乡一体化进程中的一个重要方面。随着城乡差距的缩小，农村居民对城市产品的需求不断增长，这有助于促进城乡之间的经济交流和文化融合。

四、农村发展促进城乡一体化

农村发展可从多方面推动城乡协调发展。加强农村基础设施建设是推动城乡一体化的关键，农村基础设施包括交通、供水、电力和信息网络等，这些基础设施的完善对改善农村居民的生活条件和促进农村经济发展至关重要。完善基础设施建设可以加强城乡间的物理连接，促进资源和信息的流动，为农村地区的经济发展创造条件。交通基础设施是连接城乡的重要纽带。农村道路畅通工程的实施可以极大地改善农村地区的交通条件，提高农村居民的出行便利性。良好的交通条件不仅能够促进农产品的流通，还能够吸引外来投资，推动农村地区的经济发展。此外，交通基础设施的完善还能够促进农村旅游业的发展，为农村地区带来更多的就业机会和经济收入。水源和电力是农村居民基本生活需求的重要组成部分。供水保障工程的实施可以确保农村居民的饮水安全，提高农村居民的生活质量。电力基础设施的建设为农村地区的生产和生活提供了必要的能源支持。电力的普及使农村居民能够使用各种家用电器，提高了生活便利性，同时为农村地区的工业化和现代化提供了条件。信息网络基础设施的发展对缩小城乡之间的数字鸿沟具有重要意义。数字乡村建设工程的实施可以提升农村地区的信息网络覆盖率，使农村居民能够享受到互联网带来的便利。信息网络的普及不仅能够提高农村居民的信息获取能力，还能够促进农村电子商务的发展，为农村地区的农产品销售提供新的渠道。

除了基础设施建设，提升农村公共服务水平也是推动城乡一体化的重要方面。农村教育、医疗、文化等公共服务的提升，可以改善农村居民的生活条件，提高农村居民的生活质量。加强农村教育投入可以提高农村居民的文化素质和技能水平，为农村地区的经济发展提供人才支持。农村医疗条件的改善能够保障农村居民的健康，减少因病致贫的现象。农村文化设施的建设能够丰富农村居民的精神文化生活，提高农村居民的文化素养。

发展现代农业、乡村旅游、休闲农业等新业态，可以实现农村一二三产业的融合发展。这种融合不仅能够提升农业的附加值，还能够促进农村地区的就业和收入增长。同时，农村产业融合还能够吸引城市资本和人才流入农村，促进城乡之间的资源和信息交流，实现城乡经济的互补和互动。另外，加强城乡之间的产业联系可以实现城乡产业的互补和互动。城市工业的先进技术和管理经验可以引入农村，提高农村产业的生产效率和产品质量。此外，农村地区的优质农产品和特色旅游资源可以为城市居民提供更多的消费选择，促进城市服务业的发展。这种城乡产业的协同发展不仅有利于缩小城乡差距，还能够推动区域经济均衡发展。

第三节　城乡发展互补互促

一般而言，在某一特定的区域内，城市的发展离不开农村的支持，同样，农村的发展也离不开城市的带动，两者相互依存，因此城乡发展应该实现互补互促。城乡发展互补互促是激发城乡经济社会发展活力、推进高质量发展、实现共同富裕的重要基础。在城乡发展互补互促的总体框架下，城乡发展更加强调资源互通和功能互补，从而实现城乡资源的均衡配置及城乡功能的相互补充。城乡发展互补互促是城乡发展的基本取向，准确把握城乡发展互补互促的价值内涵有助于实现高质量发展的目标。

一、城市发展离不开农村发展的支撑

从一般意义上讲，农村地区将农副产品供应给城市，以保障城市居民的生活

需要；农村地区将农产品原料供应给城市作为产业生产原料；农村地区将矿产资源供应给城市作为企业的原料和能源；农村富余劳动力为城市第二三产业发展提供廉价劳动力。离开农村地区上述任何一项供给，城市经济都不可能正常运行。

农村是农业的主要基地，通过农业生产和农村产业的发展，农村能够为城市提供大量的食品和生活必需品。同时，农村还能够提供大量的劳动力资源，为城市的产业发展提供支持。农民是保障国家粮食安全的主力军。随着国内需求的不断增加，农村地区在粮食、水果、蔬菜、畜禽等方面，为城市市场提供了稳定的支撑。农产品的稳定供应为城市居民提供了充足的食品保障，促进了城市经济的稳定和发展。随着农村工业化和农村经济的蓬勃发展，越来越多的农民进入城市，成为城市的劳动力，推动着城市经济发展。农村发展对城市化进程的推动作用不仅表现在数量上，还体现在质量上。随着农村的发展，农村居民的知识和技能水平显著提升，他们不仅能在城市中从事简单的劳动工作，还能跻身高薪岗位，为城市的经济发展创造更大的价值。

除供给食品、原料和廉价劳动力之外，农业和农村还为工业和城市的发展提供了巨额资金支持。中华人民共和国成立初期，我国面临庞大的传统农业部门（占 GDP 的 70%）和弱小的现代工业部门（占 GDP 的 17.6%）并存、人均收入水平较低的局面。1952 年中国人均 GDP 只有 119 元，按 1965 年的官方汇率折算仅 48 美元。为了增强国力，中国采取优先发展重工业的战略。重工业的成长和扩张对资本积累至关重要。在这种情况下，从传统部门转移剩余成为工业部门资本积累的主要途径。获取农业剩余的途径主要是农业税收和工农业产品剪刀差。严瑞珍等（1990）运用折合工农业劳动比的方法，计算出 1953 年到 1985 年全国预算内固定资产投资共 7678 亿元，平均每年 233 亿元左右，相当于每年剪刀差的绝对额。郭跃文和邓智平（2021）指出工农产品剪刀差是计划经济时期优先发展工业的政策工具，它迅速实现了中国工业化的初始积累，保障了城镇工业经济的稳定。李文（2021）指出工农产品剪刀差是中华人民共和国成立初期农产品供求矛盾和大规模工业化建设的历史产物，是党领导人民进行经济社会建设的创造性举措。何二龙和孙蚌珠（2022）指出通过工农产品剪刀差将农村经济剩余转移到国家工业化建设中，使中国初步建立起国家工业体系和国民经济体系，工业化发展和社会主义基本制度的确立为中国式现代化奠定了制度基础。由此可以认为，我国工业化的初始投资主要是通过"剪刀差"取得的。此外，城市产业的产品和服务如果没有广大农村消费群体的支撑，就无法正常生产经营，这已经被我国的实践所证明。

农村发展对城市化进程的推动还体现在环境方面。农村的发展可以通过加强农村环境保护和农村生态建设，减少对城市环境的压力。农村发展可以提高农业生产的效益，减少农业用地的占用，减轻城市的土地压力。此外，农村发展还能够提高农村用水和能源的利用效率，减少城市的用水和能源供给压力。农村发展对环境的改善和保护对城市化进程的可持续发展起到了重要的支撑作用。

农村发展推动了城市供应链的完善和升级。随着信息技术的发展，农村电商逐渐崛起，农村地区的特色农产品通过电商渠道进入城市市场，为城市消费者提供了更多的购买选择。同时，电商平台也为农民创造了更多的就业机会，提升了农村地区的经济收入，进一步拉动了城乡居民的消费能力，推动了城市化进程。

此外，农村的文化也深深影响着城市。中国乡村一直推崇的扶危济困、古道热肠、乐于助人的侠义情怀，也是治疗现代城市人际关系冷漠的有效良药。现代城市和工业科技的发展确实给人们的生产生活带来了高质高效和方便快捷，但城市过快的生活节奏也给人们带来了紧张焦虑。人们因自顾不暇而形成的人与人之间的陌生，也是现代城市文明病症的突出表现。刘易斯·芒福德描述现代工业革命后的城市是冷酷无情的工业城镇。这种"冷酷无情"至少是冷漠少情的现象，在我国现代城市的发展中也是存在的。现代城市中的居民因来自五湖四海、流动频繁、职业各异，天然容易形成陌生感。常常是左邻不问右舍，楼上不知楼下。相遇时彬彬有礼，情感却淡漠。芒福德将现代城市中的这种人际关系描述为"机械化的交往方式"。对比乡村中十里八乡人人知悉，祖孙几代大都了解的情况，城市与乡村的人际关系，形成了鲜明的对比。城市中陌生的人际关系有其形成的客观原因，但这并不意味着城市的人际关系只能如此，不能改善。传统乡村中那种互相关心、友善帮扶的文明乡风，真诚热情的淳朴民风，值得在现代城市中努力提倡。

二、农村发展离不开城市发展的带动

前文已经提及，城市是各类要素的聚集场所，是高新技术的发源地，是区域经济的增长池。我国总体上已经到了以工促农、以城带乡的发展阶段，我们应当顺应这一趋势，更加自觉地调整国民经济收入分配格局，更加积极地支持"三农"发展。中国宏观经济研究院产业所课题组（2018）统计数据显示，2004～2012 年中央财政"四项补贴"（粮食直补、良种补贴、农资综合补贴、农机具购置补贴）支出从 145.7 亿元增加到 1668 亿元，累计补贴金额 7661 亿元，增长了10.4 倍。农村健康持续发展需要城市发展的带动。首先是城市产业带动。依据自然资源禀赋和技术水平选择城乡关联产业，以关联产业带动农业产业结构调整，促进农业经济发展。其次是技术创新与技术推广带动。农产品加工技术和农业生产技术离不开城市研究机构、高校的技术创新与技术推广。再次是城市化带动。城市化可以吸收大量的富余农村劳动力，解决农村劳动力隐性失业问题，提高农业生产率，增加农民收入。最后是城市的资金支持。

新型工业化是改造传统农业的根本支撑，能够为农业发展提供机械装备和生物技术，使农业生产从传统的劳动密集型生产方式转变为规模化生产和市场化经营，有利于促进农业生产、加工、销售等环节的深入融合，提升农业产业化水平。信息化、数字化为农业现代化发展提供新技术和新平台，有助于改进农业生产经营的管理模式，降低农业生产经营风险，推动乡村经济与我国超大需求市场的衔接，使现代农业进一步升级。新型城镇化能够带动农村剩余劳动力向城镇转移，不断减少小规模农户数量，为农业生产的机械化、智能化创造条件，有助于促进农村土地的适度规模化经营，促进农业生产活动的多元化，提高农业生产经营的专业化水平，切实提高农业生产率。另外，繁华的城镇也为农村进城务工人员提供了丰富的就业岗位和更为优质的生活居住条件，促进了很大一部分农村转移人口市民化。因此，在新的历史时期，信息化、新型工业化与新型城镇化总体上会对农业农村现代化形成全面赋能。

在工业化中后期阶段，工业需要反哺农业，城市需要支持农村发展，理由是农业部门的发展同样需要大量资金的支持。在工业化初期从农业部门汲取剩余促进现代工业部门的扩张，不可避免地要牺牲和阻滞农业发展。在一定时期内，这种代价可以为整个经济体系所承受，但当矛盾积累到一定程度时，农业部门发展滞后对整个经济发展的制约作用就会显现出来。虽然在整个经济体系中农业比重的降低是产业结构升级的必然结果，但是农业的基础性地位并不会因此而改变。尤其是在中国这样的大国，在工业化和城市化过程中，无论是从城市生活的必需品供应，还是从工业原材料的来源，或是从工业品的市场需求看，国家都需要有一个日益强大的农业部门作为支撑。如果农业的发展受到过度剥削，那么就必然会通过产业关联效应对资本品生产、消费品工业和服务业发展形成制约，减缓现代化进程。另外，工业和城市现代部门单向索取农业部门剩余，必然会带来城乡居民收入差距，导致消费差距不断扩大。在一定限度内，这种差距可以为社会所承受，但当差距扩大到一定程度时，一系列经济、政治和社会问题就会凸显。虽然适度的收入分配差距具有提高经济效益的作用，但当这种差距过大甚至悬殊时，就可能导致经济结构严重失衡，不同利益阶层严重对立，造成社会关系紧张，甚至出现社会动荡。因此，城乡收入分配关系的持续扭曲不利于促进工业化和城市化进程。

国家振兴乡村战略规划已经清晰勾画出了全国乡村分步实施、全面振兴的壮美宏图。这一宏图的实现必须依托城市现代工业和科技文化持续的鼎力支撑。只有这样，中国乡村才能实现由传统或半传统模式向现代、富强、美丽的新乡村转变。

此外，城市时尚、精致、较高品质的物质生活文化对乡村物质生活文化的发展也有着巨大的影响作用。

我国传统乡村因其经济落后，人们的物质生活水平一直较为低下。节衣缩食已成为乡村人民奉行的原则和传统。同外国人相比，中国人普遍有积累财富的心理和习惯。挣钱艰难的乡村人民更崇尚俭朴的生活方式，这种优良传统仍应继续发扬，但是我们提倡的节俭并非为节俭而节俭。人们发展生产的终极目的是改善和提升自身的物质生活水平，让自身的生活变得更美好。因此，随着社会生产力的发展和财富的日益丰足，提高我们的物质生活水平也是应当的。以消费需求刺激社会生产更快发展，形成社会生产与消费的良性互动，是社会进步非常需要的措施。因此，以城市较高品质的物质生活文化对乡村物质生活进行恰当的提升，是十分必要的。城市较高品质的物质生活文化在对乡村物质生活文化引领的同时，还将促使乡村人民的生活观念和方式向着现代时尚的趋向变化。让乡村人民共享现代物质文明发展的成果，让乡村人民过上与城市人民物质生活水平和生活方式相似的优越生活，是乡村振兴、乡村城镇化、城乡一体化融合发展的建设初心。

三、两者形成不可分割的有机整体

随着区域一体化的发展，城市和乡村之间日益呈现出相互依赖、相互共生的关系。城乡发展应实现互补互促。从理论上讲，任何一个区域的城市和农村的发展都是不能分割的一个整体，城市发展离不开农村发展的支持，而农村的发展水平也会制约城市的发展。农村的发展需要城市发展的带动，因此区域城乡发展应实现相互补充、相互促进。城市地域空间狭小，其经济资源和人文资源较丰富，自然资源相对缺乏。乡村则相反，空间广阔，自然资源较丰富，经济资源和人文资源相对缺乏。城市和乡村在资源上有很大的互补性（张安录，2000）。

城乡发展互补互促既是促进城市可持续发展和增强区域经济增长极功能的内在要求，又是促进农业农村发展和实现农业农村现代化的必然要求，更是实现城乡协调发展和实现城乡统筹发展的基本通道。以城带村、以村辅城，实现城乡经济、社会、文化、生态等均衡发展，城市吸引农村人口流入和农村吸引城市投资、消费互为发展动力。协调城乡发展，科学规划城乡道路、地下空间、通信信息网络等，实现城乡间的互联互通，降低交易成本，优化空间结构。

城乡发展互补互促是一种促进城市与农村共同发展和城市与农村取得"双赢"的发展道路，其价值主要表现在以下几个方面：

（1）降低城乡产业发展成本。通过共享资源设施，实施一体化的开发，形成"规模经济"以减少资源浪费，降低单位成本；通过开发技术和方法的交流获得学习效应，提高效率，降低开发成本；通过共享品牌形象、销售队伍、销售渠道来降低广告费用和销售成本。

（2）促进城乡人力资本投资，实现人的全面发展。城市通过现代化的发展吸纳农业剩余劳动力，提高农村人口人力资本投资意愿，增强其提升收入的内生动力。农业劳动力转移作为一项人力资本投资活动，在获取收益的同时也要付出成本，当预期收益现值大于预期成本现值时，农村劳动力会选择从生产率低的农业部门跨越到生产率高的工业部门。进城的农民工为提升其职场竞争力、改变自身及其后代的社会地位，将不断进行人力资本投资，提升其人力资本存量，同时外出农民工通过流动示范效应、资本回流效应促进农村地区的人力资本积累。不断涌入的农业劳动力可以增强城市职场竞争力，会使城市人口产生为提高自身素质而进行人力资本投资的需求。这不仅可以提高城乡劳动力的科技文化素质、专业技能水平、创新创造能力，还可以提高城乡劳动力的道德水平，有助于实现人的全面发展。

（3）促进本地区共同富裕的同时带动邻近地区共同富裕。城乡空间是实现共同富裕的载体。城乡协调发展就是要充分发挥城乡资源的比较优势，将城市的工业化、现代化融入乡村发展之中，为乡村发展提供多元化服务，用乡村的丰富自然资源保障城市的可持续发展，为城市提供生产生活资料，促进城乡产业、生态、功能、空间融合，推进"城市绿色发展"与"乡村多元发展"耦合协调发展。根据地理学第一定律，所有事物都与其他事物相关联，但较近的事物比较远的事物关联更紧密（Tobler，1970），城乡协调发展，实现城市与乡村的空间融合，可以在促进本地区共同富裕的同时带动邻近地区发展。换言之，城乡协调发展在促进本地共同富裕的同时，将对邻近地区的共同富裕产生正向外溢效应，这种外溢效应会随着地理距离的增加而衰减。

（4）扩大城乡经济的竞争优势。城市和农村由于资源和资金的限制不可能拥有全部优势，只能在产业价值链的某些环节具有比较优势，城乡具有不同资源优势的产业，可以通过经济互补将其整合在一起，充分发挥整体优势，形成超常竞争力。城乡在产业价值链的优势环节展开合作，达成共识，可以形成更加优化的价值链，从而创造更加独特的竞争优势。

（5）增强城乡经济抗风险能力。通过城乡相互协作、优势互补，利用合作伙伴的各自优势共同开发产品，以虚拟的组织模式变小的"船队"为大型"航空母舰"，提高竞争力及抵抗经济、环境等冲击的稳定性。通过共享销售队伍、分销渠道建立起来的网络系统可以更加及时地反馈市场环境的变化，决策部门可以据此灵活地作出针对性调整，把风险降到最低。

（6）优化城乡产业结构。各行各业都客观存在与生产力水平相适应的协调关系和互补运动。农业为其他行业提供着原材料、食品和广阔市场，工业为其他行业提供着机器设备、生活日用品，能源和交通行业为其他行业的发展提供着必要条件等。通过对城乡经济互补运动的研究，寻找城乡之间的经济发展规律，制定各产业的发展政策，从而更好地促进城乡产业结构的合理优化。

城乡发展互补使城乡之间形成了纵横交错、融为一体的新格局，要做到以城带乡，以乡促城，各自发挥优势，实现协同发展、并肩前进，并在一定区域内把行政管理权与经济管理权统一起来，对城乡经济进行统一规划、统一调整，有效地促进城乡经济稳定、协调发展。这种发展不仅可以避免出现工业膨胀，还可以防止农业徘徊不前所造成的比例失调，从而共同构筑一个统一和谐的整体，实现共赢。

第四节　本章小结

本章深入探讨了城乡协调发展的互动关系，揭示了城乡协调发展的依存条件。当探讨城乡协调发展的互动关系时，我们需要认识到城市与区域是一个相互联系、相互依赖、相互促进的整体。城市作为区域的核心，扮演着增长极的角色，而区域则是城市的载体、支撑和扩散腹地。这种不可分割的关系在 21 世纪的城市化进程中体现得尤为明显，城市化已经成为当前中国区域经济发展的主要推动力。

城市作为区域的增长极，在区域经济增长中起着主导作用。增长极理论认为，区域经济增长是一种非均衡的增长，它体现为区域内若干个发展极的增长，这些"极"通常是主导产业或有创新能力的企业在某些地区集中而形成的经济中心，这些经济中心在现实生活中往往体现为城市聚集体。中心城市通过其主导性作用及其对周边地区的吸引和扩散作用，将城市经济与区域经济和外部经济紧密地联系在一起。这种联系不仅促进了城市自身的扩张，还加快了区域经济社会协调发展的步伐，为新的"发展红利"平台的建立提供了可能。

城市群、都市圈的形成是空间近邻效应在更大空间尺度上的体现。城乡之间的空间近邻效应主要体现在城乡融合发展上，通过优化城乡空间布局，促进城乡要素双向流动，实现城乡经济良性互动。例如，城市周边的现代农业示范区、乡村旅游度假区等，既利用了城市的资金、技术、市场等优势，又带动了农村地区的产业升级和就业增加，促进了城乡协调发展。这种融合发展模式不仅提升了城市的辐射力和带动力，还增强了农村地区的自我发展能力。

城市化通过推力机制和拉力机制推动区域经济协调发展。城市化是经济城市化、空间城市化和人口城市化相互联系、相互制约、相互协调的过程。城市所产生的巨大吸引力和辐射力不仅拉动了周边地区的经济发展，还刺激了各种资源向城市集聚，进一步加速了城市化和农村现代化。城镇化是解决"三农"问题和扩大内需的重要途径，以城镇化带动区域协调发展。随着城市化进程的深入发展，城市群作为城市化高级阶段的产物逐渐崭露头角，成为区域经济协调发展的新引擎。城市群内部城市间的合作与交流日益紧密，空间布局和产业结构不断优化，整体竞争力和可持续发展能力显著增强，对周边地区的辐射和带动作用日益明显。

城市的发展离不开农村的支持。农村是城市农副产品的主要供应地，为城市提供了稳定和丰富的食品。同时，农村还为城市提供了工业原料和劳动力资源。随着农业技术的进步和农业生产率的提高，农村地区的劳动力结构发生变化，越来越多的农民从传统的农业转向非农产业，为城市经济发展提供了丰富的劳动力资源。此外，农村消费市场的扩大也为城市企业提供了新的销售渠道和增长动力。

农村发展在实现区域协调发展、社会稳定和经济繁荣中同样扮演着重要角色。农村发展不仅关乎农民的生活水平和福祉，还直接影响着城市的可持续发展和区域经济的整体竞争力。加强农村基础设施建设，提升公共服务水平，促进产业融合等，可以实现城乡之间的协调发展，缩小城乡差距。农村基础设施的完善可以加强城乡间的物理连接，改善农村居民的生活条件，为农村地区的经济发展创造条件。农村公共服务的提升可以提高农村居民的生活质量，为农村地区的经济发展提供人才支持。农村产业融合可以促进城乡之间的资源和信息交流，实现城乡经济的互补和互动。

城乡发展互补互促是激发城乡经济社会发展活力、推进高质量发展、实现共同富裕的重要基础。在城乡发展互补互促的总体框架下，城乡发展更加强调资源互通和功能互补，从而实现城乡资源的均衡配置及城乡功能的相互补充。城市发展离不开农村在农副产品供给、劳动力资源提供及环境支撑等方面的贡献。农村发展需要城市在产业带动、技术创新与技术推广、资金支持和市场拓展等方面的支持。城乡通过资源共享、优势互补和协同发展，可以形成超常竞争力，增强抗风险能力，优化产业结构，实现共赢。

第四章　经验借鉴

重庆城乡经济协调发展面临着诸多问题和挑战，国内外一些城市的城乡经济协调发展道路起步较早、积累经验较多，其先进经验可以为重庆市城乡经济协调发展路径提供有益的借鉴。

第一节　国外城乡经济协调发展的经验与特征

一、美国城乡一体化建设的经验与特征

美国作为世界第一的发达国家，其城镇化水平居于世界前列。2023 年城镇化率达到了 83.3%，2013~2023 年呈现逐年上升趋势，美国可以被称作城乡建设的典范（见图 4-1）。美国乡村的居民认为其生活与城市并无太大差异，美国城乡一体化的成功经验如下：

1. 科学地逐步解决阶段性矛盾

美国的城乡矛盾大致分为三个阶段（见图 4-2）：政策导入阶段（1936~1971 年）。在 20 世纪 30 年代大萧条时期，美国农业过剩问题突出，农产品价格下跌，大量农场主破产。1936 年《农村电气化法》出台，标志着美国乡村发展政策体系正式开启，主要目标是通过电气化贷款应对经济衰退，加快美国乡村地区的电气化进程。矛盾加剧阶段（1972~1989 年）。随着工业化、城市化进程的加快，农业人口加速向非农部门转移，城乡结构失衡、乡村经济停滞等问题随之凸显。20 世纪 70 年代，如何振兴乡村经济的议题得到国会重视，农村政策的法治化进程由此开启。美国政府先后采取完善立法、构建乡村发展政策管理机制等

（%）

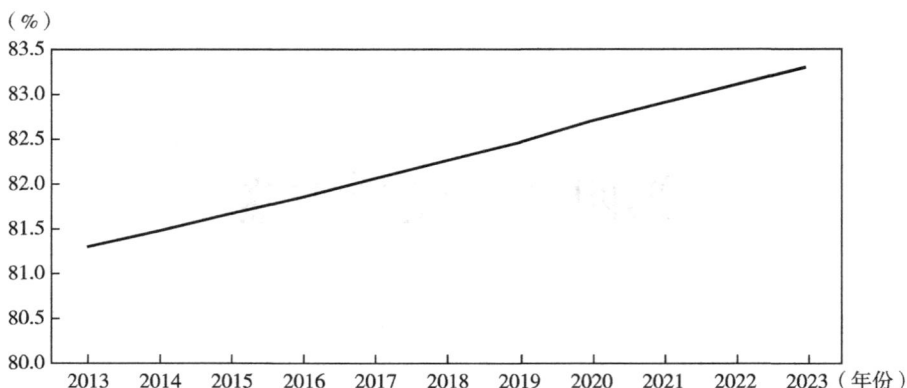

图 4-1　2013~2023 年美国城镇化率

资料来源：国家统计局。

图 4-2　美国城乡发展过程

措施，形成了针对乡村基础设施建设、就业、环境保护等多方面、多层次的政策框架，有效解决了城乡发展不平衡的问题。全面合理发展阶段（20 世纪 90 年代至今）。进入 20 世纪 90 年代，经济全球化和贸易自由化严重影响了乡村传统产业的发展，为提高乡村地区的竞争力，美国政府决定通过培养乡村自我发展能力来实现乡村地区的可持续发展。乡村发展政策内容逐渐丰富，教育培训、新兴产业、生态环境等领域成为乡村发展政策关注的焦点。美国非常重视乡村规划，在制定乡村规划时，地方政府会和社会团体联合负责当地的乡村发展总体规划，动员村民参与到乡村建设中，有效地保障了乡村发展政策的落地落实，加速城乡一体化的发展进程。

　　2. 完善立法与制度体系

　　健全的法治体系与制度才能规范行为，使多样化的规制落到实处，而不是泛泛而谈。工业革命兴起以后，美国依靠先进的制造业与工业晋升为世界大国。此后，乡村地区的发展逐渐得到政府重视，先后颁布了《宅地法》《农村电气化法》等，对农产品大力提供补贴；1972 年颁布了《农村发展法》，有力地保障了农民及农业产业链的权益；近代发布了相关的法案，如《粮食、保育和能源法案》，以此维持农村与城市的大体均衡。同时，各州还发行了巨额的公路债券，提供联邦公路信用基金等用于基础设施建设，实施"小型企业援助""农村合作风险投资"等多个计划，使农村和城市畅通无阻，农民能够劳有所得、安居乐业。20世纪70~90年代是美国农村法治化持续深化的时期。21世纪以后，美国的农场法等法律法规不断改革创新，以适应农业农村发展的需要。现如今，美国已形成较为健全、完善的农村法律法规体系，为农村发展提供了重要保障。

例如，位于艾奥瓦州中部的马斯卡廷小镇，作为以养殖业和农业为支柱产业的典型美式乡村，其得益于政府的优惠条款和引进的先进技术，很早便实现了农业机械化，大大地提高了生产效率与农产品的产出量，使农民的生活变得更安逸舒适，人们戏称拖拉机为"农场里的变形金刚"，该镇也被誉为"昏昏欲睡的火焰岛"。只有州政府提供合理的规划与健全的制度保障，才能带动当地经济高质量发展、城乡收入差距不断缩小，唯城市论的效应不断弱化，继而促进城乡一体化。

3. 明确政策导向并构建高效管理体系

美国秉持"精明增长"的观念，要求城镇化沿着以人为本、绿色低碳、永续发展的路径深入推进，大力贯彻内涵式的绿色环保政策，实施方向不局限于大城市，还兼顾美丽乡村小镇的建设。联邦政府专门成立商业与合作发展局、公共事业服务局、住宅服务局，为统筹城乡建设而服务。通过构建权责清晰的管理体系，使居民的问题能更高效地得到解决，同时为人们的资金收入与住房投资等提供更多元化的渠道。只有人民的地基打牢固了才能促进一体化，政府必须合理为人民考量。

例如，位于俄勒冈州西部的波特兰市先天土壤资源肥沃，但地理位置较偏远，导致其后来经济发展受限。刘易斯到此地后加强城镇建设，推出"城市扩展边界计划"，使城市土地规划步入现代化正轨。在公交和道路方面，该市建成了全美最大的轻轨系统，坐公交通勤的人数是其他城市的2倍，骑自行车的人数是其他城市的7倍多，极大减轻了城市公共财政和资源负担。该市虽说属于乡村地区，但是人们都感觉生活在此与城市无异。波特兰市还特别注重文化方面的建设，许多艺术家承受不了纽约等大都市高昂的生活成本时，便选择来到这里，极大地发展了本土的特色非主流文化，积聚了优秀的艺术资源，从而推动了本地的产业经济发展。

4. 发挥市场核心机制作用

美国城乡发展的成功在于充分发挥市场的核心机制作用。政府、市场和社会三者的良性互动是城乡融合的核心机制。美国政府积极借助市场力量，逐渐强化政府与私人部门之间的互动模式，通过公私合作的杠杆力量，政府可以撬动更多的社会资金，缓解财政资金压力。实行政府、市场、社会三者的良性互动，是市场发挥作用的核心。将政府的补贴投入城乡事务的重点建设上，加上社会与市场上多方主体的共同力量，如贷款、企业合作等，共同促进城乡共生。美国在20世纪60年代推行的"新城市开发法"和"示范城市"试验计划，有力地促进了中小城镇的发展，对缩小城乡差距、促进城乡一体化发展起到了重要作用。小城镇建设与"示范城市"试验计划促进了人口分流，在一定程度上缓解了城市病、农村病。后来美国致力于构建"大都市区"，使城市的集聚效应发挥到极致，配套相关政策的引导还能将其辐射扩散，带动农村地区的经济增长。美国还坚持"三化"战略（农业现代化、工业化、城镇化），发挥其乘数效应，推动城乡全市场共同进步。

例如，位于康涅狄格州的格林尼治小镇被誉为"对冲基金的天堂"，其本是一个邻近纽约、自然风光优美的小镇，却被打造成了人均收入903万美元、资产密度居世界第一的"小国度"。该镇得益于政府合理的规划整治、市场的有序运作、居民与环境的和谐共生，以及良好的生态环境，结合当地实施的低税率、高安保、便利的生活设施配套，源源不断地吸引金融界的人才资源聚集，单是行业老大桥水基金形成的规模效应，其他地方便无法比拟。当地有300多家对冲基金公司，超过20%的居民都是从事金融、保险相关工作，逐渐形成了当地特色的发展优势链。同时，周边机场、道路设施也十分完善，能够合理地缓解纽约金融中心的外溢效应，还为其他国籍的居民配备了国际学校、社区健身房、商业街等各种基础设施，极大地提升了居民生活的幸福指数，让人有种"不是纽约，更胜纽约"的感觉。另外社区街道的安防系统也极为严格，本地住房多为豪宅，规范管理体系相当健全，不像纽约边缘街道那般安全问题凸出，真正地为金融大亨们提供了舒适环境。该小镇以人为核心、以产业为本完成城之营造，吸引人、留住人、发展人是区域经济能够发展的硬道理，借助主导产业不断地推动优质资源升值，促进土地资源利用最大化，实现"产城融合"。只有政府、市场、社会三者实现良性互动，才能构建文明绿色的家园，发挥都市圈的中心效能，带动周边区域协调共生，促进城乡经济一体化发展。

二、日本城乡经济协调发展的经验与特征

1961年日本制定了《农业基本法》，在这之后农民每年的收入都以不低于

15%的增幅持续上升。1972 年农民的收入以微弱的优势超过了市民的收入，这一状态持续了很长时间。日本在城乡居民收入协调发展这一板块无疑是相当成功的，与此同时还实现了城市和农村的全面现代化。

1. 日本乡村振兴五个阶段

（1）土地改革与第一轮基建整备（1945 年至 20 世纪 50 年代）。在美军的推动下，日本进行了土地改革，将地主的土地分配给自耕农，完成了土地的重新分配，提高了农户的生产积极性，对战后粮食生产保障起到了重要作用。同时，由于战争中农村受损严重，日本开始推行新农村运动，加强农村基础建设，并探讨各地方的农业农村振兴计划。

（2）放宽农地流转与全面改善基建（20 世纪 60 年代）。在工业化发展高峰时期，乡村出现劳动力不足与衰退问题，日本政府开展第二轮大规模乡村基建——美丽乡村运动，乡村面貌大为改观，生活设施趋于完善，为城市人流与资金进入乡村铺平了道路。

（3）继续强化乡村基建与乡村美化改造（20 世纪 70~80 年代）。20 世纪 70 年代的造村运动进一步强化了乡村基础设施建设，很多乡村的基础设施完备度和面貌已不亚于城市水准。在各地的乡村振兴探索中，"一村一品"理念脱颖而出，各地纷纷效仿，培育本地拳头产品。

（4）开发乡村旅游与促进市民下乡（20 世纪 80~90 年代）。20 世纪 80 年代是日本经济巅峰时代，庞大的中产阶级群体产生了巨大的乡村休闲需求。此时，日本适时地推出了《综合休闲区发展法》和《乡村地区发展法》等一系列加强乡村旅游建设的文件，引导城市市民下乡，用工业化与城市化的成果反哺农村经济。

（5）推进可持续发展与数字化（2000 年至今）。2000 年后，日本人口老龄化持续严重，农村人口不足的问题加剧，乡村的开发与旅游对环境有一定破坏，为了维持农业的可持续发展，有机化农业开始全方面推广。通过全国统一的农业数据平台，政府为农民提供数据与信息服务，提高数字化农业水平。

2. 经验借鉴

日本在统筹城乡协调发展方面积累了一定的经验，这对我国完善城乡协调发展的政策体系和制度框架具有一定的借鉴意义。

（1）大力发展农村工商业，促进农村非农业发展。为了改善企业发展的外部环境，缩小城乡之间的差距，日本政府制定了一系列开发计划和相关法律法规，以此来促进农村地区工商业的发展。例如，20 世纪 60 年代制定的《新全国综合开发计划》《农村地区引进工业促进法》《工业重新配置促进法》等，促使工业由大都市向地方城市和农村转移，农村地区涌现出了许多大企业的卫星工厂和分厂，产生了许多属于大企业系统的小规模承包厂及更小规模的家庭工厂。

资本的存在促进了非农产业在农村的发展，制造业、运输业、仓储业、包装业、批发业五类劳动密集型产业在农村投资建厂，增加了农民在家门口非农就业的机会，有力地推动了日本农村工业化的发展。

（2）重视基础教育和职业教育。"二战"后，日本非常看重基础教育的发展，认为基础教育是未来国家长远发展的根本。1947 年出台的《基本教育法》和《学校教育法》，将义务教育年限从六年增加到了九年，旨在实现全民基础教育。政府对基础教育的投资力度不断加大，1965~1973 年日本的基础教育投资年均增长 17.6%，超过了经济总量的增长速度。到了 20 世纪 80 年代，日本已经普及了高中阶段的教育，40%的农村适龄学生能够进入大学继续深造，劳动者的素质得到了大幅度的提高。

基础教育是不可忽视的，而且日本政府还格外重视农村地区的职业技术教育。政府和企业密切合作，形成了多维度、分层次的职业技术教育体系，为农民提供学习职业技术的机会，使其能够适应工作环境。良好的职业技术教育促进了新技术在农村的普及和使用，对农村工业发展和土地规模经营发挥了积极的作用。

（3）建立统一的社会保障体系。1946 年日本政府出台了《生活保护法》，向处在贫困线以下的所有国民提供最低生活保障，有效地帮助穷人渡过经济难关。1959 年日本颁布了《国民年金法》，将原来并未参与养老保险的农户、个体经营者等纳入养老保险，规定在 1961 年 4 月之前 20~60 岁的日本农民、个体经营者必须参加养老保险。1961 年之后，日本建立起了以养老保险和医疗保险为主的农村社会保障体系，形成了城乡一体化的国民公共医疗体系和养老保险体系。

三、德国乡村振兴的发展经验与特征

德国作为全世界城市化起步较早的国家，20 世纪 60 年代就实现了高达 70%的城镇化率。乡村振兴这一战略也起源于德国，其发展经验被多国所借鉴和发展延伸，因此梳理德国的乡村振兴战略具有重要的学术价值和实践价值。

1. 德国乡村振兴三个阶段

（1）第一阶段为乡村重振阶段。20 世纪 50~60 年代，德国针对城市化问题提出"乡村再发展"战略，其主要内容包括村落的集中整治、搬迁和再建。在

该阶段德国乡村发展战略提出的背景是，第二次世界大战后期德国的农业发展尤其是生物技术和机械化的普及，提高了农业生产效率，加之城市化进程加快，农业人口大幅减少，出现了大量空心村，村庄凋零问题较为严重。这一政策与我国新农村建设政策提出的背景较为相似，都是考虑了农村人口大幅减少所引起的村庄凋零而提出的，以提升村容村貌及构建现代化乡村服务功能为目的的乡村搬迁整治政策。

（2）第二阶段为乡村更新阶段。20世纪70～90年代初，德国提出以提升乡村经济价值、生态价值和文化价值的"乡村更新"战略，即乡村振兴战略。该战略强调乡村面貌的独特性，避免简单复制城市发展经验，重视村庄规划和生态环境的整治，以实现乡村特色经营与自我更新。

（3）第三阶段为乡村整合阶段。2004年德国提出《农业结构和海岸地区保护议程》，建立整合性乡村地区发展框架，将乡村更新、田地重划和农业结构发展规划等内容整合在一起，整合更新规划，保留独特魅力，促进城乡整体均衡、协调发展。

在不同发展阶段，德国应对乡村发展挑战的做法有较大差异。

第一，以产业的"逆城市化"增加乡村就业机会。第二次世界大战结束后，大规模重建使城市成为经济和生活的中心，农业机械化使大量劳动力从农业中解放出来，乡村人口大量减少，乡村发展缺乏生机活力。针对这种情况，德国出台相关法律，推动小规模农户退出后的土地流转集中，发展农业规模经营；推动完善乡村基础设施建设，提高乡村生活水平。通过完善产业基础设施和功能区布局规划，强化小城市和镇的产业配套与服务功能，增强其对大企业的吸引力，让"在小城市和镇工作、回乡村居住"成为理想的工作生活方式，形成产业和人口的"逆城市化"发展趋势。在德国排名前100的大企业中，只有三家企业将总部放在首都柏林，很多大企业的总部都设在小镇上。这在很大程度上带动了乡村的现代化，促进了城乡的均衡协调发展。乡村条件的改善，土地和税收优惠政策的推动，使一些大企业积极向乡村腹地转移。例如，20世纪70年代初，位于巴伐利亚州的宝马公司将主要生产基地转移到距离慕尼黑120千米之外的一个小镇，为周边乡村地区提供了25000多个就业机会。

第二，以"村庄更新"提升乡村生活品质。在经历了工业化驱动的"逆城镇化"阶段后，德国乡村人口结构已由以传统的农业人口为主转变为以非农业人口为主。要想把这些人留在乡村，除就业外，还需要增强乡村绿色生态环境和特色风貌对他们的吸引力。德国出台了一系列法律法规，通过补贴、贷款、担保等方式支持乡村基础设施建设，保护乡村景观和自然环境，使乡村更加美丽宜居。经过逐步演变，"村庄更新"计划已成为"整合性乡村地区发展框架"，旨在以整体推进的方式确保农村能够享受到同等的生活条件、交通条件、就业机会。"村庄更新"计划包括四大目标：基础设施改善、农业和就业发展、生态环境优化、社会文化保护。德国实践表明，一个村庄的改造一般要经过 10～15 年的时间才能完成。

第三，以创新发展推动乡村"再振兴"。通过实施"村庄更新"计划，德国大部分乡村形成了生态宜人的生活环境。由于乡村人口老龄化和人口数量的减少，因此基本生活服务因缺乏市场规模而供应不足，生活便利性下降，导致人口进一步从乡村流出。医疗服务不充分使越来越多的老年人卖掉乡村住房到城市居住，现代生活服务设施和就业机会不足使年轻人越来越难以留在乡村。2014 年德国联邦食品与农业部提出新的农村发展计划，其目标是支持农村创新发展，让农村成为有吸引力、生活宜居、活力充沛的地区。该项目包括四大板块：未来导向的创新战略样本和示范项目、乡村提升项目、"活力村庄"和"我们的村庄有未来"，能够让乡村获得创新资源，支持乡村在发展领域研究创新。

2. 德国乡村振兴经验借鉴

（1）均衡的城市化和生产力布局更有利于乡村地区发展。德国走出了一条以小城市和镇为主的城市化道路，通过空间规划和区域政策，引导工业在小城市和镇布局，为"在乡村生活、在城镇就业"的人口迁移模式的发展提供机会，带动乡村地区发展。我国于 1996 年达到 30% 的城镇化率，进入城镇化快速发展阶段，但在城镇化进程中各类资源明显向大城市集中，"大中小城市和小城镇协调发展"的预期结果并未出现。特别是以东南沿海地区和大中城市为主、农民大跨度转移就业的人口迁移模式，对乡村腹地的带动效果较差。今后，应更好地考虑在基础设施投资、医疗和教育资源布局、土地指标分配等方面为中西部地区的县城和小城镇发展创造条件，把小城市和镇这个节点做活，为城乡融合发展提供有效支点。

（2）政府主导，网络化协作。政府当局与专家一起，共同促进乡村振兴发展。援助的领域以专家评估为基础，先行作出战略规划、计划等，统筹各专业进行记录和报告、信息管理、市场营销等，同时与其他乡村展开网络化合作，促进乡村发展。

（3）不同发展阶段乡村发展滞后的内在逻辑不同，促进乡村振兴的策略也需相应调整。德国作为工业化的先行者，经历了城市化的完整过程，其在不同发展阶段面临的乡村发展问题不同，应对策略也有较大差异。我国目前仍处在城镇化快速发展阶段，应坚定不移地推进以人为核心的新型城镇化。从现在开始要注意改善乡村人口结构，让乡村能够留住和吸引一批年轻人，增强乡村生机与活力。

（4）突出以乡村居民参与为基础的乡村振兴战略，强调结合自身实际情况和发展目标来实现自我更新。借鉴德国经验，在地方设立乡村规划工作组，以乡村居民为参与主体，提出本地乡村振兴战略，由学者论证，与当地政府相关部门共同协商制定规划并付诸实施，同时充分体现乡村振兴战略在乡村振兴中的基础作用。

（5）促进乡村振兴需要营造社会氛围。德国不仅通过颁布一系列法律法规、实施"村庄更新"计划和开展欧盟引领项目等来促进乡村振兴，还注重为乡村振兴营造良好社会氛围，如积极开展全国性的竞赛等。近年来，我国一些地方自发开展了美丽乡村、星级农家乐等评比活动，农业农村部也开展了"中国农民丰收节"活动。我国应借鉴德国经验，对这些活动进行统筹谋划，围绕现阶段乡村振兴战略的核心内容设计赛事内容和规则，提高活动的质量和影响力。

第二节　国内城乡经济协调发展的经验与特征

一、浙江省城乡经济协调发展的经验与特征

2021 年，《中共中央 国务院关于支持浙江高质量发展建设共同富裕示范区的意见》，支持鼓励浙江先行探索高质量发展建设共同富裕示范区。浙江省委十四届九次全体（扩大）会议审议原则通过《浙江高质量发展建设共同富裕示范区实施方案（2021—2025 年）》，明确了九个方面的先行探路举措，包括 52 项具体措施。之所以选择浙江作为先行示范区，主要是因为其在城乡协调方面的良好基础与优势。其一，人均 GDP 名列前茅；其二，城乡收入倍差小，是全国唯一的城市和乡村居民收入都超过平均水平的省份。浙江省的城乡经济协调范例无疑对重庆市的改革建设提供了一些可供参考的思路与借鉴方法。

1. 城乡收入分配制度合理

通过全国地区生产总值、居民消费支出的对比可得，随着消费升级与转型，全国各省（市）的人均收入水平总体呈逐年上升趋势，说明经济的高质量发展

正在稳步前进。同时，城乡经济的协调问题也在不断凸显。现选取全国平均水平与三个具有代表性的省市和重庆市作比较，如表4-1所示。

表4-1　2019~2023年四个省市的人均可支配收入及比值

年份	地区	城市居民家庭人均可支配收入（元）	农村居民家庭人均可支配收入（元）	城乡人均可支配收入之比
2019	全国	42359	16021	2.64
	上海市	73615	33195	2.22
	北京市	73849	28928	2.55
	浙江省	60182	29876	2.01
	重庆市	37939	15133	2.51
2020	全国	43834	17131	2.56
	上海市	76437	34911	2.19
	北京市	75602	30126	2.51
	浙江省	62699	31930	1.96
	重庆市	40006	16361	2.45
2021	全国	47412	18931	2.50
	上海市	78027	38521	2.03
	北京市	81518	33303	2.45
	浙江省	68487	35247	1.94
	重庆市	43502	18100	2.40
2022	全国	49283	20133	2.45
	上海市	82429	39729	2.07
	北京市	84023	34754	2.42
	浙江省	71268	37565	1.90
	重庆市	45509	19313	2.36
2023	全国	51821	21691	2.39
	上海市	89477	42988	2.08
	北京市	88650	37358	2.37
	浙江省	74997	40311	1.86
	重庆市	47435	20820	2.28

资料来源：国家统计局。

　　根据上述数据，我们可以得到城乡收入差距的变化情况：2019~2023年全国城乡收入差距呈现出一定的变化趋势。城市居民家庭人均可支配收入持续增长，而农村居民家庭人均可支配收入虽然也在增长，但增长速度相对较慢，城乡收入差距逐渐缩小。特别是重庆市，城乡收入差距下降较为显著，城乡人均可支配收入之比在 2023 年降至 2.28。

相比之下，浙江省的城乡可支配收入差距相对较小，城乡人均可支配收入之比在 2023 年为 1.86，远低于全国平均水平（2.39）。这表明浙江省在收入分配方面做得较为均衡，基尼系数基本稳定在 0.2 左右，具有较为公平的收入分配状况。泰尔指数分析结果显示，收入不平衡主要来源于城乡之间的差距，而非城市内部或乡村内部。因此，如何协调城乡发展，缩小收入差距，成为中国改革开放以来面临的重要议题之一。

2. 教育制度改革与人才新政

浙江省教育支出在千亿元以上，原因在于其实施的完善的教学评价体制、健全的"三位一体"招生模式、严格的教师负面准入清单等，使省内培养了大量高精尖人才，同时吸引了大批优势资源内流。例如，阿里巴巴集团作为互联网行业龙头，拥有工程师 2 万多名，有 500 多名博士入职，甚至超过了美国硅谷的数量。阿里巴巴推崇的理念，结合近年来长三角地区积累的区位优势，促使浙江省的人均 GDP 与收入长年领跑。该公司近期推出百万外贸人才计划，构建了大量高质量教学交流平台，为促进全国的科技创新与对外产出作出了巨大贡献。同时，创新的教学机制从小培养了浙江居民的自主创新与竞争意识，如高考自主选取科目，有利于灵活地培养更具专业性和更加顺应新时代的高质量人才。

3. 科技与创新推动产业转型

浙江省用于研发高科技的支出是重庆市的五倍以上，说明浙江省更注重创新与创业优化。R&D 经费投入越多，越有助于新兴产业与技术孵化，越有利于平台能级上升，同时带动产业生态链有机结合与循环，从而间接推动城乡一体化形成。根据国家知识产权局的统计数据，2020 年浙江省的专利授权数量合计达到391700 件，位列全国第三，而重庆市仅有 55377 件，这体现出了科技促进产业转型、发展新型城镇化对城乡经济协调发展的重要性。为了结合前三次科技革命带来的红利，2021 年浙江省提出建设数字经济"一号工程"，加强数字赋能，促进其与乡村治理深度融合，形成益农信息社 23756 个，实现行政村全覆盖，推进实行"小县大城"，依靠大城市发展邻近的小县城经济带，使浙江省形成最为发达的县域经济。

4. 政府利用政策导向大力扶持

浙江省政府很早便开始协调城乡关系，是全国第一个编制省级城乡一体化发展规划纲要的省份。其着重推进公共产品均等化与乡村振兴，政府作为"看得见的手"对经济市场的调控作用不言而喻，只有政府大力扶持农村地区，促进产业结构合理化，加强供给侧结构性改革，才能促进城乡协调发展。

浙江省政府一直在努力践行城乡一体化政策，如"八八战略"、加强集成式改革等，污水治理率高达100%，供电供水质量处于全国前列，社会保障切实落地；推行独有的"两分两换"制度，即可用宅基地与承包地分别换取股权和租金收益，这是政府对农民合法权益的维护。

为响应国家高质量发展的号召，浙江搭建"特色小镇"，聚焦金融、时尚、信息经济等产业，协调小镇的产业、文化、旅游等多种资源有效叠加、共生发展，实现"三生融合"，即生态、生活、生产和谐共生，现已成为高质量发展的重要窗口、城乡协调的典范。政府的牵头行为与政策导向更有利于发挥"蝴蝶效应"，更高效地向城乡共生迈进。例如，杭州市的云栖小镇现已发展成为云计算行业领头的创新孵化园。2016年阿里云率先迁入该小镇，在此地定期召开云栖大会，为众多创业者和投资人提供了交流平台，推动了区域经济增长。诸暨大唐袜业小镇在政府倒逼改革的行为下，实现了产业转型与升级，由于成本要素上涨、无序竞争，当地小企业的毛利几乎被剥削无剩，恶性压价更是导致袜业市场极其混乱。在完善产业创新协调机制、转变传统的手工业形态、结合特色小镇的运作后，小镇现已成为与国际大舞台接轨的重要市场。杭州梦想小镇地处未来科技城腹地，是城西科创大走廊的重要组成部分，政府出台了一系列扶持配套政策，致力于为一众年轻创客搭建可持续发展的平台，同时还将小镇作为景区大力发展旅游业，加强对古镇生态环境的保护，以文化底蕴来丰富小镇内涵，达成历史与现代的完美融合。

5. 金融业强劲增长并不断深化

2020年，浙江省银行网点数量为13246家，其中农村商业银行有4022家；重庆市银行网点总数量为5633家，其中农村商业银行有1763家，一方面印证了浙江省以银行牵头金融业均衡发展的理念，另一方面反衬出了其对农村金融体系发展的重视。增加对县域及扶贫重点地区的服务广度与深度，不应该一味地缩减网点柜台数量，而应当循序渐进地推进线上金融融入现实生活，探索出更为合理、科学的服务机制，为贯彻普惠金融增添助力。

2019年，浙江省原保险保费收入2251.45亿元，其中财产险保费收入734.48亿元，人身险保费收入1516.97亿元；重庆市原保险保费收入916.46亿元，其中财产险保费收入220.22亿元，人身险保费收入694.24亿元。从保险的种类、数量、规模、覆盖范围来看，浙江省是国内的先进代表，保险业内的激烈竞争促进产品的推陈出新，有利于扩宽增收渠道，加速投融资进程。另外，浙江省着重构建了以证券、基金、保险、期货为主的完备金融体系，以典当行等为辅助，形成了良性的生态循环。小额贷款公司数量的激增为农村居民提供了大量的信贷，扩增了资金来源，提高了农民收入。政府还加大了公共财政支出用于解决"三农"问题，通过适当的扶持政策促进农村的金融机制不断完善。例如，浙江省新三板市场的大爆发，正说明中小微企业正在区域经济范围内扮演日渐重要的角色。只有城乡经济协调得更好，每个居民的权益都能得到保证，才能推动产业价值转化，助力综合国力不断提升。

6. 要素禀赋与资源利用

东部地区一直作为我国发达的经济体而活跃。依据惯用的以人口比例衡量的城镇化指标，2019 年浙江城镇化率超过 70%，远超过全国平均水平（60.60%）。长三角地区的城乡协调发展水平始终处于较高水平，2015 年川渝地区依旧处于城乡分离阶段，而浙江早已迈入城乡融合的中级阶段。

交通、社会保障、户籍迁移、基础建设等要素都在经济协调发展方面发挥着重要作用。浙江省率先提出"1+X"布局规划，即构建新市镇，配套多个依附区域，并制定相关政策。嘉兴市发布"三圈三枢纽"计划，目的在于提升公共交通承载力，增加对外贸易投资的渠道，发挥物流、资金流、人流的关键作用；改革户籍迁移制度，打破传统的二元桎梏，促进人才资源流动和保护；推进医保制度的精准化结构性改革，促进多层次医保体系构建，贯彻长期护理险、力求失业保险全覆盖是对居民的基本保障。到 2025 年实现全省城乡、区域基本医保制度政策统一，促进社会公平正义、早日实现省域共同富裕。

7. 注重生态环境保护、绿色可持续发展

浙江省致力于"美丽乡村"建设，其下属安吉村居民人均收入高达 15386 元，是全国唯一荣获联合国人居奖的乡村。村民坚持我国当前低碳环保的战略部署，灵活地利用本地的旅游行业带动全民消费升级，同时加强内部环境的规划与治理，规范行业竞争。实现经济高质量发展不仅需要经济高速增长，还需要生态可持续、绿色发展。

二、上海市城乡经济协调发展的经验与特征

1. 上海城乡经济协调发展的历程

第一阶段：20 世纪 80 年代，上海郊区与全国农村一样，存在二元制格局。

党的十一届三中全会之后我国农村掀起了土地承包改革的热潮。上海郊区紧跟国家政策导向，开始突破单一的农业格局，由单一的农业经济向多产业协调发展转型。1983 年 5 月，上海市郊区 95.4% 的生产队开始实行家庭联产承包责任制，并在此基础上发展适度规模经济，形成了"农工商一条路"的新型模式。1984 年，上海市政府率先提出"城乡通开""城乡一体"的发展理念，并于 1986 年上海市农村工作会议上提出要城乡开通，实施城乡一体化发展战略，确立"一二三四"农村工作具体方针。其具体内容包括：加快城乡一体化建设，坚持农民口粮自给自足，促进三次产业协调发展，建设工业扩散基地、副食品生产基地、外贸出口基地、科研中试基地。城乡二元结构受到冲击，城乡经济开始初步结合发展，农村经济得到了新的发展机遇。

第二阶段：1992 年邓小平南方谈话后，经济开发区和民营企业如雨后春笋般大量涌现，上海郊区乘势而上，乡镇工业实现了新的突破。1992 年 7 月，华东地区成立了第一个私营经济开发区——青浦富民经济区，其所在的蒸淀乡一举成为上海郊区经济增长最快的乡镇。同年，上海郊区乡镇工业产值实现 523.8 亿元，占全市工业总产值的 21.6%。1995 年，上海市政府提出"三个集中"战略，推动郊区工业向园区聚集，推动农田向规模经营和农场集中，推动农民居住地向城镇集中。同时，上海市将工业发展重心向郊区转移，将基础设施建设重心向郊区转移，将经济建设重心向郊区转移。城乡生产要素逐渐加速流动，城乡经济呈现融合态势。

第三阶段：进入 21 世纪，上海率先开始农村体制改革，包括农村税费改革，农村经营体制改革，农村集体产权制度改革等。加速缩小城乡制度差距，城乡居民收入差距，努力促进城乡协调发展。党的十八大报告提出要形成以工促农、以城带乡、工农互惠、城乡一体的新型工农、城乡关系。这是党的十六大以来我国对解决城乡关系的又一重大决策，为统筹城乡发展、实现城乡一体化提出了目标，指明了方向。上海市紧跟党的步伐，不断破除城乡二元结构，以打破城乡分割的局面，推动城乡一体化发展。

2. 上海推进城乡协调发展的主要方法

（1）推动农村一二三产业融合发展，加快农村产业转型。上海农村的一二三产业融合经历了三个阶段：第一阶段起步于 20 世纪 80 年代，得益于改革开放，上海市重点推进农工商业一体化经营，并逐步形成产销一条龙的农业生产链，实现了农工商业的有机结合，拓宽了农村发展途径，农村一二三产业开始融合；第二阶段发展于 20 世纪 90 年代，上海乡镇工业高速发展，与此同时农业开始向加工业延伸，一二三产业加速融合；第三阶段是进入 21 世纪以后，在实践经验积累下，上海市开始实行多样化产业融合，将生态、旅游、文化、经济相结合，提出生态旅游区、农家乐等休闲农业发展模式，农村产业得到深入多样发展。

（2）深化农村改革，减轻农民负担，调动农民积极性。2002 年，中央农村工作会议提出"多予少取放活"方针，根据此项方针，上海市于 2003 年开始推进农村税费改革：对收入较低的农户实施农业税暂缓征收和暂减半征收，2006 年国家取消农业税，结束了中国千年以来农民种地征税的境况，减轻了农民的负担，增加了农民收入，调动了农民的生产积极性。同时，上海市积极推进农业现代化建设，发展高水平的现代农业；发展家庭农业，努力实现农业规模化经营，提高农民生产效率，增加农民收入；加强农村生态建设，优化农村生态环境，推进农业现代化建设。

（3）统筹城乡资源配置，提高城乡基本公共服务一体化。城乡资源配置不均问题是造成城乡差距的重要原因之一。由于中华人民共和国成立初期以工业为主的发展政策，因此国家对城镇的资源投入远远高于农村，这直接造成了农村基础设施、教育、医疗等方面的资源相对匮乏。为了统筹城乡发展，上海在"十三五"时期和"十四五"期间不断加大对各区的一般性转移支付，其金额由 2019 年的 650.2 亿元增加至 2023 年的 972.5 亿元。同时，强调优化城乡医疗卫生资源合理布局，完善基层基础医疗服务网络，提高农村养老服务水平，构建城乡一体化的现代文化体育服务体系，提升农民素质。上海通过优化资源配置，促进城乡教育、医疗、卫生等公共服务均衡发展，从而进一步推进城乡一体化发展。

（4）注重政策优化，制定城乡协调一体化规划。自 2000 年以来，上海积极响应党的号召，根据国家政策导向，因地制宜地制定上海城乡发展战略规划。2016 年，上海市政府继续推进城乡发展，推出《上海市城乡发展一体化"十三五"规划》，此次规划在总结之前城乡工作成果的同时得出宝贵经验，并对未来城乡一体化发展提出了新的要求。此次规划强调农村生态方面的治理，在强调经济发展的同时对生态文明建设作出了新的指示。2021 年，上海市"十四五"规划提出城乡发展目标，到 2035 年，上海要基本建成具有世界影响力的社会主义现代化国际大都市，实现城乡发展一体化，形成"中心辐射、两翼齐飞、新城发力、南北转型"的空间新格局。

（5）加强农村社会治理，提高农村现代化管理服务水平。农村社会治理水平一直是农村发展的短板，因此提升其管理服务水平成为缩小城乡差距、实现城乡一体化发展的重要一环。上海以基本管理单元和街镇网格化综合管理中心为突破口，提高农村基层治理水平，提升综合服务管理效能。推进网格化综合管理全覆盖，提高信息化水平，利用信息化手段进行管理；创新镇域社会治理模式，具体问题具体分析，对郊区实行分类差别化管理；加强非建制镇服务管理，将具有发展潜力的非建制镇纳入城镇规划体系，对其进行改造升级。

3. 上海城乡经济协调发展取得的成果

经过数十年的城乡协调发展，上海城乡一体化发展取得了卓越的成绩，在全国城乡协调发展排名中处于领先地位，具有示范性作用，其具体成果包括如下几点：

（1）城镇化实现较高水平。2022年底，上海市常住人口城镇化率达到89%，全市城市人口由2000年的986.16万人增加至2211万人，城镇化率由75%增加至89%，在2013年、2014年甚至达到了90%，且自2005年至今上海城镇化率长期保持在89%左右（见图4-3）。

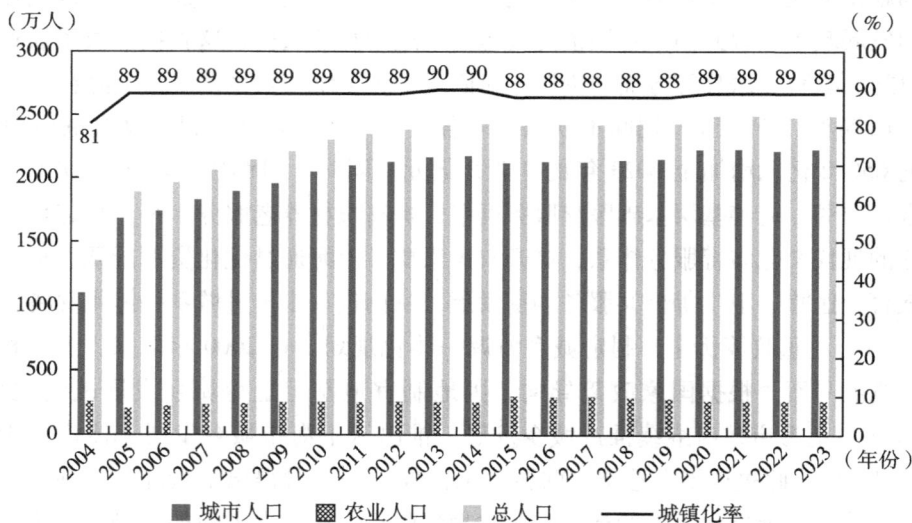

图4-3　2004~2023年上海市城镇化率

资料来源：上海市统计局。

（2）城乡经济高速发展，农民收入提高。2003年上海农村人均可支配收入为6658元，城市人均可支配收入为14867元，经过十年的城乡协调发展后，2013年上海农村人均可支配收入增长至19208元，城市人均可支配收入增长至44878元，其收入水平增长了两倍左右。到了 2022 年，农民人均可支配收入增长至 39729 元，城市人均可支配收入增长至 84034 元，收入水平再创新高（见图 4-4）。

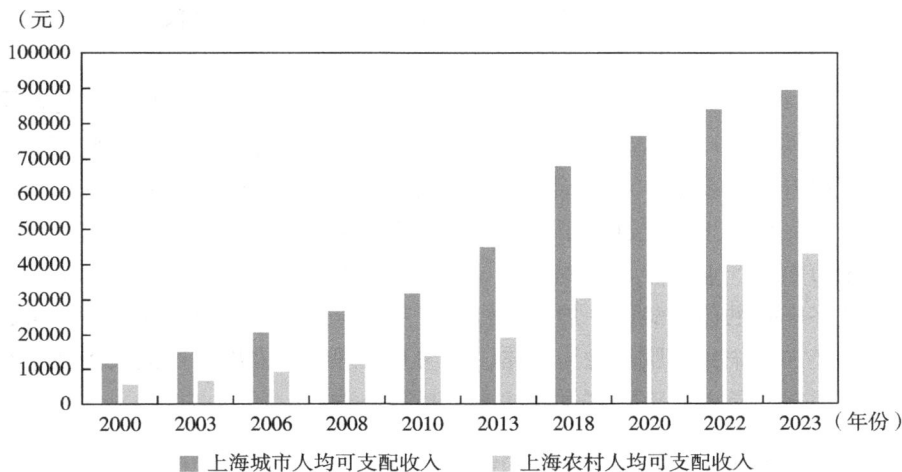

图 4-4 2000~2023 年上海市重要年份城乡居民人均可支配收入

资料来源：上海市统计局。

（3）农村基础设施建设加快推进。上海大力推进城乡基础设施建设，逐步形成了城乡一体的交通网络格局。截至 2021 年底，上海全市高速公路通车里程达到 845 千米。上海轨道交通城市线网运营里程为 831 千米，包括 20 条线路①，其中含有磁悬浮线路。镇村公交基本实现全覆盖。2024 年完成日处理能力 20 吨以上的集中式农村生活污水处理设施提标增效任务；2025 年底完成提标增效任务，实现全市农村生活污水治理率不低于 90%。

（4）城乡公共服务水平得到提升。上海通过优化资源配置，增加对农村的财政支持，农村教育水平显著提升，农村医疗基础设施建设不断加强，农村医疗卫生条件得到改善。与此同时，上海全面启动"5+3+1"郊区三级医院新扩建计划。根据《2022 年上海市卫生健康统计数据》，截至 2022 年上海市共有卫生机构 6421 所，卫生技术人员 45.5 万人。在推进城乡教育资源均衡配置方面，于 2022 年底完成第二轮城乡携手共进项目中期评估工作，推动紧密型学区、集团建设，启动示范性学区和集团建设计划。遴选出 108 所教育信息化应用标杆培育

---

① 资料来源：《上海市交通行业发展报告（2022）》。

校，组织第一批、第二批上海市教育信息化应用标杆培育校开展中期检查工作。城乡融合发展，通过城乡教育合作，进一步推进教育发展。与此同时，农村信息通信基础设施建设取得卓越成绩，基本实现中小学校园网络主干带宽和接入带宽不低于千兆，中小学教学和办公区域的无线网络全覆盖，支持校际教研协作和教育资源交换。

（5）城乡产业发展进入新阶段，农村产业出现新格局。农业现代化水平不断提高，规模化生产能力显著增强，粮食安全得到有效保障，农业设施装备技术水平显著提升，主要农作物综合机械化率于"十三五"时期达到95%以上。积极发展农产品初加工，促进产销一体化，延长农业产业链条，实现全市农业产值飞跃，全市农业产业化企业总销售额达到1266亿元。同时，发展乡村休闲旅游业，打造多样化的休闲载体。加速农村一二三产业融合，培育乡村新型服务，将农产品生产加工销售与服务融为一体，利用互联网经济推出农产品线上线下相结合的销售模式，给上海市农村发展注入了新鲜血液。

三、江苏省城乡经济协调发展的经验与特征

近年来，江苏省经济始终保持持续增长态势，全省人均GDP从2016年的9.6万元增长至2022年的13.5万元，地区人均GDP呈现由南向北依次递减的趋势，如图4-5所示。江苏省人均GDP始终居于国内主要发达省份前列，略低于上海市，但明显高于浙江省、广东省和山东省。

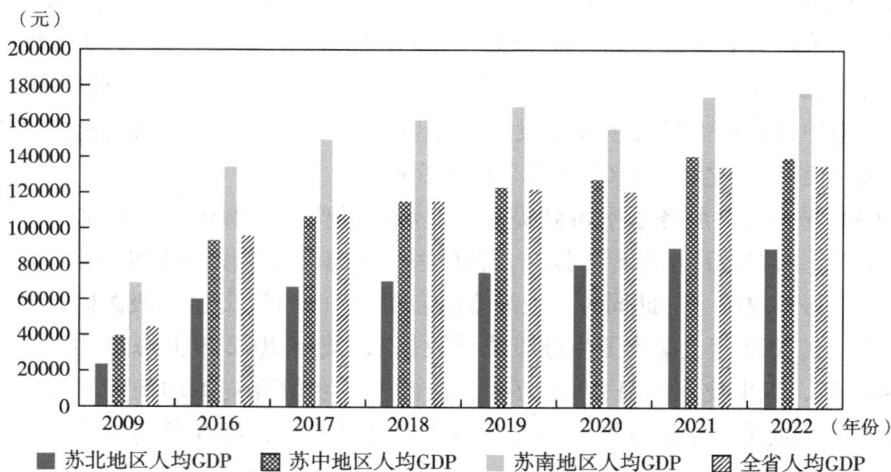

（元）

图 4-5　2009~2022 年江苏省人均 GDP 分布情况

资料来源：历年《江苏省统计年鉴》。

　　城乡居民人均可支配收入稳步增长，但农村居民人均可支配收入增速更为明显。2009年江苏城镇居民人均可支配收入约为2万元，同期农村居民人均可支配收入为0.8万元。2022年江苏城镇居民人均可支配收入为6万元，同期农村居民人均可支配收入为2.8万元。2009~2022年，江苏城镇常住居民人均可支配收入年均增速为8.84%，农村常住居民人均可支配收入年均增速达10.30%，农村居民人均可支配收入年均增幅平均高出城镇居民人均可支配收入年均增幅1.46个百分点（见图4-6）。江苏省城乡协调发展道路和积累的经验可以为重庆市城乡经济协调发展提供有益的借鉴及可供参考的发展思路。

（元）

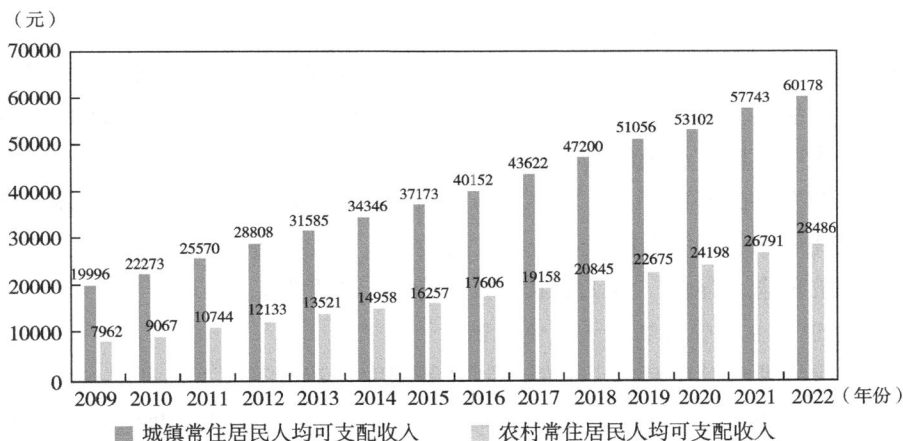

图4-6　2009~2022年江苏省城镇和农村居民人均可支配收入
资料来源：历年《江苏省统计年鉴》。

1. 区位优势

　　江苏省利用地处沿海、商品经济发育相对较早的区位优势，以市场为导向，率先支持农民办工业，启动农村产业改革，加快推动农村从农业社会向工业社会转型，农村经济结构发生根本性变化，极大地增强了农村商品经济活力，这是江苏为改变城乡二元结构、协调工农利益矛盾而跨出的历史性变革的必经一步。改革开放后，苏南地区推动家庭联产承包责任制，在调动广大农民积极性的基础上和"围绕农业办工业、办好工业促农业"的导向下，创造了以乡镇企业为主要特征的苏南模式。充沛的市场开拓能力及灵活的经营机制，促进了传统农业的分解和转型，使农村半自给的经济状态快速向大规模的商品经济转型。随着乡镇企业的兴起和农村经济的市场化发展，城乡之间那种农村—农业、城市—工业的传统分工格局逐渐被打破，城乡之间的差距随着这一模式的不断深入逐步减小。

2. 县域城乡统筹

苏南的县域经济独具特色，各县在创新中竞争，在竞争中发展，在发展中相互协调，形成了一条以创新为动力、合作发展的县域经济协调发展之路。借助工业化、城镇化进展比较快的优势，苏南地区较早打破了就农村抓农村、就城市抓城市的局限性，从县域的城乡统筹到以大城市、特大城市为依托的区域城乡统筹，逐步构建起城镇化与新农村建设紧密结合的新型城乡关系。江苏在集体经济组织的管理框架下，利用乡镇企业上缴的利润和提取的专项资金，采用"以工补农""以工建农"的形式，达到协调城乡之间务农与务工利益矛盾的良好成效。特别是那些乡镇企业发展得比较好的地方，及早地跳出了农村发展农村、城市发展城市的传统思维模式，从协调城乡利益矛盾的需求出发，在县域内注重城乡协调发展。在统筹县域城乡发展的实践基础上，随着特大城市和大城市的不断成长，以及大中小城市与小城镇协调发展格局的初步形成，江苏省自下而上地打开了城乡协调发展的新视野，从以县域为主的块状城乡协调发展向以特大城市和大城市为依托的区域范围内的城乡协调发展转变。由此，各市各县广泛树立起城乡协调发展的理念，强化"以工哺农，以城带乡"的思想。

3. 推进农业经营机制和土地使用制度

在推进农业经营机制、土地使用制度等制度创新的条件下，开辟农民持续增收的多元化渠道，逐步走上通过优化收入结构实现农民持续增收之路。20 世纪 90 年代初期，苏南地区积极地探索农业适度规模经营，一方面将土地向擅长耕种的人手里集中；另一方面在农村集体经济内部实行工农分工，建立村集体工厂，试图将村集体工厂与农业适度规模经营相结合，在以工补农的基础上逐渐推进农业适度规模经营，这不仅有利于在发展工农业的基础上统筹城乡协调发展，还为农业的现代化、机械化奠定了良好的基础。从 2005 年开始，全省全面统筹土地使用制度，逐步推行"三集中""三置换""三合作"等一系列制度创新。其中，三集中即农民居住向社区集中、工业企业向园区集中、农业用地向规模经济集中，三置换即将集体资产所有权、土地经营承包权、宅基地及住房置换成股份合作社股权、城镇社会保障和城镇住房，三合作即社区股份合作、土地股份和农民专业合作。

4. 国际化发展

苏南地区整体上是经济实力比较强的地区，但是由于资源匮乏、人多地少等因素的制约，苏南地区一直坚持开拓国际化市场，积极寻找以外促内、内外联动的国际化发展路径。21 世纪初，苏南地区按照新型工业化发展的要求，充分发挥开发园区的产业集聚和资本集聚功能，大力培养产业集群，不仅优化了苏南地区的工业结构和工业布局，还进一步提高了经济水平。整体而言，苏南地区已建成国家级开发区 10 个，省级港口开发区、特色工业开发区、农业综合开发区等各类开发区 38 个。2003 年苏州、无锡、南京三个国家级高新技术开发区被认定为国家高新技术产品出口基地。2022 年整个苏南地区实际使用外资 194.92 亿美元，外贸依存度高达 62.1%。2024 年苏州全球招商大会吸引了 429 家世界 500 强企业参与，成功签约了总投资 3719.5 亿元的 367 个项目。这些项目的签约不仅体现了苏州对世界 500 强企业的吸引力，还展示了苏南地区在经济发展方面的潜力和活力。以跨国公司地区总部、制造中心、研发中心大量入驻为标志的国际产业转移和产业链的逐步形成，使开发园区成为苏南地区现代国际制造业基地的核心区域。以信息产业为代表的高新技术产业的迅速发展，使开发园区成为苏南新型工业化的先行发展区。苏南地区以国家级开发区为依托，以外贸引外资、靠外资促外贸，苏南地区外资外贸协同发展，"引进来"与"走出去"并举，全方位地融入经济全球化、国际贸易共同发展的过程。

5. 南北产业转移升级

苏南和苏北产业转移是根据这两个地区产业经济发展水平和程度所作的战略决策，对促进江苏省南北经济的协调发展，加快苏北工业化和苏南产业转型升级具有十分重要的意义。

从表 4-2 可以看出，2013 年苏北地区新开工 500 万元以上项目的总投资和实际引资同比增长了 14.56% 和 19.51%。这些转移项目规模大、领域宽，产业层次明显有所提升，除机电、纺织、化工外，新能源、新材料及电子信息项目也相继落户苏北。2018 年共建园区产业转移项目 506 个，其中新开工亿元以上产业转移项目 145 个，总投资达 997.1 亿元。共建园区加速了苏北承接产业转移的进程，虽然苏北地区每年新开工 500 万元以上项目的数量变化不大，但新开工项目总投资金额和苏北实际引资金额显著增长。2022 年苏北地区 24 个县（市）中有 7 个入选全国县域经济百强县。

表 4-2　苏北承接产业转移项目的情况

年份	新开工 500 万元以上产业转移项目的数量（个）	新开工项目总投资金额（亿元）	实际引资金额（亿元）
2008	2006.00	1203.00	620.70
2009	2051.00	1454.00	778.00

年份	新开工 500 万元以上产业转移项目的数量（个）	新开工项目总投资金额（亿元）	实际引资金额（亿元）
2010	2175.00	1755.10	972.70
2011	2021.00	2111.70	1202.10
2012	2107.00	2549.40	1471.10
2013	2080.00	2920.60	1758.10
2014	2087.00	3331.50	2118.70
2015	2137.00	4304.00	2332.00
2016	2039.00	4386.18	2324.14
2017	2061.00	4589.30	2489.12

资料来源：闻雪. 共建园区的动力机制与政策效应研究——以江苏省南北共建为例［D］. 沈阳：辽宁大学，2023。

苏北地区的优势产业主要为劳动密集型产业和资源密集型产业，这与苏北地区的劳动力资源、自然资源、经济基础和技术水平等因素基本吻合。将苏南地区的劳动密集型产业和资源密集型产业转移进来，充分发挥苏北地区的资源和要素优势，使江苏的整体经济得到快速发展。苏南地区的优势产业主要集中在电子、电器、石化、冶金等领域，基本属于资本密集型产业和技术密集型产业。政府和企业将苏南地区的劳动密集型产业和资源密集型产业转移到苏北，腾出资源和空间发展更为高端的产业，促进江苏省南北经济协调发展，加快苏北工业化和苏南产业转型升级，形成能充分发挥出本地区各种相关资源、经济协调、产业互动等优势的核心产业群。

6. 新苏南模式

在新苏南模式中，乡村发展定位由"农村本位"向"城乡融合"转变。乡村城镇化侧重于强调在产业支撑、人居环境、社会保障、生活方式等方面实现由"乡"到"城"的转变。新时代的乡村振兴战略定位于城市与乡村的同步发展，在城镇化阶段性建设的基础上，遵循产业兴旺、生态宜居、乡风文明、治理有效、生活富裕的总要求，通过经济、社会、文化、生态、治理体系等方面的全面振兴，弥合城乡差距，促进城乡共同繁荣。从这点来看，乡村振兴与乡村城镇化本身就是一种相辅相成与递进发展的辩证关系。

就苏南模式而言，这是一种典型的"城镇化模式"，是一种以农村区域为本位，通过乡村经济和乡镇企业的发展，促进乡村工业化和农村城镇化，进而推动城市发展，尤其是小城镇发展的模式。虽然传统苏南模式是以促进乡村经济发展为本位，但随着经济体制和社会形态的变化，苏南乡村发展正逐步向以"制度创新和城乡融合"为核心的"新苏南模式"变迁。因此，从本质上看，苏南乡村建设的发展历程可理解为从最初的以农村为本位的"乡村城镇化"逐步向新阶段立足区域协调的"城乡融合"演进的过程。作为一个"主动式与内源式"的、以促进城乡平衡发展为核心的乡村建设模式，新苏南模式为理解中国新时代的乡村振兴提供了一个有力的解释框架。概言之，新时代的乡村振兴战略强调必须以人民为中心，注重包容性制度和乡村内生能力的建设，形成乡村内生性的发展道路。新苏南模式旨在以制度创新为突破点，通过土地制度、户籍制度、社保制度、产业政策等方面的修正，不断引领区域协调发展与城乡联动格局的生成。

此外，经济增长动力由"内生型"向"外向型"转变。传统苏南模式是一种以小城镇和乡镇企业发展带动为特征的"内生型"的乡村城镇化发展模式。20世纪90年代后，随着改革开放进程的加速、市场经济的发展及国家沿海开放政策的实施，江苏省确立了以苏南地区为中心的沿江开放政策。同时，受到上海浦东经济发展的辐射影响，苏南地区逐步形成了以"外向型"发展为核心的新的区域发展模式。随着"三外"（外经、外贸、外资）的迅速发展，对外合作、海外投资、对外贸易成为苏南地区经济增长新的突破点。

四、广东省城乡经济协调发展的经验与特征

在广东，发轫于20世纪70年代末，以市场化为取向的体制改革，虽造就了经济快速增长的奇迹，但亦造成了地区之间发展不平衡的现象。发达地区与欠发达地区之间经济联系的逐渐弱化，一方面延迟和抑制了产业向欠发达地区的梯度转移，另一方面降低了发达地区产业升级的动力。近年来，广东省探索促进城乡协调发展的新方向，实施的"百县千镇万村高质量发展工程"更是为广东省城乡经济协调发展注入了强劲动力。

广东省在促使发达地区承担更多协调发展责任的同时，提高了欠发达地区发展的活力和主动性，使其在市场竞争中与发达地区共同分享经济全球化、市场一体化带来的利益，缩小地区差距，避免形成穷者愈穷的"马太效应"，为中西部其他地区和省份作出了示范，并提供了成功经验。

1. 统筹产业布局，培育欠发达地区的制造业集群

尽管产业转移更多的是一种企业的市场行为，但政府在此过程中承担着积极的引导责任。政府应倡导建立一种省级主导、集约式的产业转移模式，产业转移

园区不再是引导单一企业迁入，而是产业链条的整体转移和配套。2023年，广东省提出未来5~10年内在粤东、粤西、粤北地区打造2个或3个100~200平方千米的大型产业转移园区，旨在提高土地集中利用效率。Boudeville（1966）在理论上将增长极概念的经济空间推广到地理空间，指出增长极是城市配置不断扩大的工业综合体，出现在拥有推进型产业的复合体城镇中。拥有主导优势产业的工业园区即地区经济发展的基本推进性单元。欠发达地区应实施"竞优策略"，从低层次的规模效应转向产业集群效益，以工业园区为载体实现跨越式发展。通过有步骤、有重点地认定一批省级产业转移工业园，发展1~2个优势产业，避免分散布点、浪费资源、破坏生态的现象，促进专业化生产、社会化协作和集约化发展。

2. 支持民营经济参与县域振兴，打造人才"强磁场"

县域是广东城乡经济协调发展的"主战场"，民营企业经营方式和模式灵活，是广东县域经济发展中不可或缺的主力军。广东省各县应充分发挥了民营企业的作用，使其参与到县域经济发展中来，打造更高水平的县域特色产业集群，促进政策链、创新链、产业链、资金链、人才链深度融合，进一步推动广东省县域经济高质量发展。在发展县域经济过程中，要完善激励机制，形成灵活多样的分配形式，用实实在在的好处和可预期的发展规划留住农村人才。一方面，完善科技人才知识产权入股机制、融资贷款机制，提高科技成果转化率；另一方面，打通实用人才以技术创新成果入股的渠道，提高人才的积极性和获得感。各县应进一步落实科技人才下基层保障政策，帮助企业引进专业对口人才，留住人才，打造人才"强磁场"。

3. 制造业有序梯度分布

包括珠三角在内的许多发达地区，其制造业正面临着产业升级的紧迫需求和巨大压力。发达地区大力发展先进制造业，不断朝着全球价值链的高附加值环节攀升，有组织地推动实施扩张型产业转移（产业的增量投资），与欠发达地区共同发展内外开发型制造业，即面向内部以吸引和创造就业机会为主，面向外部以促进出口、发展面向海外市场的加工贸易为主。在制造业的地域分工上，发达地区在保留总部、研发营销、组装等高端环节提升自身制造业发展水平的同时，可将生产和加工环节转移到欠发达地区，推动产业链条跨区域延伸；欠发达地区应充分利用发达地区的扩散效应，不断完善制造业的产业链布局，在区域协作中促进主导产业生成。

4. 培育中等规模都市区，带动周边地区发展

广东省先后实施过以中心城市带动区域和以城镇群带动区域的发展策略，均

难以解决区域协调发展的问题。前者由于欠发达地区中心城市个体实力不强，带动效果难以发挥；后者因辐射范围过大，带动作用有限。在中心城市与城镇群"两头拉动"，难以协调区域发展的情况下，积极采取"中间带动"策略既可以覆盖全省，又可以促成实力较弱的中心城市形成较强合力。要进一步缩小区域发展差距，主要通过"集中培育增长极—促进增长极扩散"的途径来实现。针对广东省内现有的港深、广佛、珠澳三大都市区，在强化其先进生产职能和高端服务职能的同时，增进其与清远、云浮、阳江、河源及汕尾等周边城市的产业协作，带动欠发达地区发展。

5. 区域交通一体化，生产要素跨地区合理流动

区域经济协调发展是指地区之间在经济交往上日趋密切、在发展上关联互动的一种过程。这种发展过程要求建立生产要素充分流动机制，在更大地域范围内实现生产要素的优化配置，而实现上述要求的一个重要前提条件就是区域交通一体化。跨地区的大运量城际轨道交通是现代公共交通发展的趋势，珠三角地区现已开展城际快速轨道交通线网规划和建设。为真正落实珠三角对周边地区的带动作用，充分发挥中心城市的辐射功能，可将现行规划中珠三角城际轨道交通网络进一步延伸至清远、云浮、阳江、河源及汕尾五市的中心区及其产业基地，实现地区间更频繁和便捷的通勤。

第三节　国内外城乡经济协调发展的成功经验对重庆市的启示

一、统筹产业规划，协调城乡发展力度

以创新驱动增强企业内生竞争力，大力建设全民的文化与科学素养教育工程，推动农业向现代化转变，实施乡村振兴，促进产城融合、城乡经济协调发展。首先，充分发挥传统优势产业的基础作用，加大对重庆市传统优势产业的扶持力度，如汽车产业、摩托车产业、装备制造产业等，引导它们向产业集群化发展，充分发挥产业集聚效应，提升传统产业优势，加强传统优势产业对城乡劳动力的吸引力及其对平衡居民收入分配的促进作用。其次，培育具有潜在优势的新兴产业。重庆在保护自身优势产业的前提下，可以考虑对具有潜力的新兴产业进

行培育。现阶段，重庆市的优势产业基本属于传统类型的劳动密集型产业和资源密集型产业，发展具有潜力的新兴产业将对乡镇地区经济快速发展和统筹城乡协调发展产生极大的促进作用。

推进现代化农业发展，促进农村产业升级，实现农业规模化生产，培养专业化人才，实现机械化生产，从而提升农业生产效率。同时，努力拓宽农业发展渠道，延长农产品生产加工销售这一供应链，将一二三产业融合在一起，推进单一农业转型升级，从而推动农村经济发展，实现城乡一体化发展。重庆市在拓宽农业发展途径等方面可以借鉴上海的经验，根据地势的特殊性增加农产品的种类，发展多元化农业，与城市工业互联互通，努力实现产业融合，促进重庆市农村多元化发展。重庆市具有得天独厚的地理条件和历史背景，可以开发乡村旅游，积极发展生态旅游业，推动农村经济发展。

二、重视基础设施建设、公共服务水平与生态环境

基础设施建设与公共服务水平是地区发展的重要内容，完善乡村基础设施建设，推动乡村道路建设，使城乡互通更加便利，从而更好地实现以工促农、以城带乡的发展格局。完善乡村信息化建设，使乡村搭上互联网经济这一快车，利用线上线下相结合的方式销售农产品，在推动农业发展的同时增加农民收入。提高医疗卫生等服务水平，提升农民幸福感，提高农民生产积极性。重庆市位于山区，交通不便是阻碍农村发展的重要因素，因此更需要重视偏远农村的基础设施建设，努力实现城乡互联互通，加强城乡联系，实现城乡一体化发展。秉持绿色发展理念，坚持走环保低碳的内涵式发展道路，注重生态环境保护，争取在经济上也能做到低碳绿色，共建美丽中国。

三、提高居民受教育程度，加速农村剩余劳动力转移

重庆市居民的受教育程度和沿海城市及发达国家相比整体上还存在一定的差距，尤其是农村居民的文化水平普遍较低。因此，重庆市可以加大在教育上的投资力度，重视基础教育，积极做好职业技术教育工作，发挥重庆市高等院校、中等职业院校的作用，这样不仅可以为城市未来的人才培养奠定良好的基础，还能为统筹城乡协调发展培养优质的劳动力。

对农民工进行比较系统的培训，提升农民工的职业技术水平，使其适应新的产业发展环境，促进农村劳动力进入非农产业就业。另外，使农村剩余劳动力逐步转移到二三产业，在乡镇及农村地区发展第二产业，努力拓展农民增收空间，

大力发展农产品加工业、劳动密集型产业，以此来增加农民的收入，从而缩小城乡居民之间的收入差距。

四、完善立法，加大对农业、农村的扶持力度

政府不断完善立法，健全相关制度体系，形成高效管理体系。纵向管理扁平化，内部管理层级权责清晰，政策导向不偏重城或乡中的某一方，而是两者兼容、齐头并进，从而实现和谐共生。农村经济发展是农民增收的关键，政府在农业方面投入不足也是制约农业及农村经济发展的主要因素。政府可以在财政收入中设置专门的城乡统筹基金，用于统筹城乡的专项支出，增加对农村地区固定资产的投入，引导社会资本更多地参与农村的基础设施建设，通过改善基础设施来间接地增加农民的收入，从而达到缩小城乡居民收入差距的效果。

五、促进金融服务业发展

由于重庆缺少大型的地方性金融机构，因此可以大力发展地方性金融机构，强化本地银行建设，壮大地方金融机构的实力，同时引进外来的大型经营性金融机构。目前，国内绝大多数全国性银行都已进入重庆，但外资银行较少，重庆应该设法多引入外资银行在重庆设立代表处。另外，加强自主创新能力，促进创新型金融服务产品的形成；重视金融人才的培养，重庆的金融服务业若要向更高层次、更高质量发展，需要进一步加强对高端复合型金融人才的引进和培养。只有源源不断的人才资源的供给，才能为重庆金融服务业的高质量发展奠定良好的内在基础。

第四节　本章小结

本章主要探讨了国内外城乡经济协调发展的经验与特征，分析了重庆市在城乡经济协调发展方面与国内外的差距，最后提出国内外经验对重庆市的启示。

在国外经验方面，美国、日本和德国的城乡一体化建设各有特点。美国通过科学解决阶段性矛盾、完善立法与制度体系、明确政策导向，构建高效管理体系、发挥市场核心机制作用等措施，实现城乡协调发展。日本通过发展农村工商业、重视基础教育和职业教育、建立统一的社会保障体系等手段，促进城乡居民

收入协调增长。德国通过规划产业布局、调整乡村振兴战略、营造社会氛围等，激发乡村主体活力。

在国内经验方面，浙江省、上海市、江苏省、广东省的城乡经济协调发展具有显著特征。浙江省通过合理的城乡收入分配制度、教育制度改革、产业转型、政策导向等，实现城乡经济协调发展。上海市通过推动农村一二三产业融合发展、深化农村改革、统筹城乡资源配置、注重政策优化、加强农村社会治理等，取得了城乡协调发展的成果。江苏省利用区位优势、县域城乡统筹、推进农业经营机制和土地使用制度改革、国际化发展道路、南北产业转移升级等，促进城乡经济协调发展。广东省通过统筹产业布局、发展县域经济、制造业有序分布、培育中等规模都市区、交通一体化等，推动了城乡经济协调发展。

重庆市城乡经济协调发展存在收入分配制度不完善、区位优势未能充分发挥、政府政策导向偏重城市、居民创新意识不足、金融服务支持不足等问题。国内外成功经验对重庆市的启示包括：统筹产业规划，协调城乡发展力度；重视基础设施建设、公共服务水平与生态环境；提高居民受教育程度，加速农村剩余劳动力转移；政府完善立法，加大对农业农村的扶持力度；促进金融服务业发展等。

综上所述，重庆市在推动城乡经济协调发展的过程中，应借鉴国内外的成功经验，结合自身实际情况，从产业规划、基础设施建设、教育提升、立法支持和金融服务等多方面入手，以实现城乡经济均衡发展。

第五章　重庆市城乡经济协调发展的全面透视与整体评价

　　本章第一节对 2008~2022 年重庆城乡经济发展的空间演变历程和经济结构演变历程进行了梳理与分析。在空间演变历程中，重庆城乡经济发展经历了"三大经济区""一区两群"，以及成渝地区双城经济圈的空间布局；在经济结构演变历程中，本章对城乡二元经济结构进行了全面透视，探究了二元结构动态变化情况及其对重庆城乡经济协调发展的重要作用。第二节在共同富裕目标下研究了重庆城乡经济发展现状，对收入分配与差距、公共服务、产业结构、社会保障与福利等方面的发展现状作出了具体分析。第三节对重庆城乡经济协调发展作出了总体评价，认为重庆城乡协调发展存在农民收入增长缓慢、农业设施问题显著、产业结构协调度不够、产业发展梯度大、产业分布不均匀等问题。第四节从收入分配制度、区位优势、政策导向、金融服务等方面阐述了重庆城乡经济协调发展与国内外的差距。

第一节　重庆市经济发展的历史沿革

　　1997 年 6 月 18 日，重庆直辖市正式挂牌。至此，重庆市在历史上第三次成为直辖市，也是中国中西部地区唯一的直辖市。重庆市位于中国内陆西南部、长江上游、四川盆地，东邻湖南、湖北，南靠贵州，西连四川，北接陕西，总面积 8.24 万平方千米，辖 38 个区县（26 区、8 县、4 自治县）。

　　根据 2023 年《重庆统计年鉴》，截至 2022 年底常住人口 3213.34 万人（见图 5-1），与 2021 年相比，常住人口增加 0.91 万人，增长 0.03%。同年，重庆城镇常住人口为 2280.32 万人，比 2021 年增加 21.19 万人，增长 0.9%；乡村常住人口为 933.02 万人，减少 20.28 万人，减少 2.1%。常住人口城镇化率稳步提升，达到 70.96%，比 2021 年提高 0.64 个百分点。

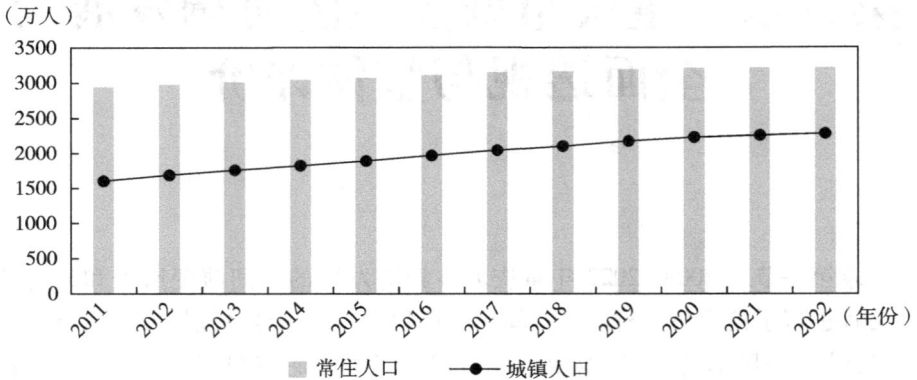

图 5-1　2011~2022 年重庆市常住人口与城镇人口变化趋势

资料来源：《重庆统计年鉴（2023）》。

重庆人口以汉族为主，少数民族主要包含土家族、苗族。重庆是一座独具特色的"山城""江城"，地貌以丘陵、山地为主，其中山地占 76%。长江横贯全境，流程 691 千米，与嘉陵江、乌江等河流交汇。旅游资源丰富，有长江三峡、世界文化遗产大足石刻、世界自然遗产武隆喀斯特和南川金佛山等壮丽景观。

本节将从重庆市经济发展的空间演变历程、重庆市城乡经济结构演变历程两个方面，全面分析重庆市城乡经济发展的历史脉络。

一、重庆市经济发展空间演变历程

自 1997 年重庆市成为直辖市以来，在"省域架构、直辖体制"的特点下，重庆市城乡空间格局在适应经济发展的过程中不断发生改变。重庆市政府结合各区具体情况，不断调整区域发展政策，从"三大经济区"到"一区两群"，城乡结构的调整遵循协调发展的原则。在宏观环境下，重庆市积极响应国家政策，在西部大开发与建设长江上游经济带的影响下，积极与周边省（市）合作，打造西南地区成渝经济圈，以点成线，以线成面，带动两地城乡协调发展。

1. 从"三大经济区"到"一区两群"

重庆市城乡规划从"三大经济区"到"一区两群"，始终遵循非均衡协调发展的战略思路，非均衡协调发展理论是区域经济发展的一种理论，旨在解决区域经济发展中的不平衡问题。非均衡协调发展结合了非均衡发展和协调发展的优点，通过市场调节、政府宏观调控和法律制度保障的相互作用，实现区域经济的可持续发展。既不强调绝对均衡，非均衡协调发展，也不强调非均衡，而是兼顾协调，最终实现整个区域的跨越发展。

重庆市遵循的非均衡协调发展思路是符合现实情况的。由于自然环境、教育文化、投资政策和产业结构等因素的影响，重庆市各区（县）之间存在较为显著的经济差异，具体表现为人均 GDP 的差异。对于这些因素的调整与优化，需要介入非均衡协调发展策略，通过实施相关政策措施，如公共投资倾斜、改善基础设施、组织区域经济和科技合作等，来逐步缩小区域经济差异，实现协调发展目标。

（1）三大经济区。2001 年 3 月，第九届全国人民代表大会第四次会议批准了《中华人民共和国国民经济和社会发展第十个五年计划纲要》（以下简称"十五"规划），规划纲要将发展社会主义市场经济作为目标，将经济结构的战略性调整作为主线。同年 12 月，重庆市人民政府通过《重庆市国民经济和社会发展第十个五年计划构建三大经济区重点专题规划》，在第十个五年计划总体纲领下，全面实施三大经济区政策。

2000 年 1 月初，重庆市为响应国家西部大开发战略，已经在基础设施建设、生态环境保护和建设、产业结构调整和发展、科技教育、人才培养等方面提早规划，积极筹备。作为国家实施西部大开发战略过程中长江上游经济带的重要组成部分，重庆将努力把重庆建设成为长江上游的经济中心作为总体目标。要握住总的方向，必须结合重庆市的实际情况去实施多元化的区域发展策略，这样才能够实现支撑长江上游经济中心的综合功能。

2001 年末，重庆市政府因地制宜，实行了三大经济区的发展策略，即把重庆划分为都市发达经济圈、渝西经济走廊、三峡库区生态经济区这三大各具特色的经济区。"三大经济区"的主要思想是由都市发达经济圈来辐射带动其余两区的发展，并针对三大经济区的地理特征和经济社会发展状况实行分类指导。都市发达经济圈吸引三峡库区的劳动力转入，缓解了三峡库区的人口、环境、资源压力；渝西经济走廊承接都市经济圈的第二产业，是中小城市的聚集地；三峡库区生态经济区注重生态建设。

三大经济区通过不同的政策措施和资源配置方式，推动各区域经济发展和产业升级，这充分体现了非均衡协调发展的思想。

三大经济区的划分主要依据全市各区县（自治县）的自然和经济地理特征、经济社会发展现状，遵循劳动地域分工和区域经济发展的客观规律，按照长江上游经济中心的功能要求等综合确定。

都市发达经济圈具有加速发展，领先一步，发挥核心带动作用的良好基础和条件。主要体现为区域经济发展水平领先、体制改革创新领先、社会文明程度领先、经济贡献领先等。重庆要加快提升城市的综合竞争力，逐步成为长江上游经济中心的核心区，成为这一地区的商贸流通中心、金融中心、科教文化信息中心、综合交通枢纽和通信枢纽，以及以高新技术产业为基础的现代产业基地，并努力跟上东部地区的发展水平，争取率先实现现代化的目标。

渝西经济走廊是成渝经济走廊的重要组成部分，具有加速工业化、城镇化进程的良好基础和条件，实施加快工业化和城镇化、促进城乡一体化发展策略。主要体现为发展壮大以特色产业园区为支撑的优势工业，加快传统农业向现代农业转化，快速发展商贸流通和城郊旅游及其带动的综合服务业，逐步形成城郊型产业密集带；加速发展卫星城镇，并不断完善其功能，逐步形成成渝两大城市之间的中小城市连绵区；大幅度提高城镇化率，促使城乡经济结构日渐优化，尽快成长为全市新的经济增长极。

三峡库区生态经济区处于水陆交通要道，自然资源富集，拥有独特的移民和民族地区发展等综合政策优势，对全市经济发展具有后续支撑力，实施加快发展提升、发挥后发优势的发展策略。主要体现为加快基础设施建设，提升基础设施的承载功能；加快科技教育发展，提升经济发展动力；加快优势资源的合理开发，加速构建特色产业体系，提升经济总体实力；加快生态环境保护和建设，提升可持续发展能力；成为全市国民经济发展的后续支撑力量，成为长江上游经济中心最具特色的发展区。

（2）四大经济板块。2005年10月，中国共产党第十六届中央委员会第五次全体会议通过了《中共中央关于制定国民经济和社会发展第十一个五年规划的建议》。次年，重庆市政府通过了《重庆市国民经济和社会发展第十一个五年规划纲要》发布，"十一五"规划是科学发展观提出以来的第一个五年规划，其重要程度、科学性及前瞻性可见一斑，重庆市政府积极响应国家"十一五"规划号召，推出"四大经济板块"区域规划政策。

在区域发展建设上，根据"十五"期间三大经济区的建设经验，以及各区（县）自然地理特征和经济社会发展现状，重庆市政府决定仍采用三大经济区的区域政策，但由于渝东南民族地区的特殊性，以及三峡库区生态经济走廊内渝东北地区、渝东南地区工作重点的差异性，政府进一步提出按照四大经济板块分类指导经济工作。这就把重庆市分成了四大板块：都市发达经济圈、渝西经济走廊、渝东北经济区、渝东南经济区。这样的划分可以看作对三大经济区的补充，旨在大力促进渝东南民族地区发展，同时推进渝东北地区城镇和基础设施建设，加强生态保护。

总体来说，"十一五"期间在依据"三大经济区"区域政策构建区域经济体系的同时，按照四大经济板块实行分类指导。这个新的区域协调发展思路是为了构建一个合理的区域经济体系，坚持既适度倾斜又协调发展的原则，推动渝东南民族地区加快发展，构建具有渝东南特色的经济走廊和武陵山民族地区经济高地。

四大经济板块的工作侧重点及经济发展方向不仅要从"十一五"规划的视角来看，还要根据当时相关的大事件来看。2005～2006 年，三峡工程正是重庆市最为重要的项目之一。

2005 年，三峡工程的进度、质量、效益取得可喜成绩。这对渝东北地区的建设产生了显著的影响：结合三峡库区移民搬迁建设，渝东北地区全面推进城镇与基础设施建设，加强生态环境保护，重构产业体系；加快库区移民搬迁建设和安稳致富，培育特色优势产业，保障库区生态安全。具体措施包括：全面完成移民搬迁建设任务，促进移民安居乐业，培育特色优势产业等。

都市发达经济圈的侧重点及发展目标就是快速成长，增强实力，努力跟上东部地区的平均发展水平。通过优化空间布局、加快产业结构升级和完善城市服务功能，逐步成为长江上游经济中心的核心区。

渝西经济走廊的目标是抓紧机遇，快速崛起，跟上全国平均发展水平。利用区位优势，联通西南各省，加快工业化、城镇化和农业产业化，建设大中小城镇密集区、新兴工业区和集约高效农业区。

渝东南地区目标是把握机会，逐步提升区域经济发展水平，加强环境保护和生态建设，逐步消除次级河流污染。

在"十一五"期间，突出重点，协调发展，就是重庆市发展的重要方向。"三大经济区""四大经济板块"政策为重庆市发展指明了新的方向，通过分类指导，走集约型的城镇化道路，实施"点—圈—线"生产布局，推进基本公共服务均衡化，促进区域协调发展。

如何充分发挥直辖市的辐射带动功能，如何将这种带动功能与城乡协调发展相结合，如何解决城乡二元结构矛盾、促进区域协调发展，重庆市"十一五"

规划提出的"点—圈—线"型生产力布局最大程度地指明了方向。这一规划旨在通过优化资源配置和区域合作，提升整体经济发展水平，实现城乡统筹和可持续发展。

（3）一圈两翼。在"四大经济板块"政策的基础上，为了更好地建设长江上游经济中心，在区域发展中更好地实现大城市对周边农村的带动作用与辐射效应，重庆市提出创造一个具有明显聚集效应、规模经济效应和竞争优势的城市群。

但是，在推进城乡统筹发展的过程中，都市发达经济圈的带动力不强、辐射力度不够、承载力不足等矛盾逐渐显现。针对以上问题，尤其是主城辐射面积小、带动能力差，对农村腹地和周边地区的资源整合能力太弱的情况，重庆市政府正式提出"一圈两翼"的发展战略。

2006年，重庆市提出"一小时经济圈"策略，其用意就在于破解城乡发展难题。重庆市政府先后召开关于"一小时经济圈"和"两翼"的专题会议，最终确立了"一圈两翼"的发展策略，即以主城区为核心，形成"一小时经济圈"，渝东北和渝东南地区形成"两翼"，要在以主城区为核心、以1小时通勤距离为半径的范围内形成一个功能更为完善、聚集能力更强的城市群，从而带动渝东南、渝东北地区发展。

2007年4月，重庆市委、市政府召开建设"一小时经济圈"专题会议，会议指出，重庆市在统筹城乡发展的过程中，必须从两个方面来处理城市发展与农村发展的关系：第一，抓好第二三产业发展，做大做强主城区，将其发展为战略平台；第二，积极建立工业反哺农业、城市支持农村的长效机制，加快新农村建设。会议认为，在处理城乡发展关系前，最现实的课题、最急迫的任务、最重要的突破口是着力建设"一小时经济圈"，使"一小时经济圈"在短时间内能够快速聚集各种生产要素，大力提升对"两翼"的辐射带动作用。

三个中心、三个区域：主中心主城区带动"一小时经济圈"发展，次中心万州区带动渝东北地区发展，次中心黔江区带领渝东南地区发展。这样的做法既加大了经济中心的承载力，使主次经济中心的发展更好地辐射周边区域，又缓解了周边区域的人才流失问题。城市与周边地区的良性循环是"大城市带动大农村"转变为"大城市带动小农村"的关键（程莉、刘志文，2013）。

由此，"一圈两翼"成为全市统筹城乡发展的战略平台和改革的主战场，其发展思路为："一小时经济圈"做大做强，渝东北"一翼"提档提速，渝东南"一翼"做特做优。

2006～2010 年"一圈两翼"战略的有序实施，主城区、万州区与黔江区发展稳中向好，但城乡融合与协调发展并不高效。"十一五"期间，主城区和万州区发展较好，两翼的边缘地区辐射力度小；黔江区地理位置偏远，集聚效力欠缺，次中心的带动力不足，城乡二元结构仍然显著。

2010 年，"一小时经济圈"的 GDP 占全市的 77.6%，而渝东北地区只有16.9%，渝东南地区仅为 5.5%（见图 5-2）。从人均 GDP 来看，三个地区的差异很明显，分别为 29541 元、12942 元、12649 元①。

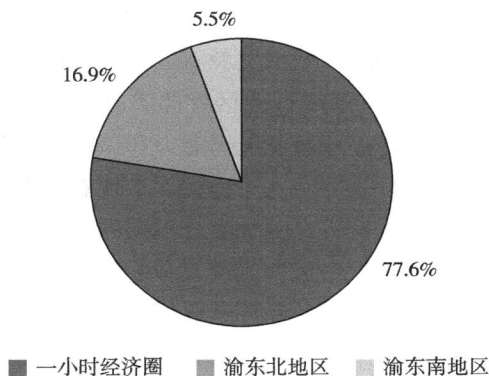

图 5-2　2010 年"一圈两翼"GDP 占比

这个结果说明三大区域的差异仍然存在，带动作用并不显著，城乡协调发展规划仍然需要改进。

（4）一区两群。发现问题后就要解决问题，面对"一圈两翼"的发展差异，细化资源供给、细化分配方式是更好促进城乡协调发展的关键。

2014 年 9 月，重庆市政府发布了《重庆市城乡总体规划（2007—2020年）》，而后重庆市规划局举办了"重庆市城乡总体规划（2007—2020 年）2014 年深化成果新闻发布会"，会上提出构建"一区两群"城镇空间格局。"一区两群"的本质是在"一圈两翼"的基础上进一步细化，划分为五大功能区。

"一区"由都市功能核心区、都市功能拓展区和城市发展新区三部分构成，"两群"即渝东北城镇群和渝东南城镇群。"一区"实际为"一小时经济圈"的功能细化，具体分成三个功能区：功能核心区注重政治、经济、文化和现代服务

———————
① 资料来源：《2010 年重庆市国民经济和社会发展统计公报》。

业；拓展区注重科技研发实力，重点发展现代制造业和服务业；发展新区是重要的制造业基地。更细化的城市功能增强了大都市区的辐射力。渝东北城镇群和渝东南城镇群注重特色产业发展，如生态旅游，并在发展经济的同时保护环境。

首先，都市功能核心区作为重庆的政治经济、历史文化、金融创新、现代服务业中心，重点发展金融服务、国际商务、高端商贸、文化创意、都市旅游等现代服务业，禁止新建、扩建生产资料、生活用品和农副产品批发市场。

其次，都市功能拓展区着眼于提升区域科研能力和经济发展水平，加快内陆开放平台建设，重点发展现代制造业和现代服务业，严格限制一般工业项目，禁止新建、扩建污染较重、能耗高、运量大的工业项目。

最后，在城市经济圈的外围，城市发展新区承接都市区功能和产业外溢，承接"两翼"地区人口转移，积极培育地区性生产组织功能，重点发展支柱型、战略型产业，培育产业集群，提升产业支撑能力和城市综合配套能力，增加就业岗位，吸纳市内人才和市外有技能的人才，促进本地农业转移人口市民化。

不同区域根据不同的产业发展方向，实行不同的考核体系，渝东北城镇群和渝东南城镇群要弱化经济指标，注重特色产业开发。

截至 2022 年，渝东北城镇群的旅游产业增加值为 197.61 亿元，增速达到 4.1%，旅游业是该地区的核心产业之一。2022 年渝东南城镇群的旅游产业增加值达到 86.25 亿元，增速高达 5.9%，占 GDP 比重为 5.3%（见表 5-1）。可见，两个城镇群的旅游业已渐渐步入正轨。

表 5-1　2022 年"一区两群"旅游产业情况

区域	旅游产业增加值（亿元）	增加值增速（%）	占 GDP 比重（%）
主城都市区	752.17	-3.0	3.4
渝东北城镇群	197.61	4.1	3.8
渝东南城镇群	86.25	5.9	5.3

资料来源：重庆市统计局。

"十四五"时期，在推进乡村振兴的过程中重庆仍然坚持非均衡协调发展策略。主城都市区为"先行示范类"，加快主城发展，使其达到东部沿海地区的平均水平。除国家扶贫开发工作重点区县为"重点帮扶类"外，其余地区都为"积极推进类"。

"十四五"时期，重庆市政府将建立健全巩固拓展脱贫攻坚成果长效机制和脱贫攻坚成果同乡村振兴有效衔接机制，推动脱贫地区全面进入乡村振兴发展轨道，并与全市其他地区共同推进农业科技创新、农业农村高质量发展、城乡融合发展。

2. 成渝地区双城经济圈

重庆市作为长江上游经济中心和连接中西部地区的重要战略枢纽，为了构建"一区两群"区域发展格局，既要促进内部各区域又好又快发展，又要加强与周边地区合作。本节将以"政策背景—地理位置—社会经济—区域影响"的脉络，对成渝"双城"进行全面的梳理与透视。

（1）政策背景。2003年，国家发展改革委委托中国科学院完成的《西部开发重点区域规划研究》第一次出现"成渝经济带"的概念。该研究报告具有一定的前瞻性，报告提到在未来的5~10年内将"成渝经济带"建设为"中国西部最大的双核城市群""西部大开发的最大战略支撑点"。

"成渝经济带"的提出为重庆市政府的"三大经济区"政策提供了额外的思路。

2007年，四川省、重庆市签署《关于推进川渝合作、共建成渝经济区的协议》，确定了成渝经济区的地理范围，提出以重庆、成都为龙头，共同将成渝经济区建成国家新的增长极。由此，成渝经济区被正式确立，其未来发展将引领西部发展与东西部经济往来。

2011年5月，《成渝经济区区域规划》为成渝城市群和成渝地区双城经济圈的建设发展奠定了基础。规划明确指明成渝地区天然的发展资源禀赋。作为我国重要的人口、城镇、产业集聚区，成渝经济区是"引领西部地区加快发展、提升内陆开放水平、增强国家综合实力的重要支撑"，在我国经济社会发展中具有非常重要的战略地位。

第十一个五年规划已经收尾，重庆市区域发展规划正在由"一圈两翼"变为"一区两群"。放眼"十二五"时期，优化城镇体系，科学布局城镇空间，完善城镇功能，全面提速建设国家中心城市，促进大中小城市和小城镇协调发展，充分发挥中心城市和城镇群对区域经济的辐射带动作用等诉求，在重庆城乡发展规划中皆已迫在眉睫。

2016年4月，国家发展改革委、住建部发布的《成渝城市群发展规划》明确指出，到2020年要基本建成经济充满活力、生活品质优良、生态环境优美的国家级城市群，到2030年实现由国家级城市群向世界级城市群的历史性跨越。

2019年3月，国家发展改革委发布的《2019年新型城镇化建设重点任务》直接将成渝城市群与长三角、京津冀等城市群并列，并对各城市群协同发展提出了重点要求。

2020年1月，中央财经委员会第六次会议强调要推动成渝地区双城经济圈的建设，12月成都到达州和万州的高速铁路川渝同步开工，并设立了川渝高竹新区和遂潼川渝毗邻地区一体化发展先行区。

成渝地区双城经济圈的建设和发展有助于促进规划范围内城市的资本、劳动力、创新技术等各类生产要素自由集聚和合理配置。在推动城市社会经济发展的同时，营造优美的生态环境，使成渝地区双城经济圈成为高质量发展的西部增长极。

2022年2月，生态环境部、国家发展改革委、重庆市人民政府、四川省人民政府联合印发《成渝地区双城经济圈生态环境保护规划》，明确提出成渝地区双城经济圈要优化能源结构，实现能源高效利用，同时做好环境污染防治工作，筑牢强大的生态安全屏障。由此可以看出，国家在统筹社会经济总体布局时，重视成渝地区双城经济圈的能源和环境发展。

通过历年的规划文件可以看出，国家对成渝地区发展一贯高度重视，这些文件充满了国家对成渝地区能源、经济、环境和社会发展等方面的殷切期待。成渝地区双城经济圈作为长江经济带的战略支撑，加强成渝地区双城经济圈建设，推动区域内城市绿色协同发展，不仅关系到成都和重庆的发展，还关系到西部地区、长江经济带乃至其他经济圈的建设布局。

此外，成渝地区双城经济圈也会引发一些需要改善的问题，人口、环境、资源配置等问题开始慢慢显现。

在能源和环境方面，成渝地区双城经济圈部分城市工业化程度较高，但自然资源开发强度过大，土地、矿产资源和能源的经济转型效率较低。此外，由于企业工业生产技术落后，污染监管不到位，部分城市空气污染、水污染严重，土地逐渐被侵蚀退化，整体生态环境质量堪忧。因此，在能源和环境方面，要积极完善生态环境保护补偿机制，同时改进生产技术，双管齐下，从内外两方面改善能源与环境问题。

在社会层面，首先，异地户籍制度阻碍了劳动力在城市间的自由流动，成渝地区双城经济圈的劳动者权益联合保障机制不完善；其次，经济圈内城市整体基本公共服务体系的建设和服务水平并没有达到一定的标准，如基本公共教育服务水平不统一、各城市对高职院校和应用技术本科教育的支持力度有待提高等；最后，防灾减灾、打击犯罪等基本公共事务跨市协同治理机制亟须完善。

基于成渝地区城市生态环境的特殊性及其在西部地区长期发展规划中的战略

定位，成渝地区双城经济圈既要承担起西部创新驱动先导责任，推动西部城市经济辐射发展，又要加强沿江生态环境保护，注重能源消费效率和社会公平发展。

（2）优越地理位置。成渝地区双城经济圈位于共建"一带一路"和长江经济带的交汇处，是西部陆海新通道的起点，具有连接西南西北，沟通东亚与东南亚、南亚的独特优势。

结合当前成渝地区的发展阶段特征，立足成渝地区自然差异，充分认识重庆"一区两群"的政策和四川"一干多支、五区协同"的发展策略。在整体空间结构上，不仅要重点关注两地中心城市——成都都市圈和重庆主城都市区，还要更多关注支点城市。以成渝两地连线为中轴线、向外扩展的发展走廊等地区的发展，也应该被给予更多关注和支持。从成渝两地合作视角来看，只有多多关注毗邻地区的协同发展，才能够突出合作发展的示范效应。

在以往的研究中，成渝地区也被称为四川盆地城市群、成渝城市群、长江上游城市群等，由于不同学者的视角不同，因此在地理划分上存在一定差异。2016 年，国家发展改革委、住建部联合印发的《成渝城市群发展规划》对该地理区划作出了权威的认定。

成渝地区双城经济圈的范围包括重庆市的中心城区、27 个区（县）及开州区、云阳县部分地区，四川省的成都市、眉山市、资阳市、德阳市、绵阳市、遂宁市、内江市、乐山市、雅安市（除天全县、宝兴县）、南充市、广安市、达州市（除万源市）、自贡市、泸州市、宜宾市。

成渝地区双城经济圈的地区优势主要包括三个方面：首先，成渝地区双城经济圈位于共建"一带一路"与长江经济带的交汇处，区域内生态禀赋优良、能源矿产丰富、城镇密布、生物多样，是中国西部人口最密集、产业基础最雄厚、创新能力最强、市场空间最广阔、开放程度最高的区域之一。该经济圈在国家发展大局中具有独特而重要的战略地位。

其次，在战略考量方面，成渝地区双城经济圈坐落于西南大后方，成都以西是青藏高原，往北是秦岭天堑，往南有云贵缓冲，往东是重庆，这种地理位置使成渝双城具有进可攻、退可守的战略优势。在当今时代，世界格局总是充满不确定因素，因此成渝地区的战略地位显得尤为重要。

最后，成渝地区双城经济圈的设立初衷包含平衡东西南北中部发展格局这一期待。无论是在地缘上还是在文化相近度方面，成渝地区的融合都是东西部、南北部区域平衡的契机。未来，成渝地区双城经济圈的辐射力、影响力向南扩张，与贵阳组成"西三角"，体量将更加庞大，将成为东西部区域平衡的重要契机。

（3）社会经济发展概况。2007 年，四川省、重庆市签署《关于推进川渝合作共建成渝经济区的协议》，提出以重庆、成都为龙头，共建成渝经济区。本节将以 2008 年为起始时间节点，观察 2008~2022 年成渝经济区的经济发展趋势，共包含 GDP 变化、两地城乡人口发展、环境保护成效、住宿与餐饮业发展趋势、金融行业发展趋势及交通运输业发展变化六个方面。

由图 5-3 可得，2008~2022 年成渝两地得到了飞速发展。成渝两地 GDP 总值由 10106.44 亿元飞升至 49946.53 亿元，占全国经济总量的 4.1%。其中，第一产业增幅约 95%，第二产业增幅超 200%，第三产业增幅近 400%，三次产业对经济的贡献率分别为 8.6%、42.97%、48.43%。

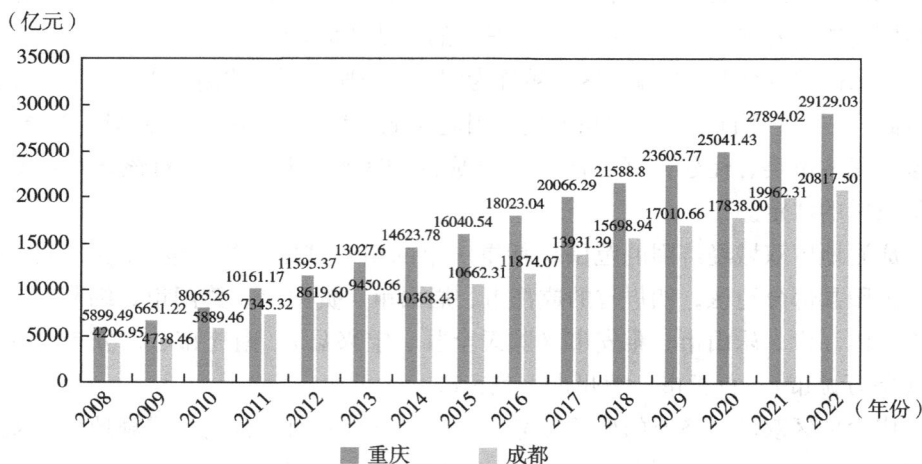

图 5-3　2008~2022 年重庆、成都两市 GDP 变化趋势

资料来源：《中国统计年鉴（2023）》。

截至 2022 年，成渝两地在户人口约 4985.4 万人，常住人口约 5340.14 万人（见图 5-4）。其中，城镇常住人口约 3979.42 万人，乡村常住人口约 1360.72 万人，两地人口变化平稳，上升态势并不缺乏动力；两市乡村常住人口平稳下降，城镇化率有序提高。

在各市规模以上工业企业的能耗中，电力是主要消费主体。2022 年，成渝双城社会用电总量达到 4851 亿千瓦时，能源耗费总量持续平稳上升，除电力消耗外，各城市工业企业的原煤、石油等化石能源消耗仍占大头（见图 5-5）。从图 5-5 可以看出，成渝地区的电力消耗呈现单一的上涨趋势，而能源消费总量则在 2015~2016 年有所下降，说明传统的化石能源燃料正在转向电能。合理有度的用电对生态环境的保护起着一定的作用。

（年份）

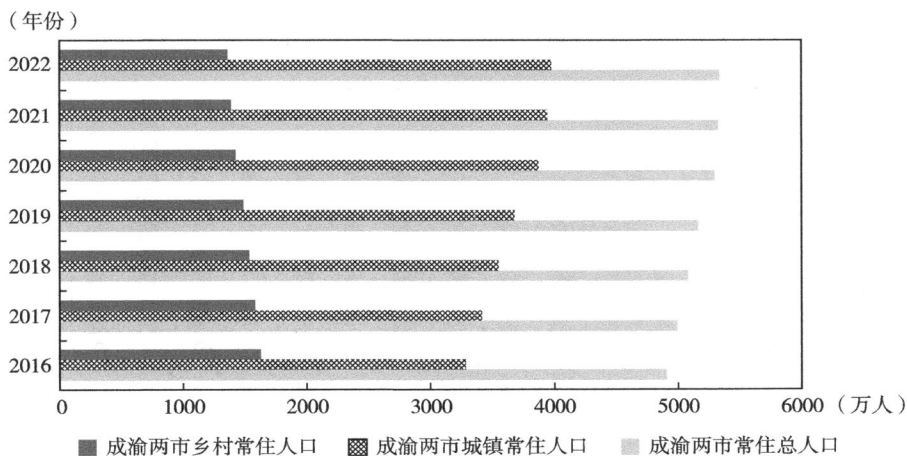

图 5-4 2016~2022 年重庆、成都两市常住人口变化趋势

资料来源：《中国统计年鉴（2023）》。

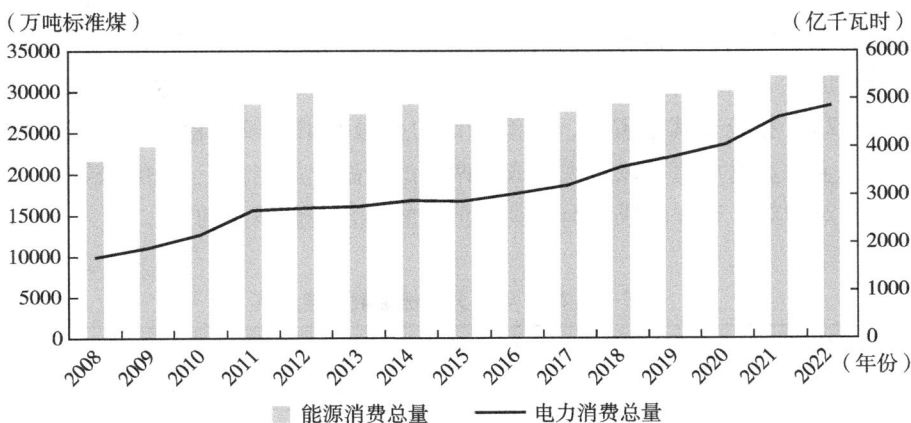

图 5-5 2008~2022 年重庆、成都两市能源消耗变化趋势

资料来源：《中国统计年鉴（2023）》。

在社会民生方面，以成渝两市住宿及餐饮业作为代表，2008~2022 年成渝两地的联合极大地带动了餐饮业的发展，增加值总额增长 3.7 倍（见图 5-6）；

2020 年受新冠疫情影响，短暂些许下降后在 2021 年又迅速回升。住宿及餐饮业增加值占成渝两地 GDP 的比重逐年递减。以成都市为例，2012~2022 年住宿及餐饮业增加值占比已经从 2012 年的 3.5% 降低至 2022 年的 2.4%。

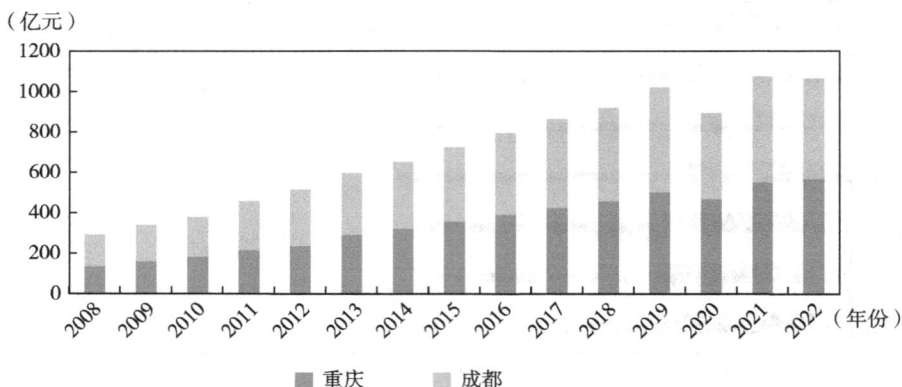

（亿元）

图 5-6　2008~2022 年重庆、成都两市住宿及餐饮业增加值变化趋势

资料来源：《中国统计年鉴（2023）》。

经过十多年的建设和发展，成渝两市的金融综合竞争力、城市吸金能力、金融宽度居全国前列，金融外溢辐射能力显著增强。截至 2023 年末，成都市实现金融业增加值 2555.6 亿元，重庆市金融业更胜一筹，2023 年达到 2591.0 亿元（见表 5-2），相较于其他省份，成渝两市的金融业增速较为稳定。根据 2023 年部分省份金融业增加值可以发现，成渝两市的金融业虽与前三名相差较多，但整体排名相对靠前。这样的成绩与成渝经济圈的结合是分不开的。

表 5-2　2023 年部分省份金融业增加值

地区	2023 年（亿元）	2022 年（亿元）	名义增速（%）
北京	8663.1	8196.7	5.7
上海	8646.9	8626.3	0.2
深圳	5253.5	5138.0	2.2
广州	2736.7	2596.2	5.4
重庆	2591.0	2491.0	4.0
成都	2555.6	2445.2	4.5
苏州	2497.7	2218.0	12.6

续表

地区	2023 年（亿元）	2022 年（亿元）	名义增速（%）
杭州	2492.0	2409.0	3.4
南京	2425.8	2200.0	10.3
天津	2249.8	2197.3	2.3

资料来源：《中国统计年鉴（2023）》。

2022 年 11 月 28 日，成渝中线高铁正式开工建设。成渝中线正线全长 292 千米，设计时速 350 千米。成渝中线高铁可以说是成渝两市关于交通运输的阶段性成果。建设经济圈的首要任务就是解决交通难题，缩短来往时间，提高流通效率。由图 5-7 可以看到，2008~2022 年成渝两市关于交通运输及邮政仓储的投入逐年提升，其中重庆市投入平稳提升，始终高于成都市；2012 年，成都市与重庆市交通运输投入差值达到 267.97 亿元，而后逐年减少，到 2018 年两市的交通运输投入已经不相上下，差值仅有 16.29 亿元。

（亿元）

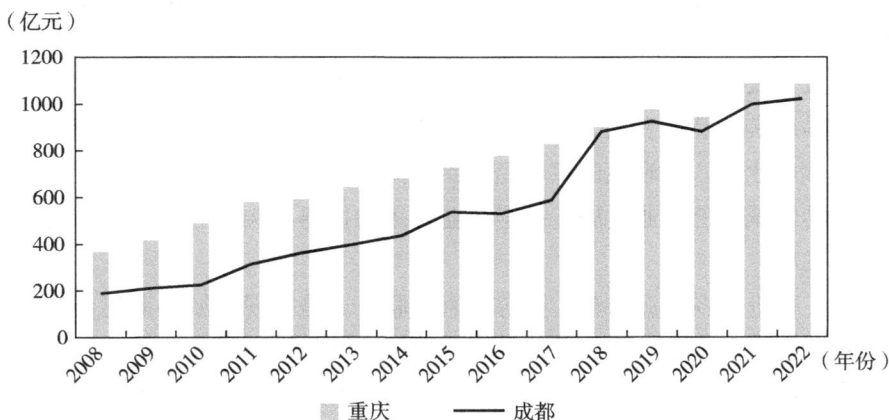

图 5-7　2008~2022 年重庆、成都两市交通运输、仓储和邮政业增加值变化趋势
资料来源：《中国统计年鉴（2023）》。

促进综合交通运输与区域经济的协调发展，深入研究综合交通运输与区域经济的耦合协调发展规律，制定科学合理的政策组合，推动区域经济整体发展。成渝两市的交通运输体系将进一步提升，为区域经济发展提供更坚实的支撑。

（4）对区域发展的影响。成渝地区双城经济圈的建立对整个川渝地区各个方面都起到了积极的影响，主要通过大城市的带动作用、产业布局及资源共享来影响区域经济协调发展。

第一，两大中心城市的带动作用。成都市和重庆市发挥着较强的空间经济联系作用，能够与周边地区产生较强的经济关联，从而形成较为紧密的空间经济网络。

成渝地区双城经济圈依托密切的城际经济关系，促进区域深度交流、分工与合作。成渝地区双城经济圈积极发挥"双核"引领作用，将科技、金融的创新成果向各区域传递，创新引领成渝地区双城经济圈各区域协调发展，在四川省内明显提升了德阳市、绵阳市、内江市、资阳市、泸州市等中小城市发展水平。相应地，中小城市的快速发展可以承接成渝"双核"的空间外溢效应，进而带动周边小城市和农村地区发展，这样的良性循环对紧密网络结构的构建起到重要的推动作用，从而推动成渝地区双城经济圈成为促进区域协调发展的重要经济圈。

第二，产业布局更合理。空间经济联系在很大程度上通过区域产业结构的优化促进城乡经济一体化发展。重庆市以智能制造业和现代物流业为依托，成都市以电子信息、装备制造和金融业等为依托，与周边城市及农村地区形成产业互补格局，为城乡融合发展提供了重要经济基础。

在积极发展现代农业的基础上突出制造业的发展优势，引领科技创新和现代金融业，推动实体经济发展，构建、完善现代产业体系，利用区域优势，健全、互补各区域产业链。成渝地区双城经济圈内其他中小城市应当加大承接相关产业力度，推动区域特色产业发展，抓牢产业升级的机遇，构建合理产业布局，促进城乡融合发展。

第三，促进城乡资源共享。资源要素互联互通是实现区域协调发展的重要内容，固定资产投资和劳动力流动对城乡一体化均有积极的促进作用。

城乡交通网络和基础设施建设等为资源要素互通提供了有力保障。新型基础设施和城乡交通网络体系的建设为打破城乡要素壁垒提供了保障。引导资金、人才等资源要素支持农村各领域发展，形成成渝地区双城经济圈新格局，促进区域协调发展。

二、重庆市城乡经济结构演变历程

城镇化水平是衡量一个国家和地区经济、社会、科技等水平的主要标志，其高低直接影响国家和地区各方面的发展速度。中华人民共和国成立至今，城乡结构关系总体呈动态变化，每个时期结合不同政策倾向、城市化状况都有新的变化。

本节将回顾重庆市城乡经济结构变化历史，对重庆市城乡二元经济结构作出详细的介绍与分析，对城乡二元经济结构的全面透视可以看出重庆市在不同时期的经济转型状况。

1. 重庆在成为直辖市之前，二元经济结构逐渐发展

重庆属于内陆地区，近代工业兴起较晚、规模较小。重庆工业最初起源于明末清初，以织布、缫丝等手工业为主，因此在兴起之前，城乡经济主要呈现一元经济结构。随着近代工业的兴起，西方大机器工业生产技术陆续传入，商品经济迅速发展，一元经济结构开始解体。

抗战时期，重庆工业迅速发展，相应地，城市规模、人口也迅速增加，城市经济快速扩张，一跃成为工业城市。工业经济的发展和城市规模的扩张改变了重庆原有的经济格局，城乡二元经济结构开始形成。

2. 中华人民共和国成立后，重庆二元经济结构进一步深化

1949 年中华人民共和国成立之后，我国选择优先发展重工业以实现国家的工业化道路。重庆随着全国生产力布局和投资重点的转移，成为了"三线建设"的重点地区，重庆及周围地区兴建了兵器、船舶、电子、核工业等国防工业企业和科研单位近百个，总投资超过 40 亿元[①]。这一时期高度重视工业化发展，忽略了农业经济尚未形成近代化的生产方式，严重制约了农业和其他部门的发展，造成了农业和工业化的脱节，因此城乡二元经济结构进一步成型和深化。

政府为了保证重工业的优先发展，采取包括统销购销、户籍制度等在内的计划经济体制，期待能够降低发展重工业的成本，减轻工业化过程中由于劳动力转移而形成的城市化压力（就业压力及城市生活资料、住房和基础设施供给负担等）。这种与赶超型发展战略相适应的经济体制虽然有力地推动了工业的发展，但对农业的发展也造成了极大的负面影响，主要包括以下两个方面。

第一，农村自身发展受到阻碍，农民生活水平得不到改善。重工业建设周期长，占用资金多，要保证其发展，就必然要不断提高和保持较高水平的积累率，但这会阻碍农业部门的资本积累。资金问题正是阻碍农村发展的关键，而在这一时期，这一缺陷难以在短时间内得到改善。

第二，农业剩余劳动力大量滞留，农业劳动生产率得不到提高。重庆多为山地，耕地面积较少，有限的土地承载着过多的劳动力，造成农村中存在大量的剩余劳动力。

---

① 资料来源：《重庆地区三线建设规划》。

随着农村人口的增加，农村剩余劳动力规模呈不断扩大的趋势。在这一阶段，赶超型发展战略已经从根本上拉开了工业与农业生产能力之间的差距，农业生产水平下降，随着农业剩余劳动力的增加，农业劳动生产率的提高将受到进一步制约。

3. 二元经济结构有所松动

1978 年后，中国逐步由计划经济体制向社会主义市场经济体制转变，经济体制的转变极大地激发了农村生产积极性，农村居民收入和农业生产率显著提高，农村商品经济形成，与城市的互动逐渐增多。根据刘耀森的研究，1978 年后，重庆二元对比系数在波动中呈逐步上升之势，二元对比系数由 1978 年的 17.33%上升到 1986 年的 21.86%[①]。

二元对比系数是二元经济结构中农业比较劳动生产率和非农业比较劳动生产率的比率。二元对比系数与二元经济结构的强度呈反方向变动，二元对比系数越大，两部门的差别越小；反之，二元对比系数越小，两部门的差别越大。

改革开放后，重庆的工业化发展进入一个新时期，重庆城乡二元经济结构有所松动，分析其改善原因，主要包括以下两个方面：

第一，农村经济体制的重大变革极大地解放了农村生产力，促进了农村经济总量的大幅增长。党的十一届三中全会以后，相关政策的实施首先在农村取得进展。例如，废除人民公社制度，确立家庭联产承包责任制，扩大农民的生产经营自主权，使农民的生产成果与物质利益直接挂钩，极大地调动了农民的生产积极性，农村生产力大大提高。

第二，城乡交流困难相对改善，促进了农村劳动力的大规模转移。城市对农村人口的吸纳性本就是改善城乡二元化的关键。改革开放以后，国家逐步放宽了农民从事非种植业的限制，农村人口进入城市、从事其他行业的门槛降低，除此之外，还实施了鼓励乡镇企业发展的政策，大大促进了农村劳动力向非农产业的转移。

从以上两个简单的原因可以看出，改进生产技术、提高生产力是本质，促进城乡交流、人员流通是目标，城乡融合没有交流就很难融合。

4. 短暂改善后，二元经济结构特征仍显著

改革开放后，城乡经济结构有所改善，特别是重庆成为直辖市以来，全市经济发展迅速，总体经济实力不断增强，城乡居民收入增长较快，城乡协调发展取得重要进展，城乡公共服务水平之间的差距不断缩小。但是，城乡差距大、区域发展不平衡、广大农村地区和三峡库区发展落后等现实状况仍然存在，尚未根本解决，突出的城乡二元经济结构仍然是制约重庆经济社会发展的重要障碍。

---

① 刘耀森. 重庆市产业结构与就业结构变动关系的实证研究 [J]. 西北人口，2012 (2)：53-56, 62.

5. 缓解城乡二元化，探索仍在继续

1997 年重庆成为直辖市以来，其在推进城乡统筹发展方面进行了许多探索，主要经历了"三大经济区""四大经济板块""一圈两翼""一区两群"四个发展历程。这些探索使重庆地区生产总值由 1997 年的 0.15 万亿元上升到 2022 年的 2.91 万亿元，重庆的城镇化率从 1997 年的 31% 上升到 2022 年的 74.5%[①]。同时，固定资产投资、人均生产总值逐年增加，各方面经济指标显著提升，城乡经济快速发展，农村城镇化得到明显提升，为改善重庆城乡二元结构奠定了物质基础。

另外，考察重庆城乡常住居民的人均可支配收入指标，城镇常住居民人均可支配收入从 1997 年的 5302 元增长到 2022 年的 45509 元，农村常住居民人均可支配收入从 1997 年的 1692 元增长到 2022 年的 19319 元（见图 5-8）。城乡居民收入差距逐年扩大在一定程度上说明重庆自成为直辖市以来在统筹城乡发展上作出了诸多探索，虽然在很大程度上促进了城乡经济发展，城镇化水平持续提高，但是城乡差异依旧存在，并持续拉大，城乡二元经济结构特征仍然显著。

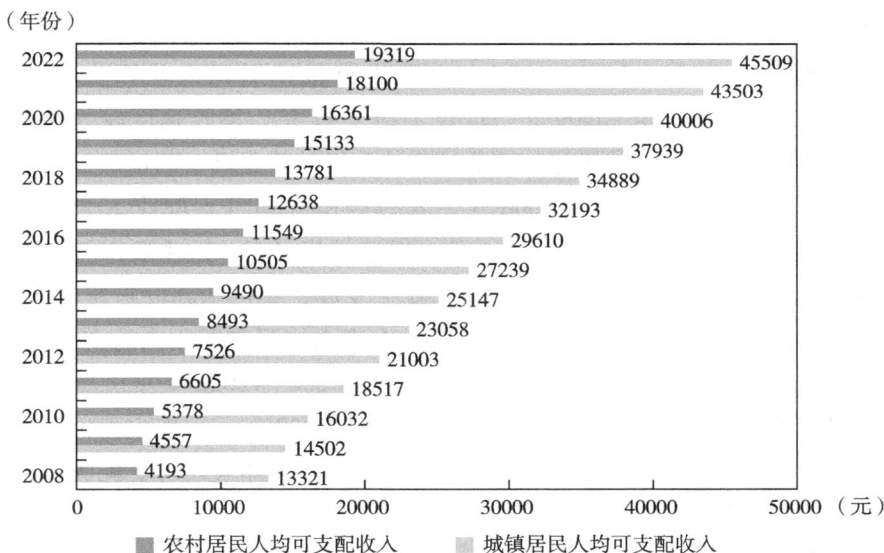

图 5-8　2008~2022 年重庆市农村与城市人均可支配收入对比

资料来源：《重庆统计年鉴（2023）》。

---

① 资料来源：《重庆统计年鉴（2023）》。

第二节 共同富裕目标下重庆市城乡经济发展现状分析

一、收入分配与差距

1. 城乡居民收入水平

（1）城乡居民收入水平现状。经济是衡量一个国家或地区发展水平的重要指标，是其他方面发展的基础。为了更好地分析重庆市城市和乡村协同发展情况，本部分选择城乡居民人均可支配收入进行分析。

如图 5-9 所示，2008 年重庆市城镇居民人均可支配收入 13321 元，农村居民人均可支配收入为 4193 元，全市人均可支配收入为 8756 元。2022 年，重庆市城镇居民人均可支配收入 45509 元，农村居民人均可支配收入为 19319 元，全市人均可支配收入为 35666 元。2008 年，重庆市城镇居民人均可支配收入为 13321 元，2022 年增长至 45509 元，增长了约 2.42 倍，增长速度较为显著。这表明随着重庆城市化进程的推进、产业结构的升级及就业机会的增加，城镇居民的收入水平得到了大幅提升。2008 年，农村居民人均可支配收入为 4193 元，2022 年达到 19319 元，增长了约 3.61 倍，增速较为可观。这主要得益于重庆近年来对农村地区的政策扶持，包括农业产业化发展、农村基础设施建设等举措，有效提高了农村居民的收入水平。2008 年，全市人均可支配收入为 8756 元，到 2022 年增长至 35666 元，增长幅度较大，这表明 2008~2022 年重庆经济得到了持续发展，居民生活水平得到了不断提高。2008~2022 年，重庆市无论是城镇居民人均可支配收入、农村居民人均可支配收入，还是整体人均可支配收入，均呈现出明显的增长态势。

从城乡人均可支配收入差距方面分析差距变化情况。2008 年，城镇居民人均可支配收入与农村居民人均可支配收入差距为 9128 元，2022 年差距变为 26190 元。从绝对数值上看，城乡居民收入差距有所扩大（见图 5-9）。2008 年城乡收入比约为 3.18，2022 年城乡收入比约为 2.36。由此可以看出，在相对比例上，城乡居民收入差距在逐渐缩小。这说明尽管城市居民收入和农村居民收入在绝对数值上的差距有所增大，但农村居民收入的增长速度相对较快，使城乡收入差距在一定程度上得到了缓解。

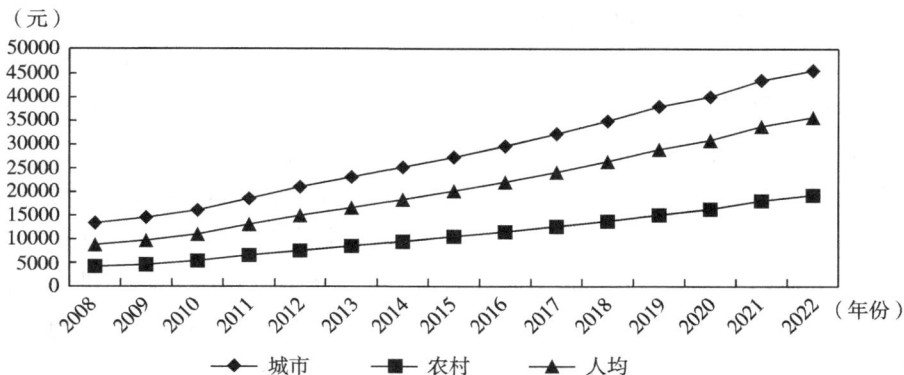

（元）

图 5-9　2008~2022 年重庆市农村与城市人均可支配收入对比

资料来源：国家统计局。

（2）城乡居民收入现状原因分析。农村居民收入增速相对较快离不开重庆在政策扶持方面和经济发展方面的努力。

在政策扶持方面，政府积极推动农业现代化，加大对农村地区特色农业、生态农业等的扶持力度。特别是乡村振兴战略提出以来，重庆将乡村振兴战略作为新时代"三农"工作的总抓手，2017 年和 2018 年中央农村工作会议召开及中央一号文件印发后，重庆市委、市政府对标对表中央精神，着眼长远、突出三年，及时制订重庆市实施乡村振兴战略行动计划，提出走城乡融合发展、共同富裕、质量兴农、乡村绿色发展、乡村文化兴盛、乡村善治、中国特色减贫七条道路，明确时间表、任务书、路线图，随后出台的《重庆市实施乡村振兴战略规划（2018—2022 年）》，进一步制订了详细规划。2021 年，重庆市人民政府印发《重庆市推进农业农村现代化"十四五"规划（2021—2025 年）》，坚持从全局谋一域、以一域服务全局，推动"一区两群"协调发展和城乡融合发展，构建优势互补、高质量发展的农村区域经济格局，突出以工促农、以城带乡，加快形成工农互促、城乡互补、协调发展、共同繁荣的新型工农城乡关系。一系列政策推动了特色农业产业链的打造和农村一二三产业的融合，使乡村发展获得长足动力，从多方面促进了城乡协调发展。

农村居民收入增速较快不仅得益于乡村振兴战略的深入推进实施，更离不开多年持续的脱贫攻坚工作。2021 年 12 月，重庆市人民政府办公厅印发《重庆市巩固拓展脱贫攻坚成果同乡村振兴有效衔接"十四五"规划（2021—2025年）》。规划立足脱贫攻坚成果和农业农村发展基础，提出推进"一个确保、一个提升、一个同步"，整体实现巩固拓展脱贫攻坚成果同乡村振兴有效衔接的目标。一个确保：巩固拓展脱贫攻坚成果长效机制建立健全，"两不愁三保障"及饮水安全成果得到巩固拓展，坚决确保不发生规模性返贫。一个提升：巩固拓展脱贫攻坚成果同乡村振兴有效衔接机制建立健全，接续推进乡村振兴，脱贫地区经济社会发展能力显著增强，城乡差距不断缩小，农民收入增速高于全市平均水平，综合水平得到明显提升。一个同步：在"一个确保"和"一个提升"的基础上，脱贫地区全面进入乡村振兴发展轨道，与全市其他地区共同推进农业科技创新、农业农村高质量发展、城乡融合发展并取得重大突破，与全市其他地区同步向农业农村现代化迈进，在全面推进乡村振兴的新征程中不掉队，在探索推进共同富裕的道路上不掉链，实现新一轮更宽领域、更高质量的发展。

在经济发展方面，首先，明确农村产业多元化发展的策略。随着农村电商的兴起，农产品的销售渠道得到极大拓展，农村居民可以将农产品直接销售到全国各地，增加销售收入。同时，乡村旅游、休闲农业等新兴产业在农村地区不断发展，为农村居民带来了新的收入来源。其次，不断提高农业产业化经营水平。农村合作社、家庭农场等新型农业经营主体不断涌现，提高了农业生产的组织化程度和规模化水平，增强了农村居民在市场中的议价能力，使农业经营效益不断提升。最后，让城市产业带动农村发展。城市经济的发展对农村产生了辐射带动作用，一些城市的产业向农村转移，为农村居民提供了更多在家门口就业的机会，既增加了工资性收入，又减少了农村居民的生活成本。在经济发展中，金融支持对城乡协调起着至关重要的作用。政府对金融支持的规划决定着城乡地区资源的分配和调控情况，金融机构通过资金的融通和调配，将资金从相对充裕的城市地区引导至具有发展潜力但资金匮乏的农村地区，为农业产业化、农村中小企业发展和城乡基础设施一体化奠定坚实基础。例如，一些地方的农村信用社为当地的农业产业化龙头企业提供贷款支持，帮助企业扩大生产规模，提高农产品附加值，带动当地农民增收致富。为引导更多金融资源投入农业农村发展重点领域和薄弱环节，切实提升金融服务乡村振兴质效，2023年中国人民银行重庆营业管理部、中国银行保险监督管理委员会重庆监管局、中国证券监督管理委员会重庆监管局、重庆市农业农村委员会、重庆市乡村振兴局、重庆市财政局联合印发《关于重庆市金融支持全面推进乡村振兴的指导意见》，从加大乡村振兴重点领域金融资源投入、提升金融机构服务乡村振兴能力、完善农村基础金融服务、加强政策协同、强化评估宣传五个方面提出具体要求。该指导意见指出，要持续推进金融科技赋能乡村振兴示范工程，发挥"长江渝融通"普惠小微线上融资服务平台、"信易贷·渝惠融"平台作用，拓宽涉农主体线上融资渠道。高标准推进"1+5+N"乡村振兴金融服务港湾、"1+2+N 普惠金融到村"基地建设，建立货币信贷联络员服务基层、服务企业、服务群众"三服务"机制，增强网点信贷服务功能。持续梳理乡村振兴重点领域融资需求清单，推进多层次、广覆盖的融资对接。进一步优化金融机构内部资源配置，发挥贷、债、股资金合力，拓展乡村振兴资金来源。指导意见强调，要加大货币政策工具支持力度，创新"再贷款+""再贴现+"金融产品，加强"政担银保企户"联动，充分运用好财政风险补偿、贴息贴费、奖励补助等支持政策，进一步加强财政与信贷、保险、期货等金融工具联动，强化统计监测、考核评估和宣传推广，加大涉农信贷投入。深入推进农村信用体系建设，持续改善农村支付服务环境，推动储蓄国债下乡，加强农村金融知识普及教育和金融消费权益保护，提升农村基础金融服务水平。

综上所述，重庆市在收入分配与差距缩小方面呈现出多维度的现状特征。就城乡居民收入水平而言，自特定考察期起，城乡居民人均可支配收入整体呈上升态势，其中农村居民收入增速表现较为突出，在政策扶持与经济发展等多重因素驱动下，实现了较为可观的增长，如在农业现代化、乡村振兴及脱贫攻坚等系列举措助力下，农村居民收入渠道得以拓展，收入水平得以提升。然而，城乡居民收入差距状况较为复杂，从绝对数值分析，城乡收入差距呈现出扩大趋向；从相对比例剖析，得益于农村居民收入相对快速地增长，城乡收入差距呈现出逐渐缩小之势。就区域层面而言，重庆市"一区两群"区域发展不均衡，主城都市区居民收入相对较高，而渝东北城镇群、渝东南城镇群居民收入相对较低，这种区域间收入差距对全市收入分配的均衡性造成了一定干扰。综合来看，重庆市在收入分配与差距缩小方面正处于多种因素相互交织、动态变化的发展态势之中。

2. 收入分配机制

为促进分配公平、实现共同富裕，2008～2022 年重庆市在促进分配公平上做了不少努力，主要体现在慈善公益活动、收入分配政策等方面。

（1）慈善活动。重庆市在慈善活动方面不断探索和创新，对分配公平起到了积极的推动作用。2015 年，重庆市人民政府下发《关于促进慈善事业健康发展的实施意见》，明确推进慈善事业的总体要求和具体措施，为慈善活动的开展提供了政策支持，开创了重庆慈善事业发展新局面。重庆市人民政府印发的《关于加快推进慈善事业健康发展的意见》，从培育发展慈善主体、拓展捐赠渠道、推进社区慈善和网络慈善、规范慈善组织和慈善活动、强化慈善事业保障等方面进行引导和规范。

在此期间，重庆市的互联网慈善发展迅速。习近平在中央财经委员会第十次会议上强调，要坚持以人民为中心的发展思想，在高质量发展中促进共同富裕，正确处理效率和公平的关系，构建初次分配、再分配、三次分配协调配套的基础性制度安排。党的二十届三中全会审议通过《中共中央关于进一步全面深化改革推进中国式现代化的决定》，明确提出，完善收入分配制度。构建初次分配、再分配、第三次分配协调配套的制度体系，提高居民收入在国民收入分配中的比重，提高劳动报酬在初次分配中的比重。完善劳动者工资决定、合理增长、支付保障机制，健全按要素分配政策制度。完善税收、社会保障、转移支付等再分配调节机制。支持发展公益慈善事业，健全社会救助体系，健全保障妇女儿童合法权益制度，完善残疾人社会保障制度和关爱服务体系。

在党中央的高度重视下，重庆市积极推进慈善事业健康发展。从腾讯公益平台大数据来看，重庆的善款金额、捐赠人次等数据连续五年稳居全国前列。腾讯2021年启动了"共同富裕专项计划"，在乡村振兴、低收入人群增收、基层医疗体系完善、教育均衡发展等领域，充分发挥了企业在"三次分配"中的作用。2022年举办的"乡村振兴·重庆专场"公益活动，腾讯公益慈善基金会充分发挥平台优势，发起更多丰富多彩的线上线下公益活动，为重庆的数字化公益生态建设、公益伙伴能力增强提供了各种助力措施。

此外，重庆市民政局组织召开《重庆市慈善条例》宣传贯彻培训视频会，强调三次分配的作用，并提出加强慈善组织管理的要求。《重庆市慈善条例》已纳入2022年重庆市人大立法审议项目，旨在细化并完善促进慈善事业发展的措施，有针对性地解决本市慈善事业发展中存在的问题，通过建立推进慈善事业发展的保障机制，完善政府支持性措施，推进慈善组织培育发展，规范慈善组织管理和慈善活动，强化慈善人才建设，浓厚慈善事业发展氛围，促进慈善事业高质量发展。

总之，重庆市的慈善公益活动通过多种方式促进了三次分配公平。一方面，拓展了捐赠渠道，让更多的社会主体参与到慈善公益活动中来，增加三次分配的资源总量。另一方面，规范了慈善组织和慈善活动，提高了三次分配的效率和透明度，确保资源能够真正流向需要帮助的人群。同时，通过互联网慈善等创新方式，扩大慈善公益活动的影响力，让更多的人参与到三次分配中。

（2）收入分配政策。进一步分析 2008~2022 年税收、社会保障、转移支付等政策措施对调节城乡居民收入差距的效果（见表5-3）。

表5-3　2008～2022年重庆市税收、社会保障和转移支付政策工具演变历程

年份	税收政策	社会保障政策	转移支付政策
2008	延续落实国家层面企业相关税收优惠政策，如小规模纳税人税收优惠政策	重庆市第三届人民代表大会常务委员会第五次会议通过《重庆市城乡居民最低生活保障条例》，为城乡困难群众提供基本生活保障	延续落实将国家及地方财政对重庆的转移支付资金用于支持各类基础设施建设等
2009	延续落实国家层面企业相关税收优惠政策	社会保障体系持续推进，保障覆盖面不断扩大	转移支付在基础设施建设方面持续投入，对农村地区的交通、水利等基础设施建设提供资金支持
2011	个人所得税免征额调高至3500元，减轻了中低收入群体税负，对调节城乡居民收入有一定积极作用	南岸区为贯彻落实区委十届十一次全会精神和《中共重庆市委关于缩小三个差距促进共同富裕的决定》，对按月领取城乡居民基本养老保险或新型农村社会养老保险的60周岁及以上居民，在每人每月120元养老保险补贴的基础上，每人每月增加40元养老保险补贴	转移支付政策继续支持农村地区基础设施、教育、医疗等公共服务建设
2016	税收政策不断优化调整，对小微企业的税收优惠力度加大，促进了小微企业发展，为农村居民创造了更多就业机会和收入来源	3月31日重庆市第四届人民代表大会常务委员会第二十四次会议修订《重庆市城乡居民最低生活保障条例》，进一步完善低保制度	财政转移支付不断加大对农村地区的支持力度，尤其是在脱贫攻坚阶段，大量转移支付资金用于农村地区的产业发展、基础设施建设等
2017	税收政策继续向支持中小微企业、鼓励创新创业方向倾斜，推动城乡经济发展，有助于缩小城乡居民收入差距	社会保障制度不断完善，城乡居民养老保险、医疗保险等保障水平不断提高，减轻了居民的生活负担	转移支付在支持农村产业发展、农村教育、农村医疗等方面发挥了重要作用，促进了农村经济社会的发展
2022	税收政策持续优化，对乡村振兴相关产业给予税收优惠，推动农村产业升级，增加农民收入	不断完善多层次社会保障体系，扩大社会保险覆盖面，提高保障待遇水平，尤其是农村地区的社会保障水平得到进一步提升	转移支付继续向农村地区倾斜，支持农村基础设施建设、农村生态环境保护、农村产业发展等，助力乡村振兴，缩小城乡差距

关于税收政策。第一，重庆实施小规模个人独资企业核定征收政策，企业按照个体工商户的生产经营所得五级累进制缴纳个人所得税。这一政策对现代服务行业等的高税负问题有较好的节税效果，吸引企业到重庆发展，为城乡居民创造

了更多的就业机会。一些农村地区的小型农产品加工企业、个体工商户等受益于该政策，能够更好地发展经营，增加收入。第二，重庆同时实施一般纳税人有限公司税收扶持政策，对入驻重庆的一般纳税人有限公司采取新办、分公司、子公司或者迁移的方式入驻园区，可依据税收的属地原则，享受增值税和企业所得税的财政扶持补贴。这有助于企业减轻税收负担，增强企业的发展动力，间接为城乡居民提供更多的就业岗位和收入来源。

但是税收政策调节城乡居民收入差距存在一定的局限性。一方面，税收政策主要针对企业和高收入群体，对广大中低收入群体影响较小。另一方面，城乡经济结构和产业特点不同，但税收政策在城乡之间的差异化设计不够突出，未能充分考虑到农村地区的特殊情况和农民的实际需求，对农村居民的收入支持力度相对较弱。

关于社会保障政策。第一，养老保险方面：不断完善的养老保险制度提高了城乡居民的养老保障水平。重庆实施的城乡居民基本养老保险政策让更多农村居民享受到了养老保障待遇。农村居民的养老保险覆盖面逐渐扩大，养老金标准不断提高，为农村老年人提供了较为稳定的经济来源，减轻了子女的养老负担，在一定程度上缩小了城乡居民在养老保障方面的差距。第二，医疗保险方面：城乡居民基本医疗保险的普及大大减轻了居民的医疗负担。农村居民因病致贫、因病返贫的现象得到了有效缓解，提高了农村居民的生活质量和收入水平。重庆不断推进医保政策在农村地区的落实，提高医保报销比例，扩大医保报销范围，让农村居民能够更加放心地就医。第三，社会救助方面：低保政策、特困人员救助供养等社会救助制度不断健全，保障了城乡困难群众的基本生活。对于农村地区的低收入群体、困难家庭等，社会救助政策提供了基本的生活保障，防止他们的收入水平与其他居民的差距进一步拉大。比如，重庆根据经济发展情况不断调整低保标准和救助范围，确保困难群众得到及时救助。

尽管城乡社会保障水平都在不断提高，但城市居民的社会保障待遇整体上仍然高于农村居民。例如，城市职工的养老保险、医疗保险等缴费基数和待遇标准普遍高于农村居民，城乡之间的社会保障差距依然存在，在一定程度上影响了社会保障政策对城乡居民收入差距的调节效果。同时，部分农村居民对社会保障政策的了解不够深入，参保积极性不高，导致一些人未能享受到应有的社会保障待遇。

关于转移支付政策。第一，支持农村基础设施建设：中央和地方政府的转移支付资金大量投入农村地区的基础设施建设中，如道路、水利、电力等。重庆一些偏远农村地区通过转移支付资金改善了交通条件，方便了农产品的运输和销售，降低了生产成本，提高了农民的收入。这为农村经济发展提供了基础保障，促进了农村产业的发展和农民收入的增加。第二，推动农村教育和医疗事业发展：转移支付资金用于支持农村教育和医疗事业，提高农村地区的教育质量和医疗水平。重庆通过转移支付支持农村学校的建设和师资队伍的加强，提高农村学生的受教育水平，为他们未来的就业和收入增长打下良好的基础。同时，支持乡镇卫生院的建设和医疗设备的购置，改善农村居民的就医条件。第三，促进农村产业发展：通过财政转移支付支持农村地区的产业发展项目，如特色农业、乡村旅游等。重庆一些农村地区利用转移支付资金发展特色农产品种植和加工产业，或者开发乡村旅游项目，农民通过开办农家乐、销售农产品等方式增加了收入。

在转移支付资金的使用过程中存在一些资金使用效率不高、资金流失等问题。部分地区的项目规划不合理、实施管理不到位，导致转移支付资金未能充分发挥作用，影响了其对城乡居民收入差距的调节效果。不同地区的经济发展水平和财政状况不同，获得的转移支付资金也存在差异，一些经济落后的地区由于自身条件限制，对转移支付资金的依赖度较高，但资金的使用效果并不理想，导致城乡居民收入差距调节效果不均衡。

（3）重庆三次分配公平的发展趋势。随着重庆市经济的发展和社会的进步，在对慈善活动、收入分配政策等进行积极探索并逐步研究落实后，重庆三次分配公平的发展趋势呈现出以下几个特点：

首先，政策支持力度将不断加大。重庆市将继续出台一系列政策措施，促进慈善事业健康发展，发挥第三次分配作用，改善收入和财富分配格局。例如，进一步完善《重庆市慈善条例》，加强对慈善组织的管理和支持，鼓励更多的社会主体参与慈善活动。

其次，社会参与度将不断提高。随着人们对社会公平正义的认识不断加深，越来越多的企业和个人将积极参与到三次分配中来。通过互联网慈善等创新方式，慈善活动的影响力将不断扩大，社会参与度将进一步提高。

再次，科技创新将为三次分配提供新的动力。随着数字化技术的不断发展，慈善活动将更加便捷、高效。例如，通过区块链技术实现捐赠资金的透明管理，提高捐赠者的信任度。同时，科技创新也将为企业和个人参与三次分配提供更多的方式和渠道。

最后，三次分配将与共同富裕的目标更加紧密地结合。重庆市以共同富裕为目标，通过三次分配，促进社会公平正义，缩小收入差距，提高人民生活水平。

三次分配将成为实现共同富裕的重要手段之一。

二、公共服务逐渐均等化

1. 教育资源均衡配置

对比城市和农村的教育投入、学校设施、师资力量等方面的差距，分析教育扶贫、农村义务教育均衡发展等政策对提高农村教育质量的成效。

（1）师资力量。2008年，重庆市部分学校的师资力量明显优于农村。城市学校教师学历普遍较高，拥有本科及以上学历的教师占比较大，而农村学校教师学历相对较低，甚至部分偏远农村地区教师学历以高中及以下为主。以学前教育为例，2008年重庆市农村学前教育专业毕业的教师不足30%，且大部分村级幼儿园的教师70%~80%都是非学前教育专业学生，并未获得幼儿教师资格证。2012年，城乡师资差距依然明显。农村地区教师外流现象严重，而城市学校能够吸引和留住优秀的教师人才。这种状况导致城市幼儿教师呈现"多而精"，农村幼儿教师呈现"少而糙"的局面。2022年，虽然整体上农村师资状况有所改善，但与城市相比仍有差距。城市学校教师队伍不断优化，拥有高学历、高职称的教师比例持续增加，而农村地区在吸引和留住优秀教师方面仍面临挑战，师资队伍的稳定性和专业水平有待进一步提高（黄仕川，2009）。

（2）教育经费投入。2008年，新增教育经费的70%以上用于农村教育，但由于农村教育基础薄弱，与城市的教育经费投入差距仍然较大①。例如，城市学校能够配备先进的教学设备、开展丰富的教学活动，而农村学校的教学设施更新缓慢，实验设备、多媒体教室等配备不足。2015年左右，重庆加大了对农村教育经费的投入，农村学校的办学条件得到了一定改善。一些农村学校新建了教学楼、改善了操场等基础设施，但与城市学校相比，在教育经费投入总量和生均经费方面仍有差距。

2022年，教育经费投入进一步向农村倾斜，农村学校的硬件设施得到较大改善，但在软件建设方面，如教师培训、课程开发等方面的投入仍低于城市学校。城市学校能够邀请专家开展讲座、组织教师参加学术交流活动等，而农村学校的教师培训机会相对较少。

（3）学校建设与教学设施。2008年，城市学校的校园建设和教学设施较为完善。城市学校拥有宽敞的教室、现代化的实验室和图书馆等，而农村学校的校园面积较小，教学设施简陋。许多农村学校缺乏基本的体育设施和艺术教育设

---

① 资料来源：2008年重庆市政府常务会审议通过的《重庆市统筹城乡教育综合改革试验实施方案》。

备，无法满足学生全面发展的需求。2018 年，随着教育投入的增加，农村学校的基础设施建设取得了一定进展。一些农村学校新建了教学楼、食堂等，但在教学设施的配备上仍与城市学校存在差距。例如，城市学校的多媒体教学设备已经普及，而部分农村学校的多媒体教室数量有限，无法满足日常教学需求。2022 年，农村学校的硬件设施得到了进一步改善，一些农村学校配备了较为先进的教学设备，但在设施的使用效率和维护管理方面仍有待提高。城市学校的智能化教学设备、创新实验室等不断涌现，城乡学校在教学设施的先进性方面仍存在一定差距。

（4）教育质量与升学率。2008 年，城市学校的教育质量和升学率明显高于农村学校。城市学校的学生在各类考试中成绩优异，考入重点中学、大学的比例较高，而农村学校的学生在升学竞争中处于劣势。这主要是因为城市学校拥有优质的教育资源和教学经验丰富的教师，能够为学生提供更好的教育教学服务。2016 年，城乡教育质量的差距有所缩小，但仍然存在。农村学校在课程改革、教学方法创新等方面取得了一定的进步，但在学生的综合素质培养和学科竞赛等方面与城市学校学生仍有较大差距。2022 年，随着教育改革的推进，农村学校的教育质量逐渐提高，但城乡之间的教育质量差距依然存在。城市学校在素质教育、特色课程建设等方面具有明显优势，学生的综合素养和创新能力得到更好的培养，而农村学校在这些方面仍需进一步加强。

2. 医疗卫生服务公平可及

接下来进一步考察城乡医疗卫生机构的分布、医疗设备配置、医护人员数量等情况，研究农村医疗卫生服务体系建设对保障农村居民健康的作用。

（1）医疗卫生机构分布。2008 年，城市地区医疗卫生机构分布密集，大型综合医院、专科医院等主要集中在主城区及各区（县）的中心城区。例如，渝中区、沙坪坝区，拥有多家三级甲等医院，为城市居民提供了较为便捷的医疗服务。农村地区医疗卫生机构相对较少，主要以乡镇卫生院和村卫生室为主，且分布较为分散。一些偏远山区的居民甚至需要步行数小时才能到达最近的乡镇卫生院，医疗服务的可及性较差。2012 年，随着医疗改革的推进，重庆加强了基层医疗卫生机构的建设，按照"一乡镇一卫生院、一街道一中心"的要求，基层医疗卫生服务体系的覆盖范围不断扩大。乡镇卫生院和社区卫生服务中心的数量有所增加，农村居民步行 40 分钟、城市居民步行 15 分钟就能到达最近的医疗机构，但城乡之间的医疗卫生机构分布差距仍然明显。2016 年，城市地区的医疗卫生机构不断优化布局，一些新的医疗机构在城市新区和人口密集区域逐步建立。同时，农村地区的医疗卫生机构建设持续推进，部分乡镇卫生院进行了升级改造，医疗服务条件得到一定改善。总体上，城市的医疗资源仍然更加集中，大型医院和优质医疗资源主要集中在城市。2020年，在新冠疫情的影响下，医疗卫生机构的布局调整更加注重应急能力和公共卫生服务能力的提升。城市和农村地区都加强了发热门诊、核酸检测点的建设。农村地区的医疗卫生机构在新冠疫情防控中发挥了重要作用，其地位和作用得到进一步重视。2022年，重庆的医疗卫生机构分布格局基本稳定，城乡之间的协同发展不断加强。城市的大型医院与农村的基层医疗卫生机构之间通过医联体、远程医疗等方式加强合作，提高了农村地区的医疗服务水平。

（2）医疗设备配置。2008年，城市的大型医院拥有先进的医疗设备，如核磁共振、CT、高端彩超等设备，能够为患者提供准确的诊断和治疗。农村地区的乡镇卫生院和村卫生室医疗设备相对简陋，主要以基本的检查设备（如血压计、听诊器、X光机等）为主，一些乡镇卫生院甚至缺乏必要的检验设备，无法开展较为复杂的检查项目。2012年，重庆投入6.6亿元推进基层医疗机构标准化建设，为基层医疗机构配备了台式B超机、心电图机、半自动生化分析仪、尿分析仪、洗胃机、救护车等基本医疗设备，农村地区的医疗设备配置得到一定改善。但是，与城市的大型医院相比，设备的先进性和数量仍有较大差距。2016年，城市的大型医院不断更新和引进先进的医疗设备，医疗技术水平进一步提高。农村地区的部分乡镇卫生院也开始配备一些较为先进的医疗设备，如数字化X射线摄影系统（DR）、全自动生化分析仪等，但这些设备在农村地区的覆盖范围仍然有限。2020年，随着医疗技术的不断发展，城市的医疗机构在医疗设备的智能化、数字化方面取得了较大进展，智能诊断系统、手术机器人等设备开始应用。农村地区的基层医疗卫生机构在政府的支持下医疗设备的更新换代速度加快，一些乡镇卫生院的医疗设备水平有了明显提升。2022年，重庆的医疗卫生机构在医疗设备配置方面更加注重均衡发展。城市的大型医院不断提升设备的高端化水平，同时加强设备的共享和下沉。农村地区的基层医疗卫生机构通过政府投入、社会捐赠等多种方式，增加了医疗设备的配置，提高了医疗服务的能力。

（3）医护人员数量。2008年，城市的医疗机构拥有大量的医护人员，且学历层次和专业技术水平较高。大型医院的医生大多具有本科及以上学历，护士也经过专业的培训和考核。农村地区的医护人员数量相对较少，乡镇卫生院的医生以大专学历为主，部分村卫生室的医生甚至没有正规的医学学历。此外，农村地区的医护人员流失现象较为严重，导致农村医疗队伍不稳定。2012 年，重庆加大了基层医疗卫生人员的培训力度，培训乡镇卫生院技术人员 1.1 万人次、社区卫生技术人员 700 人次、乡村医生 8000 人次，农村地区的医护人员专业水平有所提高。但是，城乡之间的医护人员数量和质量差距仍然较大。2016 年，城市的医疗机构不断吸引优秀的医护人才，医护人员队伍不断壮大。农村地区通过定向培养、招聘等方式，增加了医护人员的数量，但仍难以满足农村居民的医疗需求。2020 年，在新冠疫情的影响下，医护人员的重要性更加凸显。重庆加强了医护人员的培养和招聘，医护人员数量有所增加。同时，农村地区的医护人员待遇得到提高，在一定程度上缓解了农村医护人员流失的问题。2022 年，重庆的医护人员队伍结构不断优化，城市和农村地区的医护人员数量都有所增加。城市的医疗机构通过人才引进、培养等方式，提高了医护人员的专业水平和综合素质。农村地区的基层医疗卫生机构加强了与城市医院的合作，通过远程培训、专家指导等方式，提高了农村医护人员的业务能力。

三、产业结构逐渐升级

考察城乡产业化主要从三次产业角度来研究，各产业的演变历程可以从侧面映射出城乡二元经济结构的变化过程。下文将在重庆市城乡二元结构变化的背景下分析三次产业发展现状。

1. 第一产业

第一产业主要指生产食材及其他一些生物材料的产业，包括种植业、林业、畜牧业、水产养殖业等直接以自然物为生产对象的产业（泛指农业）。

（1）重庆第一产业资源概况。根据重庆统计局相关资料，2022 年重庆全市土地总面积 8233.36 平方千米（12350.9 万亩），农用地 616.34 万公顷（9245.1 万亩），占土地总面积的 74.85%，利用率较高（见图 5-10），其中耕地 255.64 万公顷（3834.6 万亩），园地 16.26 万公顷（243.97 万亩），林地 300.78 万公顷（4511.7 万亩），牧草地 20.59 万公顷（308.83 万亩），水面 23.07 万公顷（346.7 万亩）。耕地开发程度较高，农林牧副渔业全面发展，是我国粮食和猪肉的主要产区。

由图 5-11 可知，2012~2022 年重庆市农林牧渔业总产值不断提升，其中农业产值占比最大，牧业产值其次。近年来，牧业总产值逐渐趋于稳定，增长并不显著；相反，农业、林业、渔业总产值的增长率都较大。

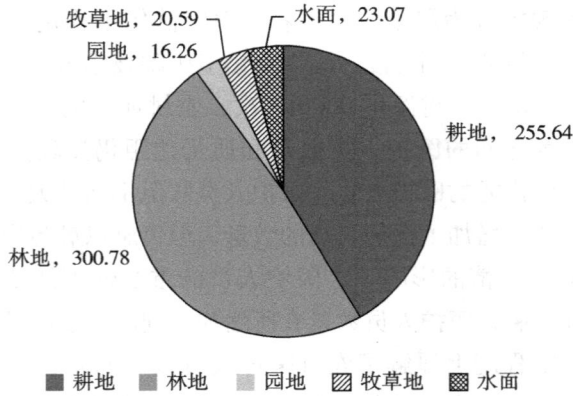

图 5-10 重庆市农用地面积分布（单位：万公顷）

资料来源：重庆市统计局。

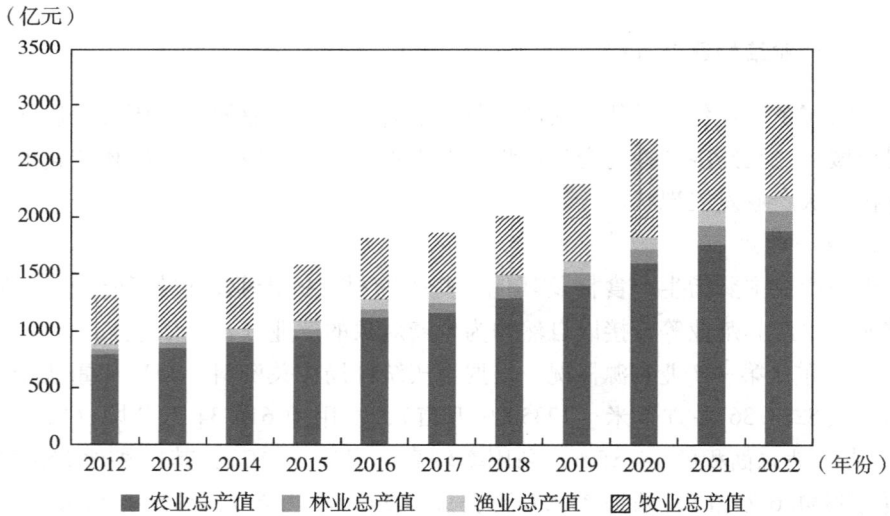

图 5-11 2012~2022 年重庆市农林牧渔业总产值变化趋势

资料来源：《重庆统计年鉴（2023）》。

（2）重庆农业及城乡关系发展脉络。基于政治形势和战略区位，成为直辖市之前的重庆于 20 世纪 60 年代被选为"三线建设"的重点地区，成为国家重点扶持的重工业发展基地。在工业化初期，农业支持工业是一个普遍现象，但长期片面的发展工业，对重庆农业造成了极大的负面影响，农业发展滞后于工业，工农业发展逐渐失衡。

重庆成为直辖市以后，第一产业生产总值在 1997~2022 年从 307.21 亿元增长到了 2012.05 亿元，增长了近六倍，农村经济总体而言呈上升趋势。重庆于 1997 年成为我国第四个直辖市，同年发生的亚洲金融危机，使我国经济受到巨大影响，相比二三产业，第一产业受到的影响最为严重，2001 年第一产业生产总值下降到 294.90 亿元。2001 年至 2006 年，第一产业生产总值呈增长趋势，但相对于 1997 年而言，只是属于恢复性增长①。

结合城乡居民人均可支配收入来看，在这一阶段重庆城乡经济总体持续增长，农民增收明显，但第一产业对生产总值的贡献率很低。不难看出，重庆在这一时期对农村的投入增加，促使农村经济快速增长，大部分资金用于农村地区的非农事业上，农村仍未实现农业现代化。"十五"时期，重庆针对农业基础设施建设进行了进一步完善，推动水利建设和科教兴农，为"三农"防灾减灾、普及农业科技作出了巨大贡献，这为重庆下一阶段的发展打好了基础。

2006 年，全国正式进入"十一五"时期，重庆市政府根据《重庆市国民经济和社会发展"十一五"规划基本思路》和《中共重庆市委关于统筹城乡发展，加快农村全面建设小康社会步伐的决定》的政策规划，全面落实惠农政策、加大农业投入、加快建设农村基础设施。"十一五"时期，重庆陆续建成多个大型水利工程，2010 年有效灌溉面积比 2005 年增加近 100 万亩。同时，重庆市政府加大了对农财政补贴、惠农政策的力度，推动了农业机械化发展，为农民增收、农业发展提供了保障。2010 年，重庆第一产业生产总值达 649.48 亿元，较 2005 年增加了 194.4 亿元②。

2011 年，我国"以工促农、以城带乡"力度在"十二五"时期进一步加大，同时新一轮西部大开发战略开展，重庆受到持续的国家政策优惠。同年，《重庆市国民经济和社会发展第十二个五年（2011—2015 年）规划纲要》正式通过，重庆市进一步推动农村地区发展，为其提供更多的资源要素。重庆通过建设"五大农业主体功能区"和多个现代农业示范区，优化区域布局，发展各个功能区特色，完善农业产业体系，重点发展了粮油、柑橘、蔬菜、畜牧四个优势产业和渔业、林业、茶叶、特果、蚕桑、中药材、烟叶七个特色产业。为提高农产品产量，快速推动经济发展，农村地区农业设施、农用产品也不断跟进，到 2015 年，重庆市第一产业生产总值超过 1000 亿元。

---

①② 资料来源：《重庆统计年鉴（2023）》。

在促进农业绿色协调发展方面，重庆市首次出台"三品一标"奖补政策是在 2011 年。重庆市政府为加强农产品质量安全监管和保障食品安全出台了一系列文件，明确指出对当年获证的"三品一标"产品进行政策扶持：对于当年获得绿色食品标志使用许可的企业，每个产品补助市级财政资金 1 万元。2017 年，兑现"三品一标"直补资金 643 万元，直补绿色食品企业 345 万元①。

2016 年，"十三五"时期如约到来，"十三五"时期是打赢脱贫攻坚战、全面建成小康社会的决胜阶段。重庆地处山区，受地形地貌的影响，各区（县）发展极不均衡，实现脱贫攻坚对促进农村地区经济发展、提高农民收入至关重要。"一区两群"发展格局在重庆的稳定推进，成渝地区双城经济圈的良好发展，对重庆城乡经济发展起到了显著作用。

2020 年是"十三五"规划末期，2020 年相较于 2016 年城市常住居民人均可支配收入增长了 10396 元；乡村常住居民人均可支配收入增加了 4812 元，恩格尔系数分别降至 31.2%、34.9%②。同时，重庆政府出台了诸多城乡融合发展政策，大力扶持农业龙头产业，构建新型农业经营体系，不断提高农业生产的机械化、市场化水平。例如，重庆市政府在柑橘、水产、泥鳅等多个行业推行智慧化农业应用，建成了多个智慧农业示范产业园。

（3）重庆第一产业发展现状。2019 年，习近平总书记在重庆考察时指出，重庆要加大创新支持力度，坚定不移推进改革开放，努力在西部地区带头开放、带动开放。

关于绿色发展，同年，重庆市政府发布《关于加快推进长江经济带农业农村绿色发展的实施意见》，文件中指出要建立完善长江经济带农业农村绿色发展工作机制，加快推进落实农业面源污染防治、水生生物保护、实施长江经济带绿色生态廊道项目等重点任务。2019 年底，重庆市发布了关于促进乡村振兴的实施意见，重点提到要加快绿色化生产，推行绿色生产观念，增加绿色优质产品供给，实施品牌化发展，具体措施包括垃圾处理与企业污染两个方面。

在垃圾处理方面，重庆市政府已经开始着手完善农村生活垃圾前端收集保洁作业体系、垃圾分类减量与资源化利用回收体系、垃圾末端无害化处理设施体系、垃圾治理成果长效管理体系。

在企业污染方面，主城区比较难处理的 16 家污染企业也全部处理完成，解

---

① 资料来源：《重庆市农业委员会关于拨付 2017 年第一批"三品一标"认证补助经费的通知》。
② 资料来源：《重庆统计年鉴（2023）》。

决钢铁行业过剩产能达到 806 万吨，消耗煤炭行业过剩产能 2348 万吨①。同时，对长江经济带沿线进行严格的控制，禁止在长江干流及主要支流岸线、新布局的工业园区建污染性的企业。另外，在三峡库区腹心地有化工项目的企业，只许减少产量不准增加，已经实施的项目有寿化工、云阳三阳化工的 30 万吨氯碱项目②。削弱污染性企业，依托地理优势，扶持绿色企业，带动地区经济发展。

2017 年 7 月，重庆潼南区第一家香水百荷田园综合体开始营业运营，其依托美丽乡村，借助自然环境，打造田园一体化，为乡村振兴和农民增收起到了积极的作用。

近年来，重庆市打破旧俗，聚集新能量，不断改革创新，绿色发展质量和效益明显提升，同时提出以大数据智能化为引领，创新驱动发展战略行动计划。中国社会科学院、同济大学、腾讯、阿里巴巴、华为等一些知名的研究机构、高校和世界 500 强企业纷纷在重庆扎根落户。机器人、大数据、人工智能等一些处在前沿的生产技术不断在重庆产业园区开花结果，科学技术与绿色农业发展绝非对立关系。

江津区拥有"中国生态硒城"的美誉，企业为打造富硒葛根功能性高端农产品品牌，与中国农业科学研究院农产品加工研究所合作，引进现代化深加工高新设备，通过科研力量研发系列产品，拓展农业循环经济，以科学技术为基础，开发富硒葛根特色饲料，发展畜禽养殖业，形成富硒葛根循环经济产业链，带动绿色农业可持续发展。

奉节县企业建设科研平台，围绕脐橙、纳米材料、油橄榄、新型建材等产业，支持奉节县建成重庆纳川新材料研究院有限公司、中纳（重庆）新材料技术有限公司等平台。支持奉节县打造柑橘、中药材、草食牲畜特色产业研究院或研究中心，带动产业发展。积极推广应用新技术，重庆市农业农村委员会在奉节县等柑橘主产区集成熟化绿色生物防治、病虫统防统治、机械深松施肥等 13 项先进实用技术，推广运用面积 86 万亩，平均每亩新增效益 550 元。

2. 第二产业

（1）重庆第二产业资源概况。根据第四次全国经济普查公报，第二产业主要指工业及建筑业，其中工业主要包含采矿业、制造业与电力、热力、燃气及水生产和供应业。重庆是以工业为特色的大城市，本节对重庆第二产业的梳理主要针对工业方面。由图 5-12 可以看出，2008～2022 年成渝地区双城经济圈成立后，

---

① 资料来源：《重庆统计年鉴》。

② 资料来源：中国招标投标协会发布《重庆：三阳化工 32 万吨/年氯碱—硅化工项目通过专家评审》。

重庆市的工业企业短时间内数量增多，但在 2011 年出现了下滑，此后工业企业数量连年上升，于 2022 年超过 2010 年水平（见图 5-12）。工业企业中的盈利企业占比始终很高，近年来有所波动，除 2022 年外，始终保持在 85% 以上。由此可见，除重庆市产业结构优秀、企业生存环境较为宽容外，成渝地区双城经济圈也为企业生态环境提供了保障。

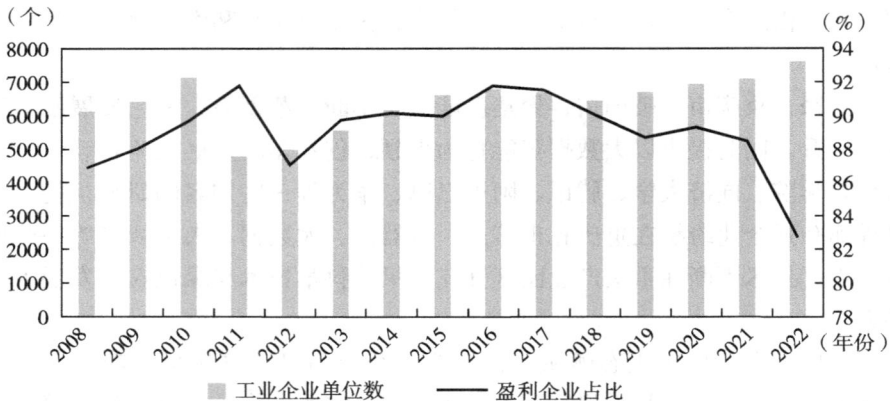

图 5-12　2008～2022 年重庆市工业企业单位数量及盈利占比

资料来源：《重庆统计年鉴（2023）》。

（2）重庆工业及城乡关系发展脉络。从 1949 年到 1957 年第一个五年计划结束，这一阶段对重庆工业来说可以称为战后恢复期。在"恢复经济、巩固国防"的战略指导下，重庆工业快速发展起来。1957 年，重庆市工业总产值达 17.01 亿元，比 1952 年增长 184.5%，年平均递增 23.22%，高于全国年平均递增 18% 的速度。1953 年，重庆开启了具有鲜明地方特色的本地第一个五年计划，并于 1957 年超额完成了既定任务，为未来工业化发展奠定了坚实基础。

"一五"时期，我国采取"优先发展重工业"的方针，这一政策深刻影响了国内的城乡关系。当时，重庆归属于四川，虽然此时城乡关系已出现矛盾，但从整体上看，城乡关系还是和谐的。虽然政策倾斜带来了收入、地位不平等等现象，但工人已意识到工业和农业互相帮助的重要性，农民也意识到了工业化的好处。

20 世纪 60 年代初，中央作出"三线建设"的战略决策，重庆由于独特的地理优势及矿产资源优势成为"三线建设"的重要城市。

在"三线建设"时期（1965~1978年），重庆的重工业得到了中央的大力支持，投资额是之前的2.22倍。在"三线建设"中重庆的工业布局以沙坪坝、渝中、南岸、江北及九龙坡五大主城区为中心，沿江呈梅花状散点分布，形成渝西北、渝中及渝东南三大分布区。截至1978年，重庆工业总产值已经达到62.16亿元，占川渝地区工业总产值的28%[①]。

在"三线建设"时期，重庆工业加快了本地的城市化历程。制造业使重庆发达城区得以扩散，使沿线的乡镇企业得到了较大的发展。大量工业企业项目的开工建设、生产运营解决了城市和农村劳动力的就业问题。此时，工厂的落成增加了不少底层工作岗位，给予了当地居民再就业的机会，形成了"周边农村厂里看"的现象。

1978~1997年，重庆市的工业布局已初见形态。1983年，重庆延续之前的工业布局，朝"多中心，组团式"的方向发展。

在这段时期有很多技术开发区成立，为之后重庆市的工业基础提供了保障。例如，1991年重庆高新技术产业开发区成立、1993年重庆经济技术开发区成立，这两者为之后的重庆工业产业园区打下了坚实的基础。

改革开放后，计划经济向市场经济转变，重庆的民营企业与私营企业在这一阶段数量明显增加。一些乡镇开始兴办钢铁、机械、酿造、陶瓷等企业。在这一阶段，重庆的城乡发展较之前"三线建设"时期有所推进，工业的进一步发展让一批乡镇企业家白手起家。

1997年6月18日，重庆直辖市正式挂牌。自1997年起，在西部大开发等一系列政策支持下，重庆工业得到了飞速发展。重庆的工业布局更加清晰，重庆主城区分为"三片区、十二组团"，其中每个组团拥有独特的产业优势。例如，江北观音桥地区的汽车、机械、冶金等产业区；猫儿石的化工原料、造纸、日化用品等产业区；大坪地区的机器、摩托车等产业区。工业化的飞速发展伴随着污染问题。

2004年6月，政府意识到主城区的化工企业带来的污染问题已到了不容忽视的地步，颁布了《重庆市人民政府关于加快实施主城区环境污染安全隐患重点企业搬迁工作的意见》，宣布主城区内化工企业在三年至五年内全部搬离。重庆市主城区布局属于典型的"组团式"结构，工业企业大多数分布于组团。随着城市化的发展，各个"组团"已相互连接，原先处于组团外围的工业企业现在大部分已经处于城市的中心。随着重庆市城市化进程的加快，主城区已成为城市开

---

① 资料来源：重庆市统计局官网。

发的热点，主城区环境污染安全隐患企业与整个城市开发态势不协调的矛盾日益凸显。为了改善主城区环境质量，保护市民身体健康和安全，创造良好的投资环境，重庆市因地制宜，因企制宜，采取关停、治理、破产、搬迁、转产、调整、限产等多种方式，很快处理了主城区环境污染安全隐患企业问题。

2007年，重庆城乡总体规划文件《重庆市城乡总体规划（2007—2020年）》提出，要将"城乡统筹"放在首位，逐步消除城乡二元结构，实现以工业反哺农业。

根据《重庆统计年鉴（2023）》，截至2022年底，在重庆市的生产结构中，第二产业占比49.7%，其中工业占比32.3%（见图5-13）。重庆形成了以汽车制造业、电子制造业、装备制造业、化医产业、材料产业、消费品行业、能源工业为首的"6+1"支柱产业体系，以及以2个国家级高新区和43个市级特色工业园区为核心的空间产业集聚地。重庆市2020年GDP突破2.5万亿元大关，达到25002.79亿元，其中第二产业实现增加值9992.21亿元。

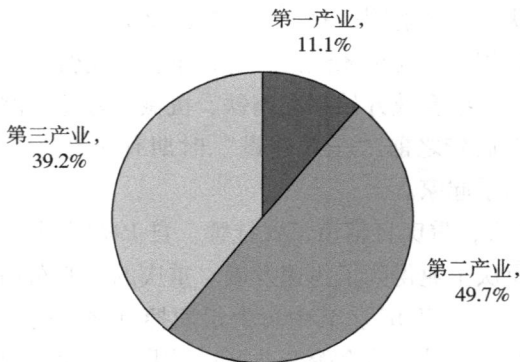

图5-13　2022年重庆市三次产业占比

资料来源：《重庆统计年鉴（2023）》。

2021年，重庆市人民政府发布《重庆市制造业高质量发展"十四五"规划（2021—2025年）》，规划指出到2025年，全市规模以上工业产值将实现3万亿元，年均增速6%，其中战略性新兴产业占比35%，高技术产业占比32%，工业增加值达到9000亿元，工业增加值占地区生产总值的比重在30%左右，软件业务收入达到5000亿元。

重庆已形成以重化工为主导的综合产业基地国家级长寿经开区和涪陵工业园

区；以装备制造、电子信息为主导的先进制造业集群双桥经开区和永川、江津、璧山、大足、荣昌等工业园区；以机械加工、轻纺食品为主导的特色产业集群和城郊特色效益农业基地：合川、铜梁、潼南工业园区。各大工业园区和产业基地各司其职，协调发展。

3. 第三产业

重庆成为直辖市以来，第三产业发展迅速。1997～2022 年，第三产业生产总值从 559.28 亿元增长到 15423.12 亿元，其中传统服务业的增速在下降，金融业、房地产业增速明显上升（见图 5-14）。房地产业、金融业和其他服务业的增长速度一直保持上升趋势，特别是房地产业，从 32.6 亿元增长到 1668.59 亿元，增长了 50.2 倍。

（亿元）

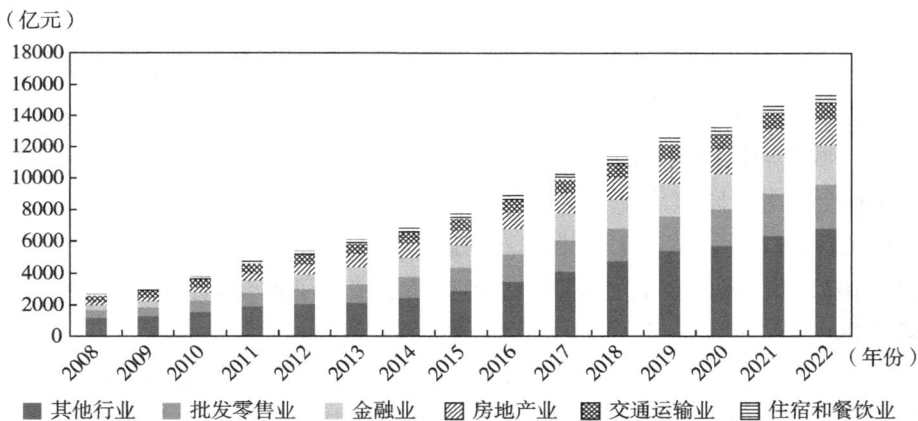

图 5-14　2008～2022 年第三产业内部各行业生产总值

资料来源：《重庆统计年鉴（2023）》。

从事第三产业的人员从 1999 年的 443.23 万人增长到 2022 年的 841.44 万人，其中从事批发零售、居民服务、住宿和餐饮业这种传统服务业的人数一直占比很大；但从业人数相对稳定，而房地产从业者人数从 1999 年的 4.88 万人增长到 2022 年的 35.96 万人。从 2022 年城镇非私营单位在岗职工从事第三产业的平均工资可以看出，第三产业的平均工资远高于第一二产业。这表明第三产业的迅猛发展拓宽了农村居民增加收入的渠道。

2018 年，重庆市第三产业的增加值首次突破了 1 万亿元，对 GDP 的贡献率达到了 73%，渝中区的第三产业占有很大优势，且已经形成了五大产业集群，即金融服务、智能环保、健康医疗、公共服务、创意设计。

截至 2022 年，第三产业的贡献率为 39.2%，产业拉动力为 1.0%。服务业成为固定资产投资的主要产业，2022 年服务业固定资产投资占全市固定资产投资总额的 73.8%。全市服务业从业人员占全市总就业人员的 48.1%。农村信息化发展迅速，农村宽带接入数量达到 243.63 万户，提高了农村居民的生活水平。数字服务业的发展促使智慧城市建立，智慧景区促进渝东北和渝东南的旅游业发展，提升当地经济水平。2022 年较上年的教育投资增长了 21.8%，文化体育和娱乐业增长了 43.3%，农村教育事业得到提高，提高农村居民的素质是增强其竞争力以适应产业升级的关键。

四、社会保障与福利体系逐渐完善

1. 养老保险与医疗保险

进一步对比城乡居民养老保险和医疗保险的覆盖范围、保障水平和待遇差异，分析社保制度的改革和完善对提高农村居民养老和医疗保障水平的意义。

（1）城乡居民养老保险。关于覆盖范围。重庆从 2009 年 7 月 1 日起开展城乡居民社会养老保险试点工作，当年选择在部分区（县）进行试点，覆盖人群逐步扩大。2012 年，试点工作推进，覆盖范围不断扩大，基本覆盖了大部分区（县）。2022 年，经过多年发展，养老保险基本实现了城乡居民的广泛覆盖，越来越多的城乡居民认识到养老保险的重要性并积极参保。

关于保障水平。2009 年，个人缴费标准分为多个档次，如 100 元、200 元、400 元、600 元、900 元等，政府在参保人缴费的基础上，每人每年补贴 30 元，对重度残疾人有额外补贴。基础养老金标准为每人每月 80 元。2022 年，缴费档次更加丰富，有 13 个缴费档次，从一档 200 元到十三档 4000 元不等，居民可根据自身经济状况选择。政府补贴有所增加，基础养老金标准有所提高，养老保障水平得到提升。

关于待遇差异。在城乡居民养老保险制度推行初期，城镇和农村居民在养老待遇方面的差异相对较小，主要体现为缴费能力不同导致的个人账户积累差异。随着时间推移，政策不断完善，城乡之间的待遇差异逐步缩小，但由于农村居民收入相对较低，选择的缴费档次可能相对较低，因此两者待遇在一定程度上仍存在差异。

（2）城乡居民医疗保险。关于覆盖范围。2008 年，重庆启动城乡居民医疗保险试点工作，覆盖范围不断扩大，但参保率仍有待提高。2012 年，参保人数不断增加，覆盖范围进一步扩大，城乡居民对医疗保险的认知度和参保积极性逐渐提高。2022 年，重庆医疗保险基本实现全民覆盖，无论是城市居民还是农村居民，都能够享受到医疗保险的保障，参保渠道更加便捷。

关于保障水平。2008 年，筹资标准分为不同档次，如一档筹资总额 100 元/人·年，个人筹资 20 元/人·年，财政补助 80 元/人·年；二档筹资总额 200元/人·年，个人筹资 120 元/人·年，财政补助 80 元/人·年。报销比例和范围相对有限。2022 年，报销比例不断上调，大病保险的起付线降低，报销比例提高，医保目录不断扩大，纳入了更多的药品和诊疗项目，保障范围更广。

关于待遇差异。早期，城市和农村的定点医疗机构的服务质量和医疗水平存在差异，城市居民的就医便利性和医疗资源可及性相对较高。随着政策的推进，农村医疗机构的设施和条件不断改善，城乡居民在医疗保险待遇上的差距逐渐缩小，农村居民也能享受到更好的医疗保障服务。

重庆社会保障制度的改革和完善对提高农村居民养老和医疗保障水平具有重大意义。在养老保障方面，社保制度的改革和完善能够提升经济保障水平，扩大保障范围。首先，改革完善后的社保制度增加了养老保障的缴费档次选择，如从较低的基础档次到较高的灵活档次。这使农村居民能够依据自身经济实力参保，多缴多得，提高了养老金积累水平，为老年生活提供了更充足的经济来源，减轻了子女赡养负担。其次，社保制度改革推动养老保险覆盖范围向农村延伸，更多农村居民被纳入保障体系。过去游离于养老保障之外的农村老人和贫困边缘人群等也能获得基本保障，提高社会公平性。

在医疗保障方面，社保制度的改革和完善能够减轻医疗负担，提升医疗服务可及性。首先，医保报销比例提高、起付线降低、目录扩大等改革措施，让农村居民在就医时能报销更多费用。特别是对患有重大疾病、慢性病的农村居民，医疗支出压力大幅减轻，避免了因病致贫、返贫。其次，完善的社保制度促使医疗资源向农村倾斜，加强农村基层医疗卫生机构建设。农村居民能够更便捷地获得医疗服务，在本地就能解决一些基本医疗问题，同时能通过医保异地结算等政策在城市大医院就医，保障农村居民平等享受医疗资源的权利。

总之，重庆社保制度的改革和完善全方位提升了农村居民养老和医疗保障水平，促进了农村社会的稳定和发展，推动了城乡公共服务均等化进程。

2. 社会救助与福利制度

考察城乡社会救助体系的建设情况，包括低保、特困人员救助、临时救助等，分析社会福利制度在关爱弱势群体、促进社会公平方面的作用。

（1）低保制度。2008 年，重庆已经建立起城乡低保制度，但城乡标准存在一定差异。城市低保标准相对较高，保障水平能较好地满足城市困难居民的基本生活需求；农村低保标准较低，保障范围和保障力度有待进一步提高。2008 年，城市低保标准约为每月 260 元，农村低保标准约为每月 160 元。2012 年，城乡低保标准均有所提高，城市低保标准提高到约每月 320 元，农村低保标准提高到约每月 200 元。同时，低保制度在认定程序上更加规范，加强了对家庭收入和财产状况的审核，提高了低保救助的精准度。2016 年，重庆市持续调整低保标准，进一步缩小城乡差距，城市低保标准达到每月 420 元左右，农村低保标准达到每月 290 元左右。此外，建立低保标准与物价上涨挂钩的联动机制，保障低保对象的生活质量不因物价波动而受到较大影响。2022 年，城乡低保标准继续提升，城市低保标准约为每月 717 元，农村低保标准约为每月 581 元。在保障内容方面，除现金救助外，还注重对低保对象的综合救助，如提供医疗救助、教育救助等。

（2）特困人员救助。2008 年，重庆对城乡特困人员的救助处于不断完善阶段，主要针对无劳动能力、无生活来源、无法定赡养抚养、扶养义务人或者其法定义务人无履行义务能力的老年人、残疾人及未成年人等群体。救助内容以基本生活保障为主，但保障水平有限，供养标准相对较低。2012 年，提高了特困人员供养标准，同时加强了对特困人员照料服务的重视，根据特困人员的生活自理能力情况，分类实施供养服务，如对生活不能自理的特困人员提供必要的护理服务。2016 年，进一步完善特困人员救助供养制度，规范认定条件、供养内容和供养形式。在供养标准方面，根据经济社会发展情况适时调整，包括基本生活标准和照料护理标准，使不同类型特困人员的保障水平更加合理。2022 年，特困人员救助水平大幅提高，供养标准根据特困人员生活自理能力分为全自理、半护理、全护理等不同档次，全护理特困人员的供养标准能较好地满足其生活和护理需求，同时加强对特困人员的关爱，如定期探访、心理慰藉等。

（3）临时救助。2008 年，救助制度初步建立，主要针对因突发重大疾病、意外事故等原因导致基本生活暂时出现严重困难的家庭或个人，但救助的力度和范围相对有限，救助资金和资源相对不足。2012 年，临时救助的覆盖面有所扩大，救助程序更加简化，提高了救助的时效性。同时，开始建立临时救助备用金制度，对于一些紧急情况可以先行救助再履行相关手续。2016 年，重庆市政府进一步优化临时救助政策，明确救助对象类别和救助标准，加大对因火灾、交通事故等意外事件和家庭成员突发重大疾病等原因导致生活困难家庭的救助力度，提高救助上限。2022 年，重庆临时救助政策在应对突发公共事件和保障困难群众基本生活方面发挥了重要作用。例如，在新冠疫情期间，对因疫情影响导致生活困难的群众及时给予临时救助，包括发放临时生活补贴、提供生活物资等，有效缓解困难群众的燃眉之急。

第三节 重庆市城乡经济协调发展总体评价

截至 2022 年底，重庆有 26 个区、8 个县、4 个自治县、204 个街道、611 个镇、193 个乡和 14 个民族乡。城镇人口 2280 万人，占全市总人口的 70.96%；农村人口为 933 万人，占全市总人口的 29.04%。2022 年，城镇居民人均可支配收入达到 41344 元，增长了 5.6%；农村居民人均可支配收入达到 19478 元，增长了 7.8%。与 2008 年相比，全国居民人均可支配收入增长了 4 倍，城镇居民人均可支配收入增长了 3.4 倍，农村居民人均可支配收入增长了 4.6 倍。2008～2017 年，重庆市城乡居民收入均有所增长，但城镇居民收入的增长速度通常快于农村居民，导致城乡收入差距在一定程度上加大。不过，随着重庆市政府对农村发展的重视和投入的增加，农村居民收入增速逐渐加快，城乡收入差距开始呈现缩小趋势。2019 年，重庆市居民收入稳步增长，全市居民人均可支配收入为 28920 元，比上年增长了 9.6%；城镇常住居民人均可支配收入为 37939 元，增长了 8.7%；农村常住居民人均可支配收入为 15133 元，增长了 9.8%。城乡居民人均可支配收入比为 2.51：1，比上年下降 0.02，说明城乡收入差距呈继续缩小的趋势。2021 年，全市农村居民人均可支配收入为 18100 元，比上年增长了 10.6%，比城镇居民人均可支配收入增速快 1.9 个百分点，城乡居民人均可支配收入比由 2020 年的 2.45：1 下降至 2.40：1[①]。

随着经济的发展，城乡居民的收入都在增加，城乡之间的收入差距确实在缩小，但是差距仍然很大。1997 年，城乡人均收入比为 3.24，2022 年城乡收入比为 2.12，比 2021 年缩小 0.05。2008～2022 年，重庆市城乡居民收入差距呈现逐渐缩小的趋势，这得益于重庆市政府的高度重视和有力措施，以及经济结构的不断优化和社会保障的持续改善。未来，随着重庆市城乡协调发展的深入推进，城乡居民收入差距有望进一步缩小。基于本章第一节与第二节的研究，现对重庆城

---

① 资料来源：《重庆统计年鉴（2023）》。

乡经济发展作出总体评价。

一、城乡协调发展中农民收入增长缓慢

随着城乡一体化进程的持续推进，农业机械化、现代化水平不断提高，重庆农业有了较快的发展。尽管重庆市在城乡协调发展方面取得了显著进展，但农民收入增长仍然相对缓慢。2008～2022年，尽管重庆市农民人均纯收入有所增长，但增速并不稳定，且相对于城市居民收入增长而言，仍然存在一定的差距。这一问题不仅影响了农村居民的生活水平，也制约了城乡经济的协调发展。与城市居民相比，农村居民的收入水平仍然较低。尽管近年来农村居民收入有所增长，但与城市居民的收入差距仍然较大。农村居民的收入主要来源于农业生产，农业生产受到自然灾害、市场需求等多种因素的影响导致农民收入波动较大，缺乏稳定性。另外，农村地区产业结构单一，缺乏高端产业和新兴产业，导致农民收入增长动力不足。同时，农村地区的人才、资金等要素流失严重。

重庆城乡协调发展中的农民收入增长缓慢问题是一个复杂而艰巨的任务。促进农民收入增长是实现城乡经济协调发展的重要任务。要实现城乡经济一体化，缩小城乡差距，农民是关键，城乡经济协调发展应提高农民收入和生活水平（刘丹，2007）。

二、城乡协调发展中农村农业设施问题显著

随着我国设备农业的开展和设备栽培的推行，重庆农业设备出现了较快的发展，多个现代化温室已经顺利投产。截至2020年，重庆市温室大棚总面积达到2743.075万平方米，但重庆的农业设施主要集中在塑料、玻璃大棚，这些相比于农业发达国家的设施显得十分落后，且运营费用高、能效大。重庆大部分农业设施都由政府主导并建立，资金问题也由政府承担，但设施农业前期投资大、回本缓慢，甚至由于重庆地形因素，有的农业设施因各种因素影响无法投产，造成资金浪费，使财政压力增大，一些科研机构也因这些因素放弃研究适合重庆的设施。在农业机械化设施方面，尽管近年来有一定发展，但与城市周边发达的工业设施相比，仍处于较低水平。复杂的山地地形使大型农业机械设备难以广泛应用，而适应山地作业的小型、多功能机械设备的普及程度又远远不够，这导致农业生产效率低下，无法实现规模化经营。

另外，仓储和冷链物流设施欠缺也是显著问题。农村地区缺乏足够的现代化仓储设施，导致农产品在储存过程中损耗较大。同时，冷链物流设施的滞后，限

制了生鲜农产品的运输半径和保鲜期，不仅影响农产品的品质，更降低了农民的收益。这些农村农业设施的显著问题不仅阻碍了重庆市农村地区农业自身的现代化发展进程，还在很大程度上影响了城乡协调发展的整体进程，是亟待解决的重要课题。要推动农村经济发展，促进城乡经济协调发展，农村基础设施力度还需增大。

三、产业结构协调度不够

截至 2021 年底，重庆市常住人口达到 3212 万人，从横向对比来看，重庆市劳动力丰富，为重庆经济提供了不竭动力。从工业方面来看，重庆仍存在轻工业比重失调、区域发展不平衡的问题。从整体结构来看，重庆市传统产业占比较高，新兴产业发展相对滞后。传统制造业在工业结构中仍占据重要地位，如汽车、摩托车产业等，高端装备制造、新一代信息技术等新兴产业的规模和竞争力尚未充分发展起来，导致了轻重工业比例失衡，传统产业与新兴产业衔接不够流畅。

在产业关联度方面，重庆市各产业之间的上下游联系存在薄弱环节。以农业为例，农产品加工业与农业生产的协同性不足，未能形成深度融合的产业链，农产品附加值提升有限。在工业内部，部分产业的中间投入品依赖外部供应，本地配套率较低，这不仅增加了生产成本，也限制了产业间的协同创新能力。

从区域分布来看，重庆市各区（县）产业结构存在趋同现象。不同区（县）未能充分依据自身的资源禀赋、区位优势来差异化发展产业，导致某些产业领域过度竞争，而其他具有潜力的特色产业缺乏足够的投入和重视，造成区域资源低效配置和整体产业效率低下。

随着产业结构的逐步调整，就业人员的技能和素质与产业需求之间存在差距。新兴产业对高技能人才的需求难以得到满足，传统产业中的劳动力转移面临诸多障碍，如技能转换困难、就业信息不对称等，这种就业结构与产业结构的不协调，进一步制约了重庆市产业结构协调度的提升，影响了整体经济的高质量发展。

根据《重庆统计年鉴（2021）》，2020 年重庆市大中型工业企业轻重工业总产值分别为 24257563 万元、112775943 万元，比例约为 1∶5，存在轻重工业比重失调问题。另外，由于重庆多山、曲折的地形特点及政策倾斜，重庆主城区域、渝西地区工业发展相对优越，而渝东南、渝东北地区工业化发展相对落后。

四、城乡产业发展梯度大

自重庆市成为直辖市以来，社会经济发展迅速。重庆市地区差异较为显著，形成了都市发达经济圈、渝西经济走廊、三峡库区生态经济区三大区域（黄易禄，2006）。重庆市作为工业城市，拥有许多工业基地，如以汽车和摩托车机械制造、服装生产加工为主的花溪工业园区，以装备制造、电器制造、机械制造为主的鹿角工业园区，以汽车、摩托车和零配件及机械加工制造为主的金竹工业园区等。这些工业园区几乎都集中在重庆主城区，重庆农村仍以工业化程度低的传统手工业为主。在"一圈两翼"中，"两翼"地区的人口在全市总人口中的占比约为35%，人均GDP的占比约为28.6%。

城区主要以第二产业和第三产业为主，尤其是现代制造业、服务业和高新技术产业。这些产业具有高附加值、高技术含量和高效益的特点，推动了城区的快速发展。农村地区则以第一产业为主，如农业、林业、牧业和渔业等。这些产业虽然对当地经济有一定的贡献，但整体效益较低，难以与城区产业相媲美。重庆市的城市地区经济发展水平较高，拥有完善的交通、通信、医疗、教育等基础设施和服务体系。这些地区企业数量多、规模大，形成了较为完整的产业链和产业集群。农村地区虽然也在不断发展，但受限于自然条件、交通状况、人力资源等因素，其经济发展水平相对滞后。部分农村地区仍然存在基础设施不完善、教育资源匮乏、医疗条件落后等问题。

五、支柱产业分布不均匀

重庆市的三大支柱产业主要包括以汽车和摩托车及其配套产业为主的机械工业、化学制药工业、冶金工业。这些产业主要分布在主城区和近郊区，如两江新区、西部科学城重庆高新区等地。与主城区和近郊区相比，远郊区的产业以建材、能源、食品和一部分化学工业为主，这些产业通常依托当地的资源和自然条件，如矿产资源、水力资源等。由于地理位置偏远、交通不便和配套设施不完善等因素，远郊区的产业发展相对滞后，与主城区的差距逐渐拉大。

主城区产业大部分是"三二一"的结构，且中心城区的第三产业是第二产业的两倍多，但垫江县、梁平区、荣昌区、潼南区等区（县）仍为"二三一"结构，且总体经济水平较低。新一代科技产业、节能环保产业和生物产业及战略性新兴产业在主城区分布最多，在主城区周围呈现逐渐衰减的趋势，且在主城区周围有多个集聚核心。渝东北的城口至奉节地区和渝东南地区的产业数量极少，整体分布呈零星状态，进一步加大了城乡差距。

支柱产业分布不均匀加剧了重庆市内部的经济发展不平衡。主城区和工业园区的经济增长迅速，而农村地区和偏远区（县）的经济增长相对缓慢。这种不平衡可能导致城乡差距进一步扩大，影响社会稳定和可持续发展（李敏，2005）。支柱产业集中的地区提供了更多的就业机会，吸引了大量人才涌入。农村地区和偏远区（县）由于产业发展滞后，就业机会有限，难以满足当地居民的就业需求。

第四节　重庆市城乡经济协调发展与国内外的差距

一、重庆市收入分配制度不完善，城乡差距大

重庆市地处祖国西南部，在发展进程中未充分受益于东部倾斜政策。重庆市作为直辖市，其经济发展在国内已取得相对领先地位，但与浙江、上海等东部沿海发达城市相比，仍存在显著差距。这种差距在城乡人均可支配收入方面体现得尤为明显，以下通过对相关图表数据的详细分析进一步阐述该差距。

图5-15展示了浙江省2013~2023年城乡人均可支配收入与比值情况。在这十年间，浙江省城乡居民人均可支配收入呈现稳步增长态势。城镇居民人均可支配收入从2013年的37080元逐年上升至2023年的74997元，增长幅度明显。农村居民人均可支配收入同样保持增长，从2013年的17494元增长至2023年的40311元。同时，城乡人均可支配收入比值相对较为稳定，始终处在一个相对合理的区间内，这表明浙江省在城乡经济协调发展方面取得了一定成效，城乡居民收入增长较为均衡，差距未出现明显扩大趋势，且在部分年份呈现出一定程度的缩小态势。

图5-16呈现了重庆市2014~2023年城乡人均可支配收入与比值情况。可以清晰地看到，重庆市城乡居民人均可支配收入差距在早期相对较大。2015年，城乡人均可支配收入差距接近三倍，城镇居民人均可支配收入达到27239元，农村居民人均可支配收入仅为10505元。随着时间推移，尽管经济不断发展，城乡居民收入差距逐渐缩小，但到2023年差距仍有两倍之余。2023年，城镇居民人均可支配收入增长至47400元，农村居民人均可支配收入为20820元，这反映出

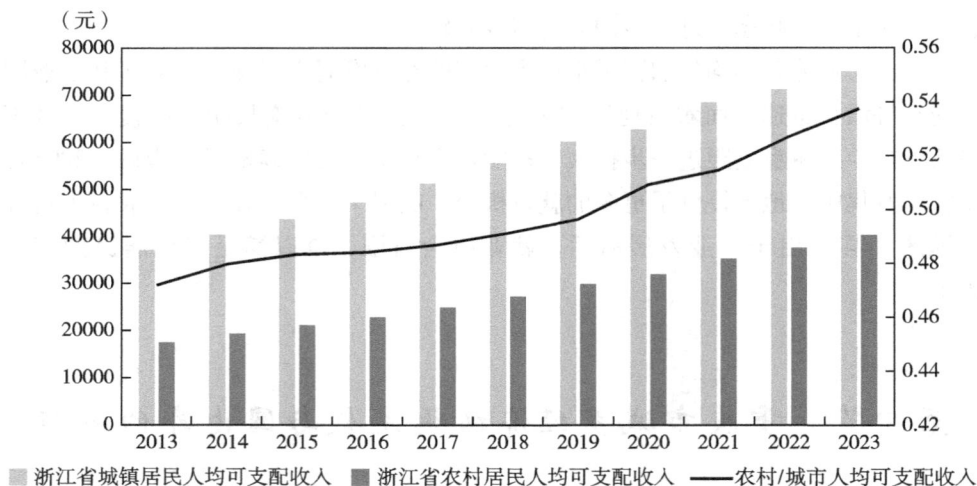

图 5-15　2013~2023 年浙江省城乡人均可支配收入与比值

资料来源：历年《浙江统计年鉴》。

重庆市在缩小城乡收入差距方面虽有进展，但仍面临较大挑战，另外农村居民收入水平相对较低，与城镇居民相比仍有较大的提升空间。

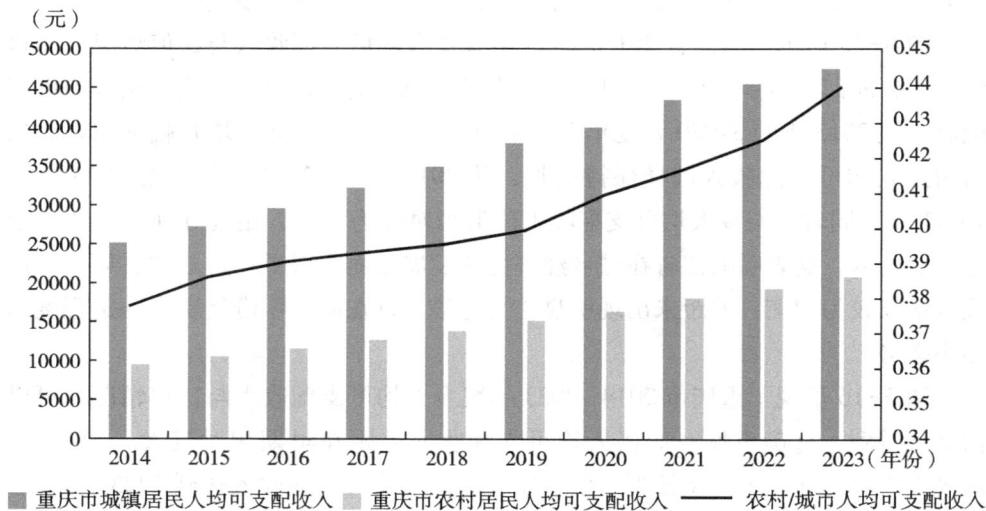

图 5-16　2014~2023 年重庆市城乡人均可支配收入与比值

资料来源：历年《重庆统计年鉴》。

图 5-17 为上海市 2014~2023 城乡居民人均可支配收入情况。上海市作为国际化大都市，其城乡居民人均可支配收入在绝对值上均高于重庆市。城镇居民人均可支配收入在这十年间持续增长，于 2023 年达到 89500 元。农村居民人均可支配收入同样增长迅速，在 2023 年达到 42988 元。城乡居民收入增长趋势较为协调，差距未出现异常波动，整体呈现出良好的发展态势。

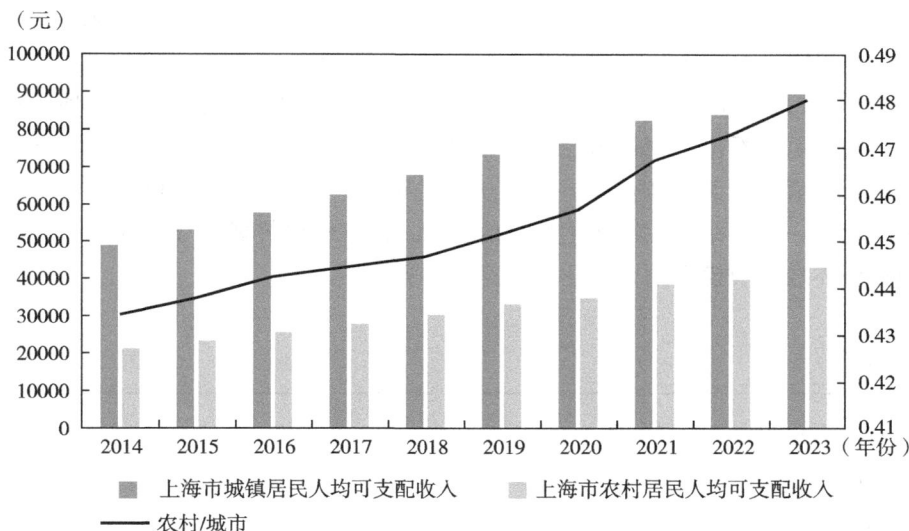

图 5-17　2014~2023 年上海市城乡居民人均可支配收入

资料来源：历年《上海统计年鉴》。

对比以上三个地区的数据可以得出，重庆市在城乡人均可支配收入方面与浙江、上海存在明显差距，城乡收入差距控制和农村居民收入提升亟待加强。为实现城乡经济一体化发展，重庆市需加快经济建设步伐，着重推动乡镇产业蓬勃发展，通过多种渠道增加农民收入。例如，加大对农村基础设施建设的投入，改善农村生产生活条件，吸引更多产业投资和创业项目落地农村；加强农村教育和技能培训，提升农民就业创业能力，使其能够更好地适应市场需求，参与到高附加值产业发展中，从而逐步缩小城乡收入差距，推动城乡经济协调发展。

二、区位优势未能充分发挥

重庆作为一个内陆城市，在区位条件上与沿海城市存在先天差异。沿海城市凭借其地处沿海的地缘优势,在经济发展进程中占得先机。商品经济在沿海地区发育较早,这为当地农民兴办工业提供了更为成熟的市场环境和商业氛围。农民能够较早地参与到工业生产中,从而启动农村产业改革,加速农村从传统农业社会向工业社会转型,有效避免了农村与城市的发展差距过度拉大。同时,沿海城市利用其沿海的区位优势积极开拓国际市场,在对外贸易中积累了丰富经验,探索出了一条以外促内、内外联动的国际化发展道路。在国际市场的深入参与过程中,沿海城市吸引了大量外资涌入,并引入了高新技术,这些外部资源为当地经济发展注入了新的活力,推动了产业升级和创新发展。

图 5-18 展示了重庆市与浙江省 2023 年各产业总值与地区生产总值比较情况。从图中可以看出,浙江省二三产业均展现出较强的实力。2023 年浙江省的第三产业总值达到 46268 亿元,而重庆市的第三产业总值为 16371.97 亿元,两者之间存在一定差距。在地区生产总值方面,浙江省同样领先于重庆市,这反映出浙江整体经济规模更大,产业综合竞争力更强。

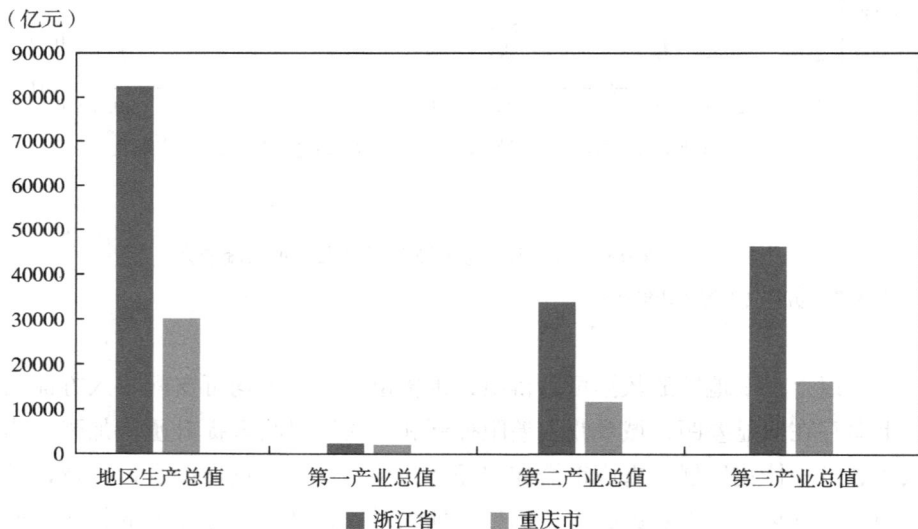

图 5-18 2023 年浙江省、重庆市各产业总值与地区生产总值比较

资料来源:《中国统计年鉴(2024)》。

重庆虽然没有沿海城市的天然区位优势,但它是西南地区经济发展重地,也是共建"一带一路"倡议的重要节点城市,还是"渝新欧"国际贸易大通道的起始站,拥有重要的通商口岸,水路、铁路、航运等交通基础设施配备较为齐全。这一独特的区位条件为重庆提供了广阔的发展空间。重庆应充分利用这些优势，不断扩大对外贸易规模，积极开拓国际化市场，秉持"引进来"与"走出去"并重的发展策略，全面融入经济全球化进程，确立全方位对外开放格局。加强与共建"一带一路"国家和地区的贸易往来和经济合作，通过"渝新欧"国际贸易大通道拓展欧洲市场，吸引更多国际企业来渝投资兴业，同时鼓励本地企业走向国际市场，提升重庆产品和服务的国际竞争力。

　　然而，重庆在发展过程中也面临一些挑战。重庆是人口最多的直辖市，户籍人口已突破 3000 万，人口老龄化问题较为突出，这给人口流转与协调带来了诸多困难。表 5-4 展示了 2019~2023 年重庆市各产业增加值与地区生产总值情况。农村地区存在大量剩余劳动力，城市在发展过程中过度汲取了农村资源，导致农村空心化现象严重。中国固有的户籍制度在一定程度上阻碍了重庆的城镇化进程，大量人力资源未能得到有效配置，造成生产效率低下。农村地区的生产水平相对落后，生产技术和设备陈旧，许多农民仍依赖传统的"望天田"种植方式，致使第一产业生产总值增长缓慢，农业发展面临诸多困境。为应对这些挑战，重庆需要加快户籍制度改革，促进人口合理流动，加强农村劳动力技能培训，推动农村产业升级，提高农业生产效率，激发农村经济活力，实现城乡经济协调发展。

表 5-4　2019~2023 年重庆市各产业增加值与地区生产总值

指标	2019 年	2020 年	2021 年	2022 年	2023 年
地区生产总值（亿元）	23605.77	25003.79	27894.02	29129.03	30145.79
第一产业增加值（亿元）	1551.59	1803.33	1922.03	2012.05	2074.68
第二产业增加值（亿元）	9391.96	9992.21	11184.94	11693.86	11699.14
第三产业增加值（亿元）	12662.22	13207.25	14787.05	15423.12	16371.97
第一产业比例（%）	6.6	7.2	6.89	6.91	6.88

资料来源：《重庆统计年鉴（2023）》。

三、政府政策导向偏重于城市

　　重庆市在经济发展过程中呈现出政府政策导向偏重于城市的特点，这在产业发展、区域协调及整体经济结构等方面均有显著体现，通过与相关图表及其他城市数据的对比，能够更加深入、全面地剖析这一现象及其影响。

　　图 5-19 展示了 2014~2022 年重庆市三大产业增加值占 GDP 比重情况，图 5-

20 则呈现了 2014~2022 年成都市三大产业增加值占 GDP 比重情况。将两者进行对比分析，可以发现诸多问题。

（％）

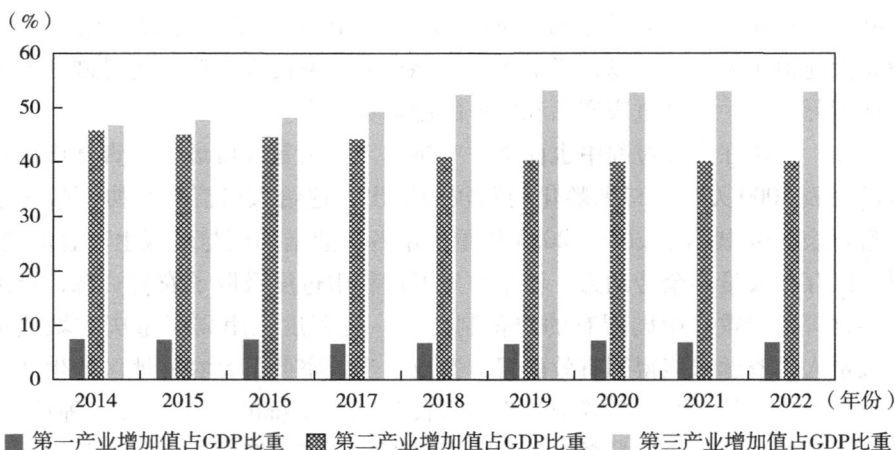

图 5-19　2014~2022 年重庆市三大产业增加值占 GDP 比重

资料来源：《重庆统计年鉴（2023）》。

（％）

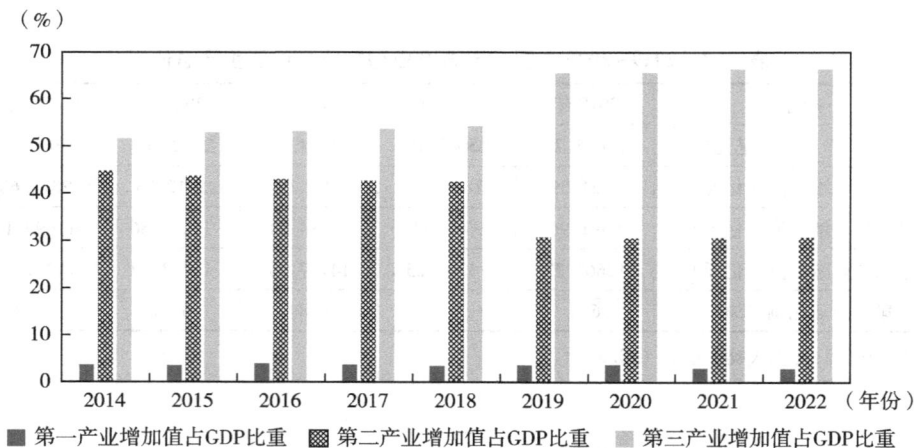

图 5-20　2014~2022 年成都市三大产业增加值占 GDP 比重

资料来源：《中国统计年鉴（2023）》。

在产业发展方面，2014~2022 年重庆市二三产业增加值占 GDP 的比重基本维持在较高水平，两者占比总和长期保持在 80% 以上。其中，第二产业占比在

2014~2022 年虽略有下降，但仍稳定在 40% 左右，这反映出政府在政策上对工业等城市主导产业给予了大力支持。例如，长安、力帆等企业在政策扶持下蓬勃发展，研发投入强度超 1.6%，且位居全国前列；机电、光电子等产业不断成熟，有力推动了城市工业化进程。然而，与之形成鲜明对比的是，同期第一产业增加值占 GDP 的比重一直在 10% 以下，且相对较为稳定，增长趋势不明显，这表明农业的政策推动力度相对较弱。

这种政策导向的偏重对区域发展产生了不同影响。以重庆东南部的区（县）为例，尽管在 2020 年黔江、彭水、酉阳等区（县）已全部摘掉"贫困县"帽子，但居民的社会生活质量仍有待提高。这些区（县）在产业发展、基础设施建设及公共服务供给等方面与城市相比存在明显差距。例如，在产业方面，这些区（县）缺乏大规模的工业企业和成熟的产业集群，农村产业发展相对滞后，以传统农业为主，附加值较低，农民收入增长受限。在基础设施建设方面，交通、通信等基础设施相对薄弱，影响了地区经济发展和居民生活便利。在公共服务方面，教育、医疗资源相对匮乏，与城市居民享受到的优质公共服务相比存在较大差距。

对比成都市的产业结构数据，可进一步凸显重庆市政策导向的特点。2014~2022 年，成都市第一产业增加值占 GDP 的比重基本维持在 3%~4%，第二产业增加值占比从 2014 年的 45.89% 逐渐下降到 2022 年的 30.80%，第三产业增加值占比稳步上升，从 2014 年的 51.02% 上升至 2022 年的 66.00%。与重庆市相比，成都市在产业结构调整过程中，第二产业增加值占比下降趋势更为明显，第三产业增加值占比上升速度更快，这表明在产业发展过程中成都市政策引导可能更注重产业结构的优化升级，促进各产业均衡发展，尤其是在推动服务业发展方面表现突出，而重庆市在工业主导产业方面的政策支持力度相对更强，对农业和服务业发展的平衡兼顾稍显不足。

重庆市自 2006 年推出"一圈两翼"策略以来，一直致力于区域协调发展，通过构造主城"一小时经济圈"来促进渝东南、渝东北地区的经济发展，试图将主城地区的集聚效应扩散到边缘地区，逐步缩小城乡分割程度。从政策设计初衷来看，这是积极向区域协调发展迈进的重要举措。然而，对比实际发展成果与政策目标，仍能发现其落实程度与运行监管存在不足。在产业经济带发展过程中，虽然部分地区取得了一定成效，但整体上城乡差距依然显著。一些偏远区（县）产业承接能力有限，未充分享受到主城产业辐射带来的红利，政策在执行过程中面临着资源分配不均衡、执行不到位等问题，导致城乡经济发展的协调性仍有待进一步增强。

此外，从宏观层面看，我国人均 GDP 要达到国际发达水平，还需要长期不懈努力。重庆市作为我国重要的内陆城市，其经济发展模式和政策导向对整体发展进程具有重要影响。当前，政府政策导向偏重于城市的现状在一定程度上制约了农村地区的发展活力，不利于城乡经济一体化发展。若要实现更高水平的经济发展，重庆市需要在政策层面进一步优化资源配置，加强对农村地区的政策支持和引导，促进城乡均衡发展。加大对农村产业扶持力度，推动农村产业多元化发展；加强农村基础设施建设，改善农村发展环境；提升农村公共服务水平，促进城乡公共服务均等化，以实现城乡经济协调发展，进而推动全市经济向更高水平迈进，为我国人均 GDP 提升作出更大贡献。

四、金融服务业支持不足

根据 2023 年重庆市金融机构贷款投向统计报告，截至 2022 年末，重庆市金融机构（含外币）各项存款余额为 4.96 万亿元，同比增长 7.97%；贷款余额 4.77 万亿元，同比增长 4.18%。

如图 5-21 所示，从整体趋势来看，重庆和浙江两地在 2014～2022 年金融机构本外币存款余额都呈现持续增长的态势。这表明两地的金融资源在这一时期不断积累，经济货币化程度在持续提高。

（亿元）

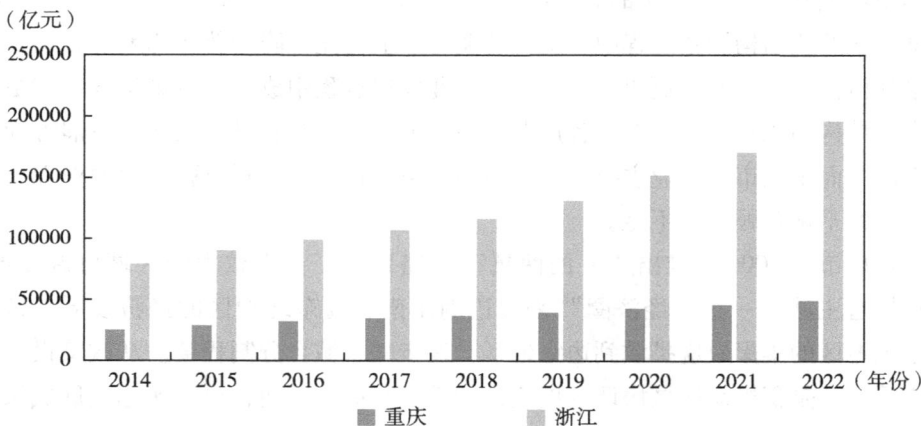

图 5-21　2014～2022 年重庆市与浙江省金融机构（含外资）

本外币存款余额变化趋势

资料来源：《重庆统计年鉴》、中国人民银行杭州中心支行。

就增长速度而言，浙江的存款余额在各个年份都高于重庆。2014~2022 年，重庆的存款余额从 25160.11 亿元增长到 49567.2 亿元，增加了约 24407.09 亿元；浙江则从 79241.9 亿元增长到 196339.85 亿元，增加了约 117097.95 亿元。浙江的增长规模远大于重庆。通过计算年增长率可以发现，浙江在多数年份的增长率高于重庆，这显示出浙江在金融资源吸纳方面具有较强的优势，可能得益于其更为发达的民营经济、活跃的资本市场及更广泛的对外经贸合作等因素。

在不同阶段，增长速度也有所不同。2020~2022 年，两地的增长幅度都有明显提升，这可能与宏观经济政策、新冠疫情期间特殊金融政策等相关，企业和居民储蓄倾向变化等因素的共同作用，使存款余额在这一时期加速增长。

对比两地存款余额还可以发现，两者的差距在逐渐拉大，这意味着在金融资源聚集方面，浙江在全国经济格局中的优势地位进一步巩固，重庆虽然在增长，但在规模上和浙江的距离越来越远，需要在经济发展模式、金融生态优化等方面进一步探索，以吸引更多的金融资源。

接下来从贷款角度分析，如图 5-22 所示，从整体来看，两地贷款余额均呈逐年递增态势，这表明经济发展对资金的需求持续存在且不断增加，金融对实体经济的支持力度持续增强。

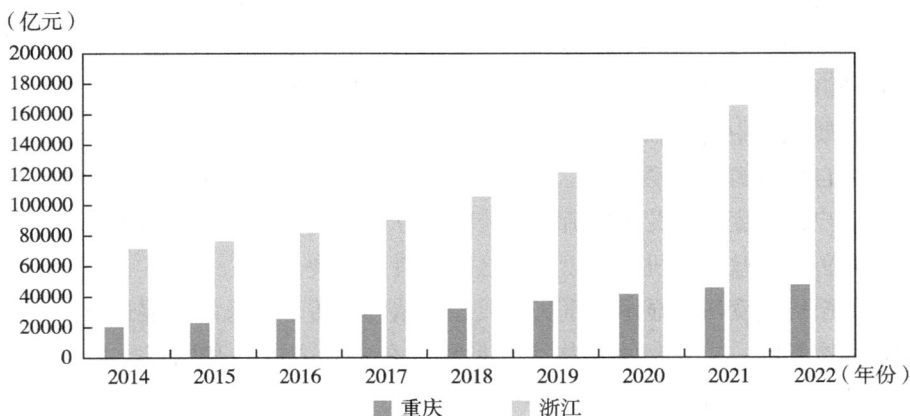

图 5-22　2014~2022 年重庆市与浙江省金融机构（含外资）本外币贷款余额变化趋势

资料来源：《重庆统计年鉴》、中国人民银行杭州中心支行。

浙江的贷款余额在各年份都远超重庆，两者差距呈逐渐扩大趋势。浙江经济更为发达，产业结构多元，对资金的容纳能力更强。在增速方面，重庆在某些阶段增速明显，如 2019~2022 年，这可能与当地重大项目推进等因素有关。

2020~2022 年，受宏观形势影响，两地贷款余额继续增长，浙江增长规模更大，这与其外向型经济、产业发展对资金的大量需求有关。这组数据反映出两地不同的经济发展水平和结构，也显示出金融在两地经济发展中的关键作用。

在金融机构方面，重庆本土大型银行仅有重庆银行和重庆农村商业银行，金融机构数量少，总部设在辖区内的证券公司、基金公司和期货公司分别仅有一家，总部设在辖区内的保险公司有 5 家，网点服务数量和人员数目都还有待增加，特别是农村地区的普惠金融贯彻深度并不理想。产业链的升级与转化少不了金融信贷的支持，重庆市仍需要在金融体系的构建上下足功夫，以便日后促进三产融合，使经济走内涵式发展道路。

第五节　本章小结

本章对重庆市城乡经济协调发展进行了全面且深入的剖析。从历史沿革来看，重庆市自 1997 年成为直辖市后，区域发展政策不断调整，历经"三大经济区""四大经济板块""一圈两翼""一区两群"四个发展阶段，积极融入成渝地区双城经济圈，在推动区域经济发展和城乡一体化进程中取得了显著成效。然而，在发展过程中也面临诸多挑战，如成渝地区在能源环境方面，部分城市工业化带来的自然资源开发强度大、生态环境质量下降等问题亟待解决；在社会层面，存在户籍制度阻碍劳动力流动、公共服务体系建设不完善等情况，需要进一步优化完善相关政策与机制，以实现区域可持续发展。

经济结构演变历程显示，重庆二元经济结构经历了漫长的发展过程。直辖前受多种因素影响，二元经济结构逐渐形成并在中华人民共和国成立后进一步深化，改革开放后虽有所松动但特征依然显著，直辖后经济快速发展，城镇化率大幅提升，但城乡差距仍较大。尽管政府采取了一系列措施推动城乡统筹发展，城乡经济有了明显增长，但二元经济特征依旧突出，城乡居民收入差距问题仍需重点关注与解决。

在共同富裕目标下，重庆市城乡经济发展现状呈现多方面特点。在收入分配与差距方面，城乡居民收入水平整体上升，农村居民收入增速较快，但绝对差距仍在扩大，相对比例有所缩小，区域收入差异对整体分配均衡性产生影响。不断探索收入分配机制，慈善活动发展迅速，加大政策支持力度，但税收、社会保障和转移支付等政策在调节收入差距方面仍存在局限性。在公共服务均等化进程中，师资、经费、学校建设和教育质量等方面的城乡差距逐步缩小但仍存在差距，医疗卫生服务在机构分布、设备配置和医护人员数量方面城乡协同发展不断加强，但不均衡问题依然存在。在产业结构高级化进程中，三次产业各自发展并相互影响，第一产业资源丰富但面临设施落后、产业结构单一等问题；第二产业发展迅速但存在结构不合理和区域发展不平衡问题；第三产业发展迅猛，对经济的贡献显著提升，但就业结构与产业结构匹配度有待优化。社会保障与福利体系逐步完善，养老和医疗保障覆盖范围扩大、水平提高，社会救助与福利制度不断健全，对提升农村居民保障水平意义重大。

　　本章主要从收入分配、区位优势、政策导向和金融服务等方面，分析了重庆市城乡经济协调发展与国内外的差距。重庆市收入分配制度不完善，城乡差距大；区位优势未充分发挥，面临人口和产业发展问题；政府政策偏重于城市，影响区域均衡发展；金融服务业支持不足，与浙江等地存在差距。未来，重庆市需优化政策，促进城乡经济协调发展。

　　总体而言，重庆市城乡协调发展虽取得一定成果，但仍面临农民收入增长缓慢、农业设施落后、产业结构协调度不足、产业发展梯度大、支柱产业分布不均等诸多问题。未来，重庆市应持续优化政策措施，加大对农村地区的扶持力度，推动产业结构调整与升级，加强区域间协同合作，进一步促进城乡经济协调发展，实现城乡共同繁荣与高质量发展的目标。

第六章　重庆市城乡经济协调发展的
互动机制及博弈分析

通过前文对重庆整体资源整合与产业结构分析可知，重庆存在资源分布不均、产业结构协调度不够等问题，尤其是城乡之间和乡与乡之间的协调发展问题。因此，从城乡发展、乡与乡之间的差异、未来发展预期和偏好出发，建立城乡价值链上下游竞争性与互补性企业间、企业与政府间的动态进化博弈模型，考察重庆城乡之间、乡与乡之间各主体合作博弈的框架和条件，应用系统科学探讨各种因素的复杂反馈效应，并据此构建城乡协调的发展模式。

第一节　城乡企业间的博弈

城乡经济的协调发展需要实行城乡良性互动的策略，即通过市场与非市场的结合、城市与农村发展的良性互动，逐步形成以市场机制为基础、城乡之间全方位自主交流与平等互利合作的局面，实现工业与农业、城市与农村发展良性互动，使城乡购买力在全面提高的基础上实现动态平衡，从而促进城乡协调发展。城市与农村的和谐发展既是城市与农村发展的统一，也是城市与农村发展的延伸与升华。在这样的大环境下，城乡经济协调策略的实质是，通过调整利益结构、重组基本利益关系、寻求最少的冲突，实现城乡经济协调发展。

由于城市与农村的协调发展强调的是集体理性，因此在市场经济体制下，城市与农村的协调发展往往是以市场主体为对立的姿态。通常而言，乡村企业与城市企业的合作可以让乡村企业掌握更可靠、更及时的市场信息，增强乡村企业的抗风险能力，有利于乡村企业降本增效，对乡村企业农产品品牌的创建亦有裨益。但是，信息不对称、短视行为、机会主义、参与人有限理性等因素的客观存在，使乡村企业与城市企业间的合作构成了一个博弈问题。在现实生活中，城乡企业间的博弈通常是有限理性的，因此本节选择进化博弈模型进行分析，该博弈模型通常是通过试错的方法达到博弈均衡的，且所选择的均衡是达到均衡过程的函数。

一、支付矩阵的构建

为了更好地分析利益主体的博弈关系，提出如下假设：

假设1：博弈参与双方是城市企业和乡村企业，博弈的过程是城市企业与乡村企业开展双边或多边合作的过程。双方的博弈地位是对等的，具有独立自主性，即双方选择策略的决策与它们在合作中是主动方还是被动方无关。

假设2：博弈过程遵循"复制动态"原理，即在一个有限理性博弈群体中，一个胜出的策略将逐渐被更多的参与者所接受，因此不同策略下的博弈参与者的比率会随之改变。

假设3：博弈双方（城市企业和乡村企业）可以采取两种策略，即合作和不合作。合作意味着积极履行所签订的契约约定的义务，不合作意味着一方或双方中途退出合作，违背契约约定。

假设4：博弈者均为有限理性，具有一定的统计分析能力，对各种博弈论的结果具有一定的判断力，且博弈过程是可以不断重复的。

二、进化博弈模型

模型参数设定如表6-1所示。

表6-1　城乡企业进化博弈模型参数设定

指标	设定
I_1	城市企业选择合作时的投入（人才、技术等）
I_2	乡村企业选择合作时的投入（原材料、设备场地等）
θ	合作收益率
π	合作总利润 $\pi = \theta (I_1 + I_2)$，均不选择合作时 $\pi = 0$
p	城市企业占领的市场份额（$p \in [0, 1]$）
$1-p$	乡村企业占领的市场份额
$p\pi$	城市企业预期可获得的合作利润

指标	设定
$p(1-\pi)$	乡村企业预期可获得的合作利润
F_1I_f	城市企业将合作成果市场化的风险成本
F_2I_f	乡村企业将合作成果市场化的风险成本
F	风险因子
I_f	市场化风险最高（$F=1$）时的成本
ω	惩罚因子（$0<\omega<1$）
$\omega\pi$	违约惩罚金，即作为一方合作一方不合作时违约方对合作方的违约补偿，双方都不合作时（$\pi=0$）违约惩罚金为0
k	一方选择合作一方选择不合作时，一方从另一方获得的成果溢出的收益或损失，k为不合作方的收益

此时，博弈的支付矩阵如表6-2所示。

表6-2 城乡企业博弈的支付矩阵

城市企业	乡村企业	
	合作（β）	不合作（$1-\beta$）
合作（α）	$(p\pi-I_1-F_1I_f,\ (1-p)\pi-I_2-F_2I_f)$	$(\omega\pi-I_1-k,\ k-\omega\pi)$
不合作（$1-\alpha$）	$(k-\omega\pi,\ \omega\pi-I_2-k)$	$(0,\ 0)$

假设城市企业选择合作的概率为 α，$\alpha\in[0,1]$，选择不合作的概率为 $1-\alpha$；乡村企业选择合作的概率为 β，$\beta\in[0,1]$，选择不合作的概率为 $1-\beta$。

在综合支付矩阵中，城市企业选择合作的收益为 $R_{I_1}=\beta(p\pi-I_1-F_1I_f)+(1-\beta)(p\pi-I_1-k+\omega\pi)$，选择不合作时的收益为 $R_{a_1}=\beta(k-\omega\pi)$，城市企业的平均收益为 $R_1=\alpha R_{I_1}+(1-\alpha)R_{a_1}$，由此可得，城市企业选择合作时的复制动态方程为：

$$f(\alpha)=\frac{d\alpha}{dt}=\alpha(R_{I_1}-R_1)=\alpha(1-\alpha)\left[\omega\pi-I_1-k+(p\pi-F_1I_f)\beta\right] \qquad (6-1)$$

乡村企业选择合作时的复制动态方程为：

$$f(\beta)=\frac{d\beta}{dt}=\beta(R_{I_2}-R_2)=\beta(1-\beta)\left\{\omega\pi-I_2-k+\left[(1-p)\pi-F_2I_f\right]\alpha\right\} \qquad (6-2)$$

令 $\frac{d\alpha}{dt}=0$，式（6-1）可得三个均衡解：$\alpha_1^*=0$；$\alpha_2^*=1$；$\beta^*=\dfrac{I_1+k-\omega\pi}{p\pi-F_1I_f}$，

$\beta^* \in [0, 1]$；令 $\dfrac{d\beta}{dt} = 0$，式（6-2）可得三个均衡解：$\beta_1^* = 0$；$\beta_2^* = 1$；$\alpha^* = \dfrac{I_2 + k - \omega\pi}{(1-p)\pi - F_2 I_f}$，$\alpha^* \in [0, 1]$。

联立方程组 $\begin{cases} f(\alpha) \\ f(\beta) \end{cases}$ 可得，在平面 $s = \{(\alpha, \beta) \mid \alpha, \beta \in [0, 1]\}$ 中存在 5 个均衡点：$O(0, 0)$，$A(0, 1)$，$B(1, 0)$，$C(1, 1)$，$D(\alpha^*, \beta^*)$。

由式（6-1）与式（6-2）得到雅克比矩阵为：

$$J = \begin{bmatrix} \dfrac{\partial f(\alpha)}{\partial \alpha} & \dfrac{\partial f(\alpha)}{\partial \beta} \\ \dfrac{\partial f(\beta)}{\partial \alpha} & \dfrac{\partial f(\beta)}{\partial \beta} \end{bmatrix} = \begin{bmatrix} (1-2\alpha)[\omega\pi - I_1 - k + (p\pi - F_1 I_f)\beta] & \alpha(1-\alpha)(p\pi - F_1 I_f) \\ \beta(1-\beta)[(1-p)\pi - F_2 I_f] & (1-2\beta)\{\omega\pi - I_2 - k + [(1-p)\pi - F_2 I_f]\alpha\} \end{bmatrix}$$

由雅克比矩阵可得各均衡点局部稳定情况，如表 6-3 所示。

表 6-3　城乡企业合作行为进化稳定性分析

均衡点	雅克比矩阵的行列式 *det. J*	雅克比矩阵的迹 *tr. J*
$O(0, 0)$	$(\omega\pi - I_1)(\omega\pi - I_2)$	$(\omega\pi - I_1)(\omega\pi - I_2)$
$A(0, 1)$	$-(\omega\pi - I_1 + p\pi - F_1 I_f)(\omega\pi - I_2 - k)$	$(I_2 - I_1) + (p\pi - F_1 I_f) - k$
$B(1, 0)$	$-(\omega\pi - I_1 - k)[\omega\pi - I_2 + (1-p)\pi - F_2 I_f]$	$(I_1 - I_2) + [(1-p)\pi - F_2 I_f] - k$
$C(1, 1)$	$(\omega\pi - I_1 - k + p\pi - F_1 I_f)[\omega\pi - I_2 - k + (1-p)\pi - F_2 I_f]$	$-[\omega\pi - I_1 + p\pi - F_1 I_f + \omega\pi - I_2 + (1-p)\pi - F_2 I_f]$
$D(\alpha^*, \beta^*)$	$-\beta^*(1-\beta^*)[(1-p)\pi - F_2 I_f]\alpha^*(1-\alpha^*)(p\pi - F_1 I_f)$	0

三、博弈的演化稳定性分析

由公式分析可知，达成合作必须使预期的创新收益满足 $p\pi - F_1 I_f > 0$，且 $(1-p)\pi - F_2 I_f > 0$；否则，合作不可能存在。同时，博弈双方的策略选择还受市场收益、政策支持等影响。

假设收益已满足 $p\pi - F_1 I_f > 0$，且 $(1-p)\pi - F_2 I_f > 0$ 的条件，则可根据违约惩罚金 $\omega\pi$ 确定不同情况下的均衡点，在此基础上根据其局部稳定判断的特性，对其进行局部稳定分析。以下将合作稳定性与合作不稳定性两种情况分别加以论述：

1. 当 $\omega\pi > \max\{I_1 + k, I_2 + k\}$

存在 O、A、B、C 四个均衡点，其中 $C(1, 1)$ 是局部渐进稳定。演化路径的相位图如图 6-1 所示。当违约惩罚金 $\omega\pi$ 足够大，可以弥补合作投入及合作成果溢出带来的损失时，博弈双方都会选择合作。

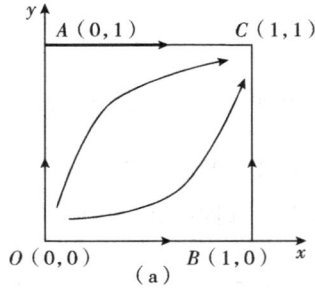

图 6-1　相位动态演化

2. 当 $I_2+k<\omega\pi<I_1+k$

均衡点 $C(1,1)$ 或 $A(0,1)$ 是局部渐进稳定。当 $I_1+k<\omega\pi<I_2+k$ 时，均衡点 $C(1,1)$ 或 $B(1,0)$ 是局部渐进稳定。这说明当违约惩罚金 $\omega\pi$ 只够满足城乡企业其中之一时，只要合作总利润 π 足够大，博弈双方都倾向于选择合作；当市场收益 π 不足时，补偿不充分的那一方会选择不合作。演化路径的相位图如图 6-2 所示。

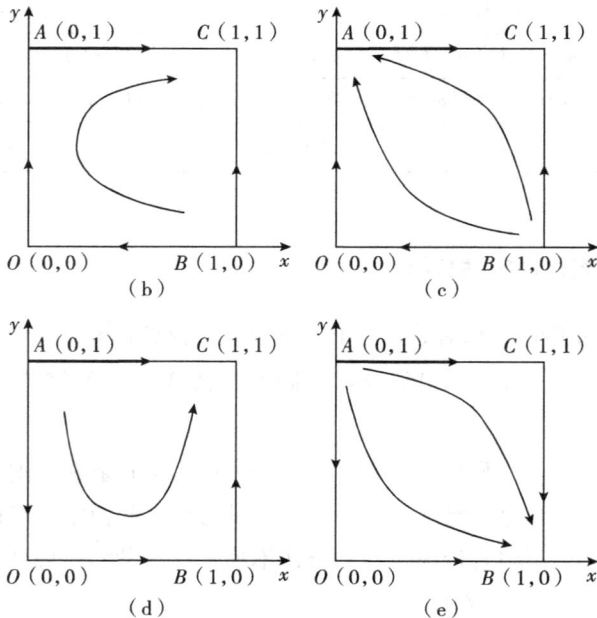

图 6-2　相位动态演化

3. 当 $\omega\pi < \min\{I_1+k,\ I_2+k\}$

如果 $I_1+k-\omega\pi < p\pi-F_1I_f$ 且 $I_2+k-\omega\pi < (1-p)\pi-F_2I_f$，存在 O、A、B、C、D 五个均衡点，此时 $O(0,0)$ 和 $C(1,1)$ 是局部渐进稳定。这说明当违约惩罚金 $\omega\pi$ 不能够弥补任何一方的合作投入及合作成果溢出带来的损失时，双方极有可能采取不合作。演化路径的相位图如图 6-3 所示。

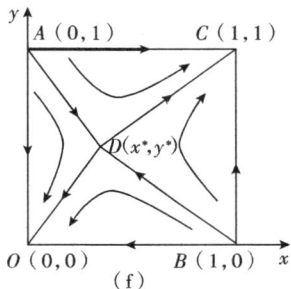

图 6-3　相位动态演化

如果 $I_1+k-\omega\pi < p\pi-F_1I_f$ 或 $I_2+k-\omega\pi < (1-p)\pi-F_2I_f$，存在 O、A、B、C 四个均衡点，此时 $O(0,0)$ 是局部渐进稳定的。这说明当违约惩罚金 $\omega\pi$ 不能够弥补任何一方的合作投入及合作成果溢出带来的损失时，除非预期市场收益足够大，双方才可能采取合作策略。演化路径的相位图如图 6-4 所示。

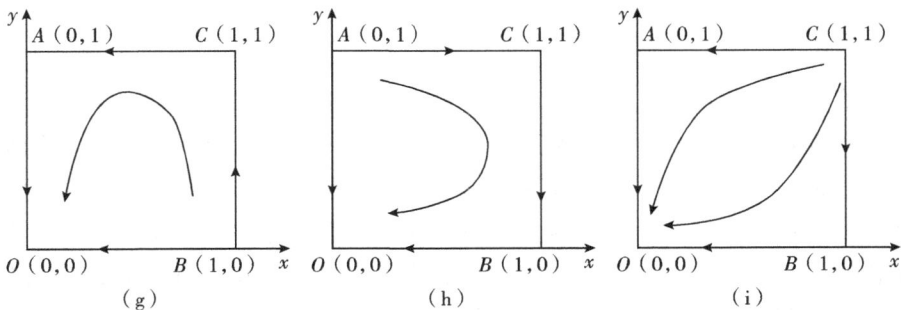

图 6-4　相位动态演化

综合以上分析，$\omega\pi$ 不同的取值范围对应着不同的局部稳定性分析结果，如表 6-4 所示。

表6-4　博弈均衡点的局部稳定性分析

det. J 符号	Tr. J 符号	局部稳定性	$\omega\pi>\max\{I_1+k, I_2+k\}$		$I_2+k<\omega\pi<I_1+k$		$I_1+k<\omega\pi<I_2+k$		$\omega\pi<\min\{I_1+k, I_2+k\}$		
									$I_2+k-\omega\pi<(1-p)\pi-F_2I_f$		$I_2+k-\omega\pi>(1-p)\pi-F_2I_f$
			$I_1+k-\omega\pi<p\pi-F_1I_f$	$I_1+k-\omega\pi>p\pi-F_1I_f$	$I_2+k-\omega\pi<(1-p)\pi-F_2I_f$	$I_2+k-\omega\pi>(1-p)\pi-F_2I_f$	$I_1+k-\omega\pi>p\pi-F_1I_f$	$I_1+k-\omega\pi<p\pi-F_1I_f$	$I_1+k-\omega\pi>p\pi-F_1I_f$	$I_1+k-\omega\pi<p\pi-F_1I_f$	$I_1+k-\omega\pi<p\pi-F_1I_f$
+	+	不稳定点	O	B	B	A	A	A、B	B	A	C
-	不确定	鞍点	A、B	O、A	O、C	O、B	O、C	D	A、C	B	A、B
+	-	ES.	C	C	A	C	B	O、A	O	O、C	O

由表6-4可得，当违约惩罚金达到一定程度时，合作才能趋于稳定：一是在城乡企业的合作契约中惩罚力度能够起到事前预防机会主义和道德风险的作用；二是一定程度的惩罚力度能够有效平衡合作收益，促进双方合作；三是合作收益规模的变化对合作的稳定性产生影响，因此做好市场收益规模的预期，将有利于合作的形成；四是收益分配的均衡性影响创新合作结果的稳定性，但当收益总规模超过一定阈值时，分配均衡性的影响会减弱。

第二节　乡镇企业之间的博弈

政策的扶持、城市企业的带动确实是促进城乡融合发展强有力的措施。但是，若乡村内部对于资助的资源只是一味地争夺，盲目竞争，则资源可能得不到最优配置。乡镇企业是乡村发展的重要活力，解决乡镇企业的发展问题会大大推动乡村的发展，进而促进城乡经济协调。因此，本节围绕有限资源如何优化配置的问题，构建乡镇企业之间的博弈模型，分析乡镇企业在资源置换的合作形式和资源抢夺的竞争形式之间决策的影响因素，并探讨达到帕累托最优状态的条件。

为了方便分析，假设有两个乡镇企业，分别是乡镇企业 A 和乡镇企业 B，企业合作表现为，跳出产业资源无序恶性竞争，通过资源置换促进共同发展。企业竞争表现为，盲目争夺被开发的有限资源，视同类企业为劲敌，不合作。

一、支付矩阵构建

为了更好地分析利益主体的博弈关系，提出如下假设，具体参数如表6-5所示：

假设5：同类型企业A、B具有有限理性特征，并且不能完全掌握外部信息，不一定能立即做出最优的决策，而是通过不断地调整，最终形成最优策略。

假设6：企业独立进行生产决策，因此其博弈关系为同时决策、重复进行的静态博弈。通过不断的学习和竞争，双方在不同的环节中根据自己的利益做出不同的战略选择。

假设7：参数设定，其中$0 \leqslant p \leqslant 1$，$0 \leqslant q \leqslant 1$。

表6-5　企业合作进化博弈模型参数设定

指标	设定
b_1	企业A获得自身收益
b_2	企业B获得自身收益
I_1	企业A选择合作需支付的合作资源投入
I_2	企业B选择合作需支付的合作资源投入
C_1	企业A选择合作的成本支出
C_2	企业B选择合作的成本支出
d_1	当企业A选择竞争，企业B选择合作时，企业A获得的收益
d_2	当企业B选择竞争，企业A选择合作时，企业B获得的收益
p	企业A选择合作策略的概率
q	企业B选择合作策略的概率

此外，本部分需要在满足以下假设条件的基础上进行建模和分析，从而更加直观地展现企业A和企业B之间合作演化的博弈特征。

（1）假设企业A和企业B在不合作的状态下独立研发获得的正常平均收益分别为b_1，b_2，b_1不等于b_2，且b_1、$b_2 > 0$。

（2）当企业A和企业B同时选择合作策略时，两者投入的资金、技术和劳动力等生产要素的集合分别为I_1，I_2。d为企业A和企业B合作时可以得到的额外收益，假定企业A和企业B的收益系数分别为a_1和a_2，则它们合作能得到的超额收益分别为$d_1 = a_1 I_1$，$d_2 = a_2 I_2$，a_1、$a_2 > 0$。C为企业A和企业B的合作成本，与生产要素的投入量直接相关，c_1、c_2分别为企业A和企业B合作时的成本系数，它们在合作过程中的成本支出分别为 $C_1=c_1I_1$，$C_2=c_2I_2$，c_1、$c_2>0$。

（3）企业 A 与企业 B 合作除了产生超额的收益外，还能产生其他的额外收益。特别是随着合作的深入，双方在市场营销、存货管理及人力资源管理等方面的相互学习可以为企业带来其他附加收益。假定企业 A 与企业 B 进一步深化合作带来的额外收益为 Z，其大小主要取决于双方进一步深化合作的意愿。定义 w_1、w_2 分别为企业 A 与企业 B 进一步深化合作的意愿系数，双方通过深化合作创新产生的额外收益分别为 $Z_1=w_1I_1$，$Z_2=w_2I_2$，w_1、$w_2>0$。基于此，企业 A 与企业 B 的博弈支付矩阵如表 6-6 所示。

表 6-6　乡镇两企业合作进化博弈模型支付矩阵（1）

A		B	
		合作	竞争
	合作	$(b_1+d_1+d_2-C_1,\ b_2+d_2+d_1-C_2)$	$(b_1-C_1,\ b_2+d_2)$
	竞争	$(b_1+d_1,\ b_2-C_2)$	$(b_1,\ b_2)$

在不完全契约条件下，企业 A 与企业 B 选择合作创新的必要条件是：企业 A 与企业 B 在博弈过程中只有双方获得的超额收益、额外收益超过双方的合作成本时，两者才会采用合作策略，即满足下列条件：

$$d_1+Z_1>C_1,\quad d_2+Z_2>C_2 \tag{6-3}$$

$$a_1I_1+w_1I_1>c_1I_1 \tag{6-4}$$

$$a_2I_2+w_2I_2>c_2I_2 \tag{6-5}$$

式（6-4）、式（6-5）经过整理后得出：

$$a_1>c_1-w_1,\quad a_2>c_2-w_2 \tag{6-6}$$

式（6-6）是企业 A 与企业 B 在合作程中双方均采取合作策略的必要条件，但是在不完全契约条件下，基于双方利益的变化，双方都有可能发生改变合作策略的情况。因此，需要对企业 A 与企业 B 的复制动态进化博弈模型进行推导。

二、企业 A 复制动态方程求解

企业基于自身利益考虑有两种策略选择：合作和竞争。假设企业 A 选择合作策略的概率为 p，那么选择竞争策略的概率为 $1-p$；同理，假设企业 B 选择合作策略的概率为 q，那么其选择竞争策略的概率为 $1-q$。两企业之间的复制动态进化博弈模型及其推导过程如下：

企业 A 采用合作策略的期望收益为：

$$E_{A合作}=b_1+q（a_1+w_1）I_1-c_1I_1 \tag{6-7}$$

企业 A 采用竞争策略的期望收益为：

$$E_{A竞争}=b_1+qw_1I_1 \tag{6-8}$$

因此，企业 A 的平均期望收益为：

$$\overline{E_A}=pE_{A合作}+（1-p）E_{A竞争}=b_1+pqa_1I_1+qw_1I_1-pc_1I_1 \tag{6-9}$$

根据复制动态方程的定义 $\dfrac{dX（t）}{dt}=X（U_S-\overline{U}）$ 可知，企业 A 采用合作策略的复制动态方程为：

$$\frac{dp}{dt}=p（E_{A合作}-\overline{E_A}）=p（1-p）I_1（qa_1-c_1） \tag{6-10}$$

由进化稳定策略定义可知，当策略概率变化速率为 0 时，就形成进化稳定策略。

因此，令 $f(p)=\dfrac{dp}{dt}=0$，可以得到三个解：$p=0$，$p=1$，$q=\dfrac{c_1}{a_1}$。

当 $q=\dfrac{c_1}{a_1}$时，若 $0\leqslant\dfrac{c_1}{a_1}\leqslant1$，则 $q=\dfrac{c_1}{a_1}$是稳定点。

当 $q\neq\dfrac{c_1}{a_1}$时，$f'(p)=(1-2p)I_1(qa_1-c_1)$。

当 $q>\dfrac{c_1}{a_1}$时，$f'(0)>0$，$f'(1)<0$，故 $p=1$ 是稳定点。

当 $q<\dfrac{c_1}{a_1}$时，$f'(0)<0$，$f'(1)>0$，故 $p=0$ 是稳定点。

企业 A 的复制动态微分方程相位变化如图 6-5 所示。

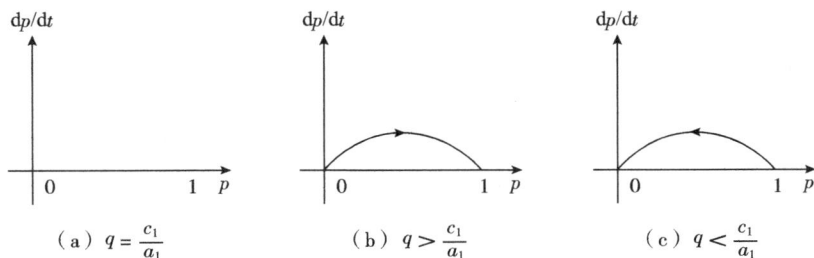

$$（a）q=\frac{c_1}{a_1} \qquad （b）q>\frac{c_1}{a_1} \qquad （c）q<\frac{c_1}{a_1}$$

图 6-5　企业 A 复制动态方程相位变化

三、企业 B 复制动态方程求解

假设企业 A 选择合作策略的概率为 p，那么其选择竞争策略的概率为 $1-p$；同理，假设企业 B 选择合作策略的概率为 q，那么其选择竞争策略的概率为 $1-q$。

企业 B 采用合作策略的期望收益为：

$$E_{B合作}=b_2+p（a_2+w_2）I_2-c_2I_2 \tag{6-11}$$

企业 B 采用竞争策略的期望收益为：

$$E_{B竞争}=b_2+pw_2I_2 \tag{6-12}$$

因此，企业 B 的平均期望收益为：

$$\overline{E_B}=pE_{B合作}+（1-q）E_{B竞争}=b_2+pqa_2I_2+pw_2I_2-qc_2I_2 \tag{6-13}$$

企业 B 采用合作策略的复制动态方程为：

$$\frac{dq}{dt}=q(E_{B合作}-\overline{E_B})=q(1-q)I_2(pa_2-c_2) \tag{6-14}$$

因此，令 $g(q)=\dfrac{dq}{dt}=0$，可以得到三个解：$q=0$，$q=1$，$p=\dfrac{c_2}{a_2}$。

当 $p=\dfrac{c_2}{a_2}$ 时，若 $0\leqslant\dfrac{c_2}{a_2}\leqslant1$，则 $p=\dfrac{c_2}{a_2}$ 是稳定点。

当 $p\neq\dfrac{c_2}{a_2}$ 时，$g'(q)=(1-2q)I_2(pa_2-c_2)$。

当 $p>\dfrac{c_2}{a_2}$ 时，$g'(0)>0$，$g'(1)<0$，故 $q=1$ 是稳定点。

当 $p<\dfrac{c_2}{a_2}$ 时，$g'(0)<0$，$g'(1)>0$，故 $q=0$ 是稳定点。

企业 B 的复制动态微分方程相位变化如图 6-6 所示。

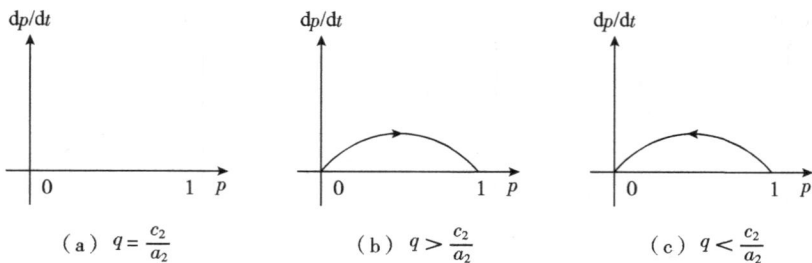

$$（a）q=\frac{c_2}{a_2} \qquad （b）q>\frac{c_2}{a_2} \qquad （c）q<\frac{c_2}{a_2}$$

图 6-6　企业 B 复制动态方程相位变化

四、均衡点稳定性分析

由以上企业 A、企业 B 复制动态方程求解过程可知，两个企业在协同竞争进化博弈模型中共存在五个均衡点，分别是 $P_1(0, 0)$、$P_2(0, 1)$、$P_3(1, 0)$、$P_4(1, 1)$ 和 $P_5\left(\dfrac{c_1}{a_1}, \dfrac{c_2}{a_2}\right)\left(0 \leq \dfrac{c_1}{a_1} \leq 1, 0 \leq \dfrac{c_2}{a_2} \leq 1\right)$。

演化系统均衡点的稳定性由该系统的雅克比矩阵的局部稳定性分析得到，对 $f(p)$，$g(q)$ 分别求偏导，得出雅克比行列式为：

$$M = \begin{bmatrix} (1-2p)p(1-p)I_1(qa_1-c_1) & p(1-p)I_1a_1 \\ q(1-q)I_2a_2 & (1-2q)I_2(pa_2-c_2) \end{bmatrix} \tag{6-15}$$

可得矩阵行列式为：

$$detM = (1-2p)I_1(qa_1-c_1)(1-2q)I_2(pa_2-c_2)-pq(1-p)(1-q)I_1a_1I_2a_2 \tag{6-16}$$

该矩阵的迹为：

$$trM = (1-2p)p(1-p)I_1+(1-2q)I_2(pa_2-c_2) \tag{6-17}$$

1. 当 $a_1 > c_1 - w_1$，$a_2 > c_2 - w_2$

$a_1 > c_1 - w_1$，$a_2 > c_2 - w_2$ 表示双方获得的超额收益、额外收益超过双方的合作成本时，两者均采用合作策略。将五个均衡点代入式（6-16）、式（6-17），根据 $detM$ 与 trM 的正负情况可以判断上述五个均衡点的局部稳定性，得到的结果如表 6-7 所示。

表 6-7　均衡点稳定性分析（1）

均衡点	$detM$ 符号	trM 符号	局部稳定性
$P_1(0, 0)$	+	−	稳定点
$P_2(0, 1)$	+	+	不稳定点
$P_3(1, 0)$	+	+	不稳定点
$P_4(1, 1)$	+	−	稳定点
$P_5\left(\dfrac{c_1}{a_1}, \dfrac{c_2}{a_2}\right)$	−	0	鞍点

由表 6-7 可知，在上述五个均衡点中，只有点 P_1 和点 P_4 具有局部稳定状态，分别对应的是企业双方均采用合作和竞争策略；点 P_2 和点 P_3 为不稳定点；点 P_5 为鞍点。它们之间存在不同的演化路径，其动态演化过程如图 6-7 所示。

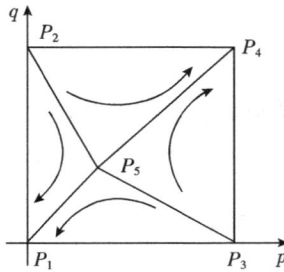

图 6-7　企业 A、企业 B 合作进化博弈相位变化（1）

由表 6-7 与图 6-7 可知，五个均衡点将整个博弈系统划分为 $P_2P_4P_3P_5$ 和 $P_2P_1P_3P_5$ 两个区域，这两个区域有着完全不同的演化趋势。在区域 $P_2P_4P_3P_5$ 中，进化博弈收敛于 $P_4(1,1)$，即企业 A 与企业 B 在创新过程中均采用合作策略；在区域 $P_2P_1P_3P_5$ 中，进化博弈收敛于 $P_1(0,0)$，即企业 A 与企业 B 在博弈过程中均采用不合作策略。企业 A 与企业 B 通过发挥比较优势，促进生产要素在企业之间合理流动，达到帕累托最优状态，最终双方均会采取合作策略来实现收益最大化，此时双方收敛于稳定状态 $P_4(1,1)$。

2. 当 $a_1>c_1-w_1$，$a_2<c_2-w_2$

$a_1>c_1-w_1$，$a_2<c_2-w_2$ 意味着企业 A 选择合作策略所获得的超额收益、额外收益超过选择合作策略所付出的成本，而企业 B 选择合作策略所获得的超额收益、额外收益小于选择合作策略所付出的成本。

当 $a_1>c_1-w_1$，$a_2<c_2-w_2$ 时，不满足 $0\leqslant\frac{c_1}{a_1}\leqslant1$，$0\leqslant\frac{c_2}{a_2}\leqslant1$，故均衡点 P_5 不存在。四个均衡点的稳定性如表 6-8 所示，企业 A、企业 B 的进化博弈轨迹如图 6-8 所示。

表 6-8　均衡点稳定性分析（2）

均衡点	$detM$ 符号	trM 符号	结果
$P_1(0,0)$	+	−	是
$P_2(0,1)$	+	+	否
$P_3(1,0)$	−	不确定	鞍点
$P_4(1,1)$	−	不确定	鞍点

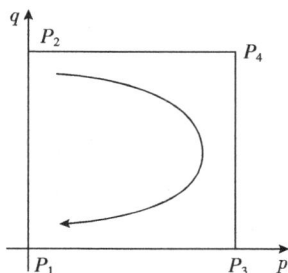

图 6-8 企业 A、企业 B 合作进化博弈相位变化（2）

由图 6-8 与表 6-8 可知，$P_1(0, 0)$ 是稳定均衡点，而 $P_4(1, 1)$ 与 $P_3(1, 0)$ 为鞍点。两企业趋于 $P_1(0, 0)$，即（竞争，竞争）策略。

3. 当 $a_1 < c_1 - w_1$，$a_2 < c_2 - w_2$

$a_1 < c_1 - w_1$，$a_2 < c_2 - w_2$ 意味着两企业均选择合作策略所获得的超额收益、额外收益小于选择合作策略所付出的成本。

当 $a_1 < c_1 - w_1$，$a_2 < c_2 - w_2$ 时，不满足 $0 \leq \dfrac{c_1}{a_1} \leq 1$，$0 \leq \dfrac{c_2}{a_2} \leq 1$，故均衡点 P_5 不存在。四个均衡点的稳定性如表 6-9 所示，企业 A、企业 B 的进化博弈轨迹如图 6-9 所示。

表 6-9 均衡点稳定性分析（3）

均衡点	$detM$ 符号	trM 符号	结果
$P_1 (0, 0)$	+	−	是
$P_2 (0, 1)$	−	不确定	鞍点
$P_3 (1, 0)$	−	不确定	鞍点
$P_4 (1, 1)$	+	+	否

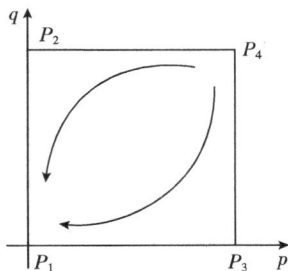

图 6-9 企业 A、企业 B 合作进化博弈相位变化（3）

由图6-9与表6-9可知，$P_1(0, 0)$是稳定均衡点，$P_2(0, 1)$与$P_3(1, 0)$为鞍点。两企业趋于$P_1(0, 0)$，即（竞争，竞争）策略。

4. 当 $a_1<c_1-w_1$，$a_2>c_2-w_2$

$a_1<c_1-w_1$，$a_2>c_2-w_2$ 意味着企业 A 选择合作策略所获得的超额收益、额外收益小于选择合作策略所付出的成本，企业 B 选择竞争策略所获得的超额收益、额外收益大于选择合作策略所付出的成本。

当 $a_1<c_1-w_1$，$a_2>c_2-w_2$ 时，不满足 $0 \leqslant \dfrac{c_1}{a_1} \leqslant 1$，$0 \leqslant \dfrac{c_2}{a_2} \leqslant 1$，故均衡点 P_5 不存在。四个均衡点的稳定性如表6-10所示，企业 A、企业 B 的进化博弈轨迹如图6-10所示。

表6-10 均衡点稳定性分析（4）

均衡点	$detM$ 符号	trM 符号	结果
P_1 (0, 0)	+	-	是
P_2 (0, 1)	-	不确定	鞍点
P_3 (1, 0)	+	+	否
P_4 (1, 1)	-	不确定	鞍点

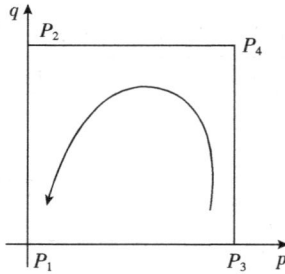

图6-10 企业 A、企业 B 合作进化博弈相位变化（4）

由图6-10与表6-10可知，$P_1(0, 0)$是稳定均衡点，而$P_4(1, 1)$与$P_2(0, 1)$为鞍点。两企业都趋于$P_1(0, 0)$，即（竞争，竞争）策略。

由以上分析结果可知，如果合作双方采取的策略不一致，一方出现违约或者"搭便车"行为，为了避免利益损失最大化，那么另一方会选择采取不合作策略，最终会导致双方均采取不合作策略，即长期内其演化轨迹收敛于另外一个稳

定状态 O（0，0）。

五、两企业协同竞争进化稳定策略

由上述分析可知，两企业协同竞争进化博弈的进化稳定策略有（0，0）与（1，1）两种情况，即（合作，合作）与（竞争，竞争）策略。在任何情况下都能趋于稳定的为竞争策略，当企业双方均选择合作策略所获得的利润大于选择竞争策略所获得的收益时，合作策略也为进化稳定策略。

双方合作的直接收益系数为 a_i，进一步合作意愿 w_i 对系统收敛的影响具体取决于企业双方初始的博弈状态与鞍点位置。$\dfrac{dp}{da_1}<0$，$\dfrac{dq}{da_2}<0$ 在其他参数不变的情况下，收益系数 a_i 变大，鞍点 $P_5\left(\dfrac{c_1}{a_1},\dfrac{c_2}{a_2}\right)$ 向左下方移动，系统收敛于 P_4（1，1）的概率增大，系统收敛于 P_1（0，0）的概率减小；反之，系统收敛于 P_4（1，1）的概率减小，系统收敛于 P_1（0，0）的概率增大。同理，$\dfrac{dp}{dw_1}<0$，$\dfrac{dq}{dw_2}<0$ 在其他参数不变的情况下，收益系数 w_i 增加，鞍点 $P_5\left(\dfrac{c_1}{a_1},\dfrac{c_2}{a_2}\right)$ 向左下方移动，系统收敛于 P_4（1，1）的概率增大，系统收敛于 P_1（0，0）的概率减小；反之，系统收敛于 P_4（1，1）的概率减小，系统收敛于 P_1（0，0）的概率增大。这意味着当博弈双方的初始博弈状态处于 $P_2P_4P_3P_5$ 区域时，进化稳定策略为合作策略；当博弈双方的初始博弈状态在 $P_2P_1P_3P_5$ 区域时，进化稳定策略为竞争策略；当博弈双方的初始状态不在同一区域时，最终进化稳定策略取决于合作策略和竞争策略的收敛速度。鞍点的位置会影响 $P_2P_4P_3P_5$ 区域与 $P_2P_1P_3P_5$ 区域的面积。$P_2P_4P_3P_5$ 区域面积越大，最后趋于合作策略的概率就越大；反之，$P_2P_1P_3P_5$ 区域面积越大，最后趋于竞争策略的概率就越大。

为了选择最优的进化稳定策略，比较（合作，合作）与（竞争，竞争）两种策略的收益。

若进化稳定策略为（合作，合作），则 $p=1$，$q=1$。

$$E_{A合作}=q(b_1+d_1+Z_1-C_1)+(1-q)(b_1-C_1)=b_1+d_1+Z_1-C_1 \tag{6-18}$$

$$E_{B合作}=p(b_2+d_2+Z_2-C_2)+(1-p)(b_2-c_2)=b_2+d_2+Z_2-C_2 \tag{6-19}$$

若进化稳定策略为（竞争，竞争），则 $p=0$，$q=0$。

$$E_{A竞争}=q(b_1+C_1)+(1-q)b_1=b_1 \tag{6-20}$$

$$E_{B竞争}=p(b_2+C_2)+(1-p)b_2=b_2 \tag{6-21}$$

企业 A 选择合作策略与竞争策略的收益差为 $E_{A合作}-E_{A竞争}=d_1+Z_1-C_1$，企业 B 选择合作策略与竞争策略的收益差为 $E_{B合作}-E_{B竞争}=d_2+Z_2-C_2$。当企业双方均选择合作时，有 $a_1>c_1-w_1$，$a_2>c_2-w_2$，所以 $E_{A合作}-E_{A竞争}>0$，$E_{B合作}-E_{B竞争}>0$，即 $E_{A合作}>E_{A竞争}$，$E_{B合作}>E_{B竞争}$。由此可知，企业 A、企业 B 选择合作策略比选择竞争策略的收益高，最终趋于（合作，合作）策略才是博弈双方最优协同竞争进化稳定策略。

六、政府补贴的作用

假设政府对合作企业的补助为 s，则表 6-6 的支付矩阵将发生变化，如表 6-11 所示。

表 6-11　乡镇两企业合作进化博弈模型支付矩阵（2）

A		B	
		合作	竞争
	合作	$(b_1+d_1+d_2-C_1+s,\ b_2+d_2+d_1-C_2+s)$	$(b_1-C_1+s,\ b_2+d_2)$
	竞争	$(b_1+d_1,\ b_2-C_2+s)$	$(b_1,\ b_2)$

相应地，企业 A 采用合作策略的复制动态方程变为：

$$\frac{dp}{dt}=p(E_{A合作}-\overline{E_A})=p(1-p)I_1(qa_1-c_1+s) \tag{6-22}$$

根据 $I_1c_1-s\leqslant0$，$I_1c_1-s>0$ 两种情况，对应两种不同的企业 A 复制动态相位图。由图 6-11 可得，当 $I_1c_1-s\leqslant0$ 时，表示政府的补助已经超过了企业 A 进行合作的所有成本，只要出现合作策略企业，该企业集群就将收敛于 $x=1$，即企业在政府高额补助下最终都将采取积极合作运营模式。当 $I_1c_1-s>0$ 时，虽然仍有 $\frac{I_1c_1-s}{d_1-b_1}$ 的可能性使企业 A 收敛于竞争企业，但是这个概率小于没有政府补助的可能概率 $\frac{I_1c_1}{d_1-b_1}$。由此可以看出，政府补助促进了企业 A 向合作策略转化。

同理，对于企业 B 的探讨和上述分析一致。

综上，在引入政府补助后，企业更加倾向于转化为合作型企业，补助的高低会影响企业的增量成本，由此可以看出这对企业的转化过程起到了关键的作用。

由上述分析可知，城乡企业双方在没有外在激励约束手段的影响下难以达到稳定状态。当惩罚力度达到一定程度时，系统的稳定性结果逐渐从不合作趋于合

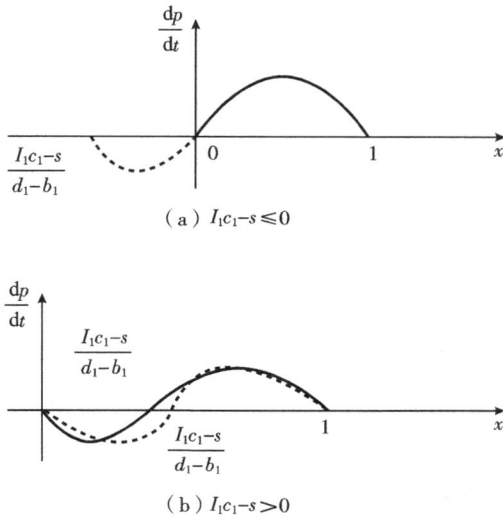

图 6-11 引入政府补助的企业 A 复制动态方程相位

作。如果惩罚高于任何一方预期的创新收益，那么合作有可能在初期难以形成。由此可见，惩罚存在合理的范围，适当的惩罚能起到调节作用，可提升长期合作的稳定性。由乡镇企业之间的博弈可知，企业选择合作策略比选择竞争策略的收益高，最终趋于合作策略才是博弈双方最优协同竞争进化稳定策略。

本节通过对企业 A 与企业 B 合作理论模型的分析，对区域内城乡的均衡发展机理进行了尝试性研究，得出以下结论：第一，企业 A 与企业 B 的合作在不完全契约条件下存在，双方合作的前提条件与收益、进一步合作意愿及合作成本有关。第二，违约和"搭便车"行为等机会主义的存在，严重阻碍了企业 A 与企业 B 不完全契约条件的签订和履行。第三，企业 A 与企业 B 的合作行为存在两种稳定状态，即同时选择采用合作策略和同时选择采用不合作策略。第四，不同参数对演化系统收敛的影响是有区别的。双方合作的收益系数和进一步合作意愿系数越大，合作成本系数越小，此时资源企业与非资源企业更愿意选择采用合作策略；反之，合作双方更愿意同时选择采用不合作策略。第五，政府职能在企业发展与城乡均衡发展中具有重要作用。要实现城乡协调均衡发展，需要政府的宏观统筹、合理引导及资金支持，这样有利于减少企业合作过程中的不确定性，提高企业合作的成功率。

第三节 本章小结

党的二十大报告指出，要着力推进城乡融合和区域协调发展，推动经济实现质的有效提升和量的合理增长。推动城乡融合发展是拓展城乡发展空间的强大动力，也是重庆实现高质量发展的必由之路。重庆集大城市、大农村、大山区、大库区于一体，城乡差距与区域差距交织叠加，城乡二元结构较为明显，城乡融合为重庆解决城乡发展不平衡问题提供了指引。要进一步激发重庆城乡融合发展潜力，需从促进城乡要素双向自由流动、促进城乡资源均衡配置、促进乡村产业振兴等方面发力，企业在这些方面扮演着重要角色。本章通过建立城乡、乡镇企业间的博弈模型，促进城乡良性互动，以实现城乡经济协调发展。在城乡企业间的博弈中，本章从城乡企业各自的经济角度分析了双方合作与不合作的情况，通过构建演化博弈模型并引入惩罚机制这一外在因素，将双方不同选择所呈现出的状态通过图像表示出来。在乡镇企业间的博弈中，首先，城乡要素双向自由流动有助于降低双方获取新信息的成本，同时有利于企业间相互学习，及时洞察市场机遇，为自身发展作出前瞻性的决策，促进企业间的合作，以实现利益最大化。其次，在城乡资源双向自由流动的基础上，要遵循城乡融合发展的内在规律和特殊性，促进城乡资源均衡配置，资源配置不均衡会影响企业之间合作的意愿，因此建立一个公平公正且合理的资源分配机制有利于避免合作双方的矛盾，有效促进企业合作关系的稳定发展。最后，发展产业是推动城乡融合发展的前提和根基，提升产业发展水平要看到并突出乡镇企业间固有的资源优势，通过资源整合、相互合作，促进城乡产业深度融合。随着合作的不断加深，在不同阶段展开交流学习可以就产业融合发展、管理经验、项目合作等展开坦诚交流。企业间这样的积极互动不仅有利于合作创新项目的完成，还有利于双方在相互学习过程中获得额外的收益，进一步加强双方合作的意愿。

第七章　重庆市城乡经济协调度
测度与评价

本章我们尝试采用熵权法及耦合协调度模型对重庆市城乡之间的重要影响因素进行研究，并结合灰色关联度分析法对熵权法计算的权重进行验证，从而对城乡经济协调发展做出更多元化、更具针对性的总结。

第一节　重庆市城乡经济的熵权法测度

一、数据来源与指标构成

为了构建城乡经济耦合协调性评价指标体系，本节按照科学性、可操作性、可比性等原则，精选了城市发展与农村发展两方面的指标。通过对这些指标的处理，为后续基于熵权法的耦合协调性分析做准备。

要深入剖析城乡经济协调发展的融合关系，指标选取是非常重要的一个步骤，保证指标的有效性、确保数据的真实性是构成分析指标的重要一环。本节参考政府官方文件及一些相关的现有研究成果，综合考虑城市发展和农村发展两个系统，建立城乡经济耦合协调评价指标体系，共包含 8 个维度、30 个指标，如表 7-1 所示。

城市发展指标主要选取四个维度，包括生态环境现状、城镇产业状况、城镇经济水平及城镇居民生活水平；农村发展指标最终选择了农业生产条件、农村产业状况、农村经济水平及农村居民生活水平四个维度。

表 7-1　具体指标

一级指标	二级指标	三级指标	单位
城市发展	生态环境现状	城镇居民人均公共绿地面积	（平方米）
		空气中二氧化硫浓度	（微克/立方米）
		重点调查工业企业工业废水排放量	（万吨）
	城镇产业状况	第二三产业占三次产业比重	（%）
		第二三产业就业人数	（万人）
		城乡收入比（农村居民收入为1）	—
		城镇就业人数	（万人）
	城镇经济水平	城镇居民恩格尔系数	（%）
		城镇居民人均可支配收入	（元）
		城镇居民人均消费性支出	（元）
		城镇居民人均储蓄存款余额	（元）
	城镇居民生活水平	城镇居民每百户家用汽车拥有量	（辆）
		城镇居民每百户移动电话拥有量	（部）
		城镇居民人均住房面积	（平方米）
		城镇居民人均道路面积	（平方米）
农村发展	农业生产条件	人均农业机械总动力	（千瓦）
		粮食综合生产能力	（万吨）
		耕地面积	（千公顷）
	农村产业状况	农林牧渔业总产值	（亿元）
		第一产业从业人员数量	（万人）
		农村就业人数	（万人）
		规模以上食品及农产品加工企业主营业务收入	（亿元）
	农村经济水平	农村居民恩格尔系数	（%）
		农村居民人均可支配收入	（元）
		农村固定资产投资	（亿元）
		农村居民人均消费性支出	（元）
	农村居民生活水平	农村供水普及率	（%）
		农村居民每百户移动电话拥有量	（部）
		农村居民人均住房面积	（平方米）
		农村道路桥梁建设投资总额	（万元）

本部分数据主要来源于《中国城市统计年鉴》、《中国农村统计年鉴》、《重

庆统计年鉴》、工业和信息化部统计数据、农业农村部统计数据等，在确保准确性的情况下选取 2000~2022 年重庆市的相关数据，部分缺失数据通过插值法及平均年限法补全。

首先，对城市发展综合指标中的四个维度作选取说明及简要评价。

生态环境现状在城市发展综合评价中起着至关重要的作用。一方面，它是衡量城市可持续发展能力的关键指标。良好的生态环境意味着城市的空气、水、土壤等质量较高，有足够的绿地和生态空间，这有利于城市的长期稳定发展。例如，空气质量佳能减少居民呼吸道疾病的发生。另一方面，生态环境现状也可反映城市的宜居程度。优质的生态环境可以吸引人才和投资，提升城市形象与竞争力。而且，生态环境与经济、社会等方面相互关联，生态的恶化可能制约城市其他领域的进步，综合评价生态环境能帮助城市发现问题并及时改善。

城镇产业状况这个维度主要选择了第二产业与第三产业在重庆市的发展状况等指标，如三级指标中二三产业占三次产业比重、二三产业就业人数，重点强调了城市产业发展中二三产业的重要性。在城镇产业现状中，二三产业占比高体现了经济结构的优化。较高的占比意味着更强的经济活力和多元化。二三产业就业人数也至关重要，大量吸纳的劳动力既能促进人口城镇化、稳定就业形势，又能推动城镇繁荣与持续发展。

城镇经济水平维度是评价城市发展综合状况必不可少的内容，本书选取城镇经济水平中关于居民生活的指标，如居民可支配收入、消费性支出等。这些指标从收入、消费、储蓄多角度综合评估城市经济水平以及居民生活质量。

城镇居民生活水平在城市发展综合评价中起着关键作用。它是衡量城市发展成果的直观指标，生活水平高意味着居民收入稳定、消费能力强、享受的公共服务优质。这也反映了城市经济、社会等各领域协同发展的成效，是城市吸引力和可持续性的重要体现。

其次，对农村发展综合指标中的四个维度作选取说明。

良好的农业生产条件是农村发展的基石。适宜的气候、肥沃的土壤等自然条件有利于农作物生长，保障粮食和农产品产出。先进的灌溉、农业机械等基础设施能提高生产效率。这不仅能够增加农民收入，还能促进农村产业融合，吸引人才回流，推动农村全面繁荣。因此，在三级指标中，农业生产条件这一维度选取了人均农业机械总动力、粮食综合生产能力及耕地面积三项指标。

相对于城镇产业状况，农村产业发展以第一产业为主，因此在农村产业现状这一维度中，重点选取以第一产业为主的农林牧渔业总产值、农村就业人数、规模以上食品及农产品加工企业主营业务收入等指标。以农林牧渔业总产值为例，它对农村产业发展至关重要，直观体现了农村产业规模与效益，是衡量农村经济活力的关键指标。高产值能吸引资金与人才，助力基础设施建设，同时推动产业融合，拓展产业链，促进农村经济多元化，保障农民持续增收。

考察农村发展水平必不可少的一项就是农村经济水平，由于农村基础设施较差，发展变化幅度相对较大。农村经济水平这一维度重点选取了农村居民人均可支配收入及农村固定资产投资等指标，农村居民人均可支配收入反映了农民实际购买力，是农村经济水平的直接体现。收入增加能提升农民生活质量，刺激消费，拉动农村内需。农村固定资产投资是农村经济的"助推器"，能改善生产生活条件，完善基础设施，促进产业升级，为经济增长提供动力。

无论怎么发展，当地始终要秉持以人为本的理念，关注农村居民生活水平。农村居民生活水平这一维度选取农村供水普及率、农村居民每百户移动电话拥有量、农村居民人均住房面积及农村道路桥梁建设投资总额四项指标，从农村居民生活的方方面面考察生活质量水平农村生活质量是农村发展水平的重要衡量标准。较高的生活质量意味着良好的居住条件、完善的基础设施和丰富的精神文化生活。这既能提升农民幸福感，吸引人才留在农村，也是农村经济、文化等综合实力提升的体现，能推动农村可持续发展。

二、描述性统计分析

以下将对指标相应的两个子系统进行描述性统计分析，以描述两个子系统（8个维度、30个三级指标）中具体数据的简要情况。

1. 城市发展综合指标

如表7-2所示，城市发展综合指标涵盖城镇多方面信息。

表7-2 城市发展综合指标概况

指标	观测值	平均值	标准差	最小值	最大值
城镇居民人均公共绿地面积	23	11.46	6.05	1.40	17.41
空气中二氧化硫浓度	23	51.06	42.54	7.00	156.00
重点调查工业企业工业废水排放量	23	42037.66	22805.66	15686.81	84344.00
第二三产业占三次产业比重	23	90.77	3.02	84.61	93.64
第二三产业就业人数	23	1013.24	223.01	740.24	1302.11
城乡收入比	23	2.93	0.42	2.36	3.74
城镇就业人数	23	799.57	208.66	528.97	1108.23

指标	观测值	平均值	标准差	最小值	最大值
城镇居民恩格尔系数	23	34.46	2.54	31.16	41.61
城镇居民人均可支配收入	23	21350.73	12795.60	6152.23	45508.93
城镇居民人均消费性支出	23	15682.70	8064.48	5424.00	30573.89
城镇居民人均储蓄存款余额	23	26993.55	21469.53	3511.25	74576.00
城镇居民每百户家用汽车拥有量	23	14.41	14.33	0.14	40.20
城镇居民每百户移动电话拥有量	23	187.94	75.72	18.33	263.59
城镇居民人均住房面积	23	29.92	8.52	10.72	40.56
城镇居民人均道路面积	23	10.38	3.40	4.38	16.64

在生态环境现状方面，城镇居民人均公共绿地面积均值为 11.46 平方米，反映了城镇绿化程度；空气中二氧化硫浓度均值为 51.06 微克/立方米，显示了空气质量状况；重点调查工业企业工业废水排放量均值为 42037.66 万吨，体现了工业生产对水环境的影响。

在城镇产业状况方面，二三产业占三次产业比重均值高达 90.77%，凸显了城镇经济以二三产业为主导。二三产业就业人数均值为 1013.24 万人，表明城镇居民就业集中于二三产业。城乡收入比均值为 2.93，城镇居民收入是农村居民收入的近 3 倍，反映城乡收入差距状况。城镇就业人数均值为 799.57 万人，与整体就业格局相关。

在城镇经济水平方面，城镇居民人均可支配收入均值为 21350.73 元，体现了居民收入水平；城镇居民人均消费性支出均值为 15682.70 元，显示了消费能力；城镇居民恩格尔系数均值为 34.46%，可侧面了解生活质量；城镇居民人均储蓄存款余额均值为 26993.55 元，反映了居民财富积累情况。

在城镇居民生活水平方面，城镇居民每百户家用汽车拥有量均值为 14.41 辆，显示了家庭交通工具拥有状况。城镇居民每百户移动电话拥有量均值为 187.94 部，体现了通信设备普及程度。城镇居民人均住房面积均值为 29.92 平方米，关乎着居住条件。城镇居民人均道路均值为 10.38 米，涉及城镇交通基础设施状况。

城镇化背景下大量正向指标在发展中保持稳定上升态势，负向指标在城市发展中逐渐下降。

总体而言，这些数据从环境、产业、经济、生活等多方面勾勒出城市发展的综合面貌，为深入分析城市经济社会发展态势、居民生活水平及城乡关系等提供了较为翔实的数据支撑。

2. 农村发展综合指标

如表7-3所示，农村发展综合指标从多方面反映了农村发展状况。

表7-3　农村发展综合指标概况

指标	观测值	平均值	标准差	最小值	最大值
人均农业机械总动力	23	260861.00	56164.57	166388.00	363065.00
粮食综合生产能力	23	226436.70	50073.93	141064.00	309152.00
耕地面积	23	2246.65	205.30	1850.35	2455.82
农林牧渔业总产值	23	1348.50	837.81	412.63	3068.45
第一产业从业人员数量	23	572.22	167.96	366.16	920.92
农村就业人数	23	785.89	157.91	556.95	1132.19
规模以上食品及农产品加工企业主营业务收入	23	55097.78	12273.35	34741.00	74630.00
农村居民恩格尔系数	23	43.56	6.76	34.89	53.92
农村居民人均可支配收入	23	7987.09	5664.83	1900.00	19318.66
农村固定资产投资	23	88.04	31.72	43.10	145.10
农村居民人均消费性支出	23	6778.03	5013.34	1452.00	16727.14
农村供水普及率	23	77.95	11.29	57.10	91.50
农村居民每百户移动电话拥有量	23	146.90	99.32	0.89	269.30
农村居民人均住房面积	23	42.96	10.37	29.58	55.72
农村道路桥梁建设投资总额	23	215034.10	171244.40	485.55	525886.80

在农业生产条件方面，人均农业机械总动力均值为260861千瓦，粮食综合生产能力均值为226436.70万吨，耕地面积均值为2246.65千公顷，展现了农业生产的基础条件与规模。

在农村产业状况方面，农林牧渔业总产值均值为1348.50亿元，规模以上食品及农产品加工企业主营业务收入均值为55097.78万元，体现了农村产业的经济效益。第一产业从业人员数量均值为572.22万人，农村就业人数均值为785.89万人，反映了劳动力分布情况。

在农村经济水平方面，农村居民人均可支配收入均值为7987.09元，农村居民人均消费性支出均值为6778.03元，刻画了收支水平；农村居民恩格尔系数均值为43.56，显示了生活质量；农村固定资产投资均值为88.04亿元，关乎农村后续发展的投入力度。

在农村居民生活水平方面,农村供水普及率均值为 77.95%,农村居民每百户移动电话拥有量均值为 146.90 部,农村道路桥梁建设投资总额均值为 215034.10 万元,展示了农村公共服务与交通设施状况。农村居民人均住房面积均值为 42.96 平方米,体现了居住条件。这些数据从不同角度综合描绘了农村在生产、经济、生活及产业方面的现状,为进一步分析农村发展态势提供了翔实的依据。

三、熵权法结果分析

1. 熵权法介绍

熵权法是一种客观的赋权方法,在处理面板数据方面发挥着重要的作用。

(1)具体步骤。本次处理的时序数据包含重庆市在多个时间点的多项指标信息。在传统的数据分析中,确定指标权重往往依赖于主观判断。然而,熵权法通过计算指标的信息熵来确定权重,能够有效避免人为因素的干扰。信息熵反映了数据的无序程度,指标的熵值越小,说明该指标提供的信息量越大,其在综合评价中的权重就越大。

本部分采用极差法对原始矩阵做正向化与归一化处理。在原始数据中,城市与乡村两个系统内的指标主要有正向指标与负向指标两类,即极大型指标与极小型指标。在对原始数据使用熵权求权重时,需要在不同系统内对原始矩阵进行标准化处理。

对极大型指标进行归一化处理,公式如下:

$$z_{ij} = \frac{x_{ij} - x_j^{\min}}{x_j^{\max} - x_j^{\min}} \tag{7-1}$$

对极小型指标进行正向化与归一化处理,使多种类型的指标能够保持统一,公式如下:

$$z_{ij} = \frac{x_j^{\max} - x_{ij}}{x_j^{\max} - x_j^{\min}} \tag{7-2}$$

对系统内的原始数据进行标准化处理后,得到标准化矩阵。在式(7-3)中,标准化矩阵 Z 为 23 行 15 列矩阵,代表城市或乡村系统下 2000~2022 年 23 个年份与 15 个指标。

$$Z = \begin{bmatrix} z_{11} & z_{12} & \cdots & z_{1,15} \\ z_{21} & z_{22} & & z_{2,15} \\ \vdots & & \ddots & \vdots \\ z_{23,1} & z_{23,2} & \cdots & z_{23,15} \end{bmatrix} \tag{7-3}$$

得到标准化矩阵后，需要对矩阵进行一些处理，得到相关数据后才可得到相应的权重。首先，计算出第 j 项指标下第 i 个对象的值占该指标的比重 P_{ij}，公式如下：

$$P_{ij} = \frac{z_{ij}}{\sum\limits_{i=1}^{n} z_{ij}} \qquad (7-4)$$

其次，计算第 j 项指标的熵值 E_j，当某项比重 $P_{IJ} = 0$ 时，定义 $P_{IJ}\ln P_{ij} = 0$，公式如下：

$$E_j = -\frac{1}{\ln n} \sum\limits_{i=1}^{n} P_{IJ}\ln P_{ij}, \quad j = (1, 2, \cdots, 15) \qquad (7-5)$$

再次，利用熵值 E_j 计算第 j 项指标的差异系数 G_j，公式如下：

$$G_j = 1 - E_j \qquad (7-6)$$

最后，计算出我们所需要的各项指标的权重 W_j，公式如下：

$$W_j = \frac{G_j}{\sum\limits_{j=1}^{m} G_j} \qquad (7-7)$$

熵权法可以根据数据本身的特征，客观地赋予它们合理的权重，使这些关键指标在评估城市经济活力时发挥其应有的作用。

（2）充分利用数据信息。时序数据具有丰富的时空维度信息。熵权法能够充分挖掘这些信息的价值，考虑每个指标在不同时间点上的变化情况。对于波动较大、变化明显的指标，熵权法会给予更多的关注。

以重庆市农村耕地面积为例，这项指标并不具有单调性，在不同年份可能会有些许波动。熵权法在处理这些数据时，可以根据指标的动态变化特征，更精准地衡量其对农业生产条件的贡献程度，从而更全面地利用时序数据中的有效信息。

（3）综合评价和排序。在面对包含众多变量的时序数据时，熵权法有助于进行综合评价和排序。它可以将多个指标的信息整合为一个综合得分，方便对不同指标进行比较。

例如，重庆市城市发展综合指标涉及城乡收入比值、城镇居民人均可支配收入、城镇就业人数等多项指标，通过熵权法，可以得到各项指标的综合评价得分，进而对不同指标进行排序。这种排序结果能够为政策制定者提供直观的参考。

总之，熵权法在处理时序数据时，能够客观赋权、充分挖掘信息、实现综合评价排序及动态监测，为深入分析时序数据背后的经济、社会等现象提供有力的工具。

2. 熵权法结果分析

（1）城市发展综合评价分析。根据前文所选指标数据，通过式（7-1）~式

（7-7）对城市发展综合指标下的各三级指标进行处理，指标权重如表7-4所示。

表7-4　城市发展综合指标权重

一级指标	二级指标	三级指标	单位	权重	排序
城市发展	生态环境现状	城镇居民人均公共绿地面积	（平方米）	0.06025	7
		空气中二氧化硫浓度	（微克/立方米）	0.02784	14
		重点调查工业企业工业废水排放量	（万吨）	0.04821	9
	城镇产业状况	第二三产业占三次产业比重	（%）	0.04144	10
		第二三产业就业人数	（万人）	0.10504	3
		城乡收入比（农村居民收入为1）		0.04143	11
		城镇就业人数	（万人）	0.08991	5
	城镇经济水平	城镇居民恩格尔系数	（%）	0.02307	15
		城镇居民人均可支配收入	（元）	0.10014	4
		城镇居民人均消费性支出	（元）	0.08870	6
		城镇居民人均储蓄存款余额	（元）	0.11244	2
	城镇居民生活水平	城镇居民每百户家用汽车拥有量	（辆）	0.14225	1
		城镇居民每百户移动电话拥有量	（部）	0.03578	12
		城镇居民人均住房面积	（平方米）	0.03519	13
		城镇居民人均道路面积	（平方米）	0.04832	8

根据理论基础，采用Stata软件进行数据标准化和求权重的具体操作。首先，准备好数据，确保数据完整且变量类型正确，需要对数据进行标准化处理，使用egen命令和std函数让各指标处于同一量纲范围；其次，计算信息熵，根据熵的公式，利用循环语句来计算每个指标的熵值，然后用1减去熵值得到差异系数；最后，计算权重，对差异系数进行归一化处理，得到各指标的熵权。

根据权重大小对指标进行排序，可以发现生态环境现状指标总体排名不靠前，其中重点调查工业企业工业废水排放量的权重排名第九，工业废水排放涉及水资源保护和生态平衡，较大的权重表明其对城市生态环境影响较大，城市需要重视工业废水的处理和监管。

在城镇产业状况指标中，两项就业指标权重都比较高，二三产业就业人数权重排序第三，凸显出了就业人数在城市发展中的关键地位，这不仅关系到居民的收入来源，还体现了产业吸纳劳动力的能力。城镇就业人数权重排序第五，体现了城镇就业规模对城市发展的重要支撑作用，以及在城市综合发展水平考核中就业情况的重要性。

城镇经济水平指标权重普遍很高，三项指标排名前六，城镇居民人均可支配收入权重排序第四，城镇居民人均消费性支出权重排序第六，这两项指标是衡量居民经济实力和生活消费能力的关键指标，对城市经济水平评估至关重要。城镇居民人均储蓄存款余额权重 0.11244，排名第二，大权重体现了居民财富积累情况对城市发展的重要性。相对而言，城镇居民恩格尔系数的权重并不大，在城镇经济水平衡量中起一定作用。

在城镇居民生活水平指标中，各指标权重波动较大，其中城镇居民每百户家用汽车拥有量权重 0.14225，排名第一，表明家用汽车拥有量在当前评价体系中被视为衡量城镇生活水平的重要标志，其与交通便利性和居民生活品质有很强的相关性。同理，城镇居民人均道路面积的权重排序位居中等。

经过上述评价分析，我们对指标权重有了一定理解，在此基础上，计算所有年份所有对象的综合得分，公式如下：

$$F_i = \sum_{i=1}^{m} w_j z_{ij} \tag{7-8}$$

由表 7-5 可知，除不同年份的城市发展综合指标外，本部分还加总计算出了各年度各维度的综合评价值，2000～2022 年综合评价值呈持续上升趋势，表明城市发展整体向好。

表 7-5　2000～2022 年重庆市城市发展综合评价值

年份	综合评价值	生态环境现状	城镇产业状况	城镇经济水平	城镇居民生活水平
2000	0.0245	0.0044	0.0150	0.0000	0.0051
2001	0.0878	0.0424	0.0204	0.0068	0.0181
2002	0.1083	0.0486	0.0257	0.0183	0.0156
2003	0.1160	0.0284	0.0280	0.0257	0.0338
2004	0.1237	0.0235	0.0277	0.0344	0.0381
2005	0.1580	0.0335	0.0364	0.0440	0.0441
2006	0.2012	0.0409	0.0468	0.0523	0.0611
2007	0.2514	0.0535	0.0677	0.0563	0.0739
2008	0.2904	0.0612	0.0842	0.0642	0.0808
2009	0.3342	0.0702	0.0986	0.0792	0.0863
2010	0.4069	0.0933	0.1284	0.0927	0.0925
2011	0.4928	0.1186	0.1551	0.1064	0.1128
2012	0.5346	0.1220	0.1745	0.1197	0.1185
2013	0.5822	0.1198	0.1926	0.1386	0.1313

续表

年份	综合评价值	生态环境现状	城镇产业状况	城镇经济水平	城镇居民生活水平
2014	0.6334	0.1183	0.2102	0.1543	0.1505
2015	0.6811	0.1176	0.2250	0.1736	0.1649
2016	0.7356	0.1249	0.2372	0.1913	0.1823
2017	0.7834	0.1304	0.2475	0.2099	0.1956
2018	0.8272	0.1305	0.2553	0.2300	0.2114
2019	0.8730	0.1282	0.2633	0.2533	0.2282
2020	0.9036	0.1273	0.2692	0.2684	0.2386
2021	0.9595	0.1315	0.2742	0.2998	0.2541
2022	0.9807	0.1355	0.2634	0.3202	0.2615

城镇经济水平近些年始终占据较大比重，重庆市城镇经济水平综合评价值一路攀升，表明城市经济不断发展，居民收入和消费能力逐渐增强，经济结构不断优化。

（2）农村发展综合评价分析。根据前文所选指标数据，通过式（7-1）~式（7-7）对农村发展综合指标下的各三级指标进行处理，指标权重如表7-6所示。

表7-6 农村发展综合指标权重

一级指标	二级指标	三级指标	单位	权重	排序
农村发展综合指标	农业生产条件	人均农业机械总动力	（千瓦）	0.04842	10
		粮食综合生产能力	（万吨）	0.04762	12
		耕地面积	（千公顷）	0.04801	11
	农村产业状况	农林牧渔业总产值	（亿元）	0.09995	3
		第一产业从业人员数量	（万人）	0.03451	14
		农村就业人数	（万人）	0.03116	15
		规模以上食品及农产品加工企业主营业务收入	（万元）	0.05031	9
	农村经济水平	农村居民恩格尔系数	（%）	0.06294	8
		农村居民人均可支配收入	（元/人）	0.11094	2
		农村固定资产投资	（亿元）	0.06714	7
		农村居民人均消费性支出	（元/人）	0.11198	1
	农村居民生活水平	农村供水普及率	（%）	0.04410	13
		农村居民每百户移动电话拥有量	（部）	0.06912	6
		农村居民人均住房面积	（平方米）	0.08130	5
		农村道路桥梁建设投资总额	（万元）	0.09252	4

这些农村发展综合指标数据为我们深入了解农村发展状况提供了丰富的信息，通过对各指标权重和排序的分析，可以洞察农村发展在不同维度的表现和重点。

在第一维度农业生产条件方面，从权重来看，三级指标的权重数值较为接近，分别为0.04842、0.04762和0.04801，在全部指标中排在第10~12位，表明在当前的农村发展综合评价体系中，农业生产条件整体的重要性处于中等水平，各个细分指标相对均衡。其中，权重稍大的人均农业机械总动力反映了农业生产的机械化程度，较高的机械化水平有助于提高农业生产效率，降低人力劳动强度。总体来看，这三项指标权重并不是很高，意味着当前评价更侧重于其他方面，农业生产条件已经达到了一定的基础水平，需要更多关注其他领域的提升。

在第二维度农村产业状况中，农林牧渔业总产值权重达到0.09995，在所有指标中排在第3位，这显示出了该指标在农村发展评估中的关键地位。农林牧渔业作为农村的传统产业，其总产值体现了产业的规模和产出效益，对农村经济的贡献至关重要。它的大权重暗示着发展和壮大这些产业仍然是农村发展的重要方向。然而，第一产业从业人员数量和农村就业人数权重较小，这可能表明当前评价体系更关注产业的经济效益而非单纯的就业吸纳能力，或者说明农村就业结构正在发生变化。

第三维度农村经济水平内的指标明显权重更大，农村居民人均可支配收入和人均消费性支出权重在所有指标中位居前二，说明这两个指标是衡量农村居民经济实力和生活水平的核心指标。大权重说明农村经济发展的最终落脚点在于提高居民的收入和消费能力，使居民能够享受到发展的成果。农村居民恩格尔系数权重为0.06294，排在第8位，恩格尔系数反映了居民食品支出占总消费支出的比例，是衡量生活水平的重要依据之一。与前文中城镇居民恩格尔系数权重相比，恩格尔系数在农村发展综合指标中的重要性更高。农村固定资产投资这一指标对农村基础设施建设和长期发展具有重要意义，但在当前评价体系中其相对重要性低于居民收入和消费。

在农村居民生活水平方面，各项指标权重和排序各有不同，总体来说处于比较重要的位置。由表7-6可以看出，农村道路桥梁建设投资总额、农村居民人均住房面积和农村居民每百户移动电话拥有量在所有指标中排在第4~6位，这在一定程度上反映了农村的信息化水平和居民的生活便利性。住房面积是衡量农村居民居住条件的重要指标，而道路桥梁建设对农村交通状况和对外联系具有关键作用，有利于农产品运输和农村经济交流。

总体而言，这些数据所构建的农村发展综合指标体系全面而细致地展现了农村发展的各个方面。通过上述分析，根据当前指标体系计算各年度重庆市农村发展综合评价值。由表 7-7 可知，除不同年份的城市发展综合指标外，本部分还加总计算出了各年度各维度的综合评价值。

表 7-7　2000~2022 年重庆市农村发展综合评价值

年份	综合评价值	农业生产条件	农村产业现状	农村经济水平	农村居民生活水平
2000	0.0399	0.0326	0.0000	0.0045	0.0028
2001	0.0653	0.0415	0.0102	0.0083	0.0053
2002	0.0802	0.0414	0.0220	0.0056	0.0112
2003	0.1221	0.0489	0.0327	0.0207	0.0197
2004	0.1346	0.0486	0.0429	0.0140	0.0291
2005	0.1828	0.0539	0.0504	0.0375	0.0411
2006	0.2192	0.0614	0.0521	0.0500	0.0557
2007	0.2465	0.0587	0.0597	0.0520	0.0760
2008	0.2972	0.0639	0.0668	0.0703	0.0962
2009	0.3675	0.0871	0.0744	0.0960	0.1100
2010	0.4266	0.0921	0.0819	0.1139	0.1387
2011	0.4955	0.0977	0.0958	0.1417	0.1603
2012	0.5541	0.0976	0.1067	0.1735	0.1764
2013	0.6307	0.1028	0.1174	0.2013	0.2091
2014	0.6655	0.1100	0.1221	0.2076	0.2259
2015	0.6766	0.1043	0.1335	0.2230	0.2158
2016	0.6875	0.1102	0.1452	0.2224	0.2097
2017	0.7361	0.1180	0.1530	0.2306	0.2344
2018	0.7757	0.0964	0.1625	0.2502	0.2667
2019	0.7892	0.0791	0.1797	0.2639	0.2666
2020	0.8195	0.0818	0.1970	0.2672	0.2734
2021	0.8466	0.0963	0.2108	0.2974	0.2422
2022	0.8499	0.0898	0.2144	0.3065	0.2392

不同指标的权重和排序体现了评价体系对农村发展的关注倾向，有助于农村发展规划者和决策者制定更具针对性的发展战略，平衡各个方面的发展资源，促

进农村经济社会全面繁荣。例如，可以加大对大权重指标相关领域的投入和支持力度，同时不能忽视权重较小但关乎基本民生指标的相关领域。此外，还可以根据这些指标的动态变化评估农村发展政策的实施效果，及时调整策略，实现农村可持续发展。

第二节　基于熵权法的重庆市城乡耦合协调度分析

本节根据前文使用熵权法对重庆城乡经济发展水平做出的测算，采用各年度城市发展综合指数和农村发展综合指数作为耦合协调度模型的研究基础。首先构建耦合协调度模型，配备相关的耦合协调度评价指标；其次通过 Stata 软件进行数据计算，对结果进行详细分析，并给出建议及对策。

一、构建耦合协调度模型

耦合协调度模型主要用于分析事物的协调发展水平，一般多个子系统之间存在相互影响和耦合。作为中国西南的核心城市，重庆以其特殊的地理条件、文化生态和经济环境为城市经济发展与乡村经济发展的融合提供了独特的场景。在这一地域背景下，深刻了解重庆城乡经济发展之间的耦合关系，不仅有助于把握西南地区发展的特殊需求和挑战，还能为提升城乡产业转移和农村产业融合在乡村振兴中的可行性和实际效果提供有益的经验，具有一定的指导价值。

首先，构建耦合协调度模型，根据国内耦合协调度模型的误区及修正结果，计算耦合度 C，公式如下：

$$C = \frac{\prod_{i=1}^{n} U_i}{\left(\frac{1}{n} \sum_{i=1}^{n} U_i\right)^n} \tag{7-9}$$

其中，n 为子系统个数，U_i 为各子系统值，分布区域为 $[0,1]$，即标准化之后，耦合度 C 也在 $[0,1]$，C 值越大，子系统间的离散程度越低，耦合度越高；反之，子系统间的耦合度越低。

其次，计算综合协调度 T，公式如下：

$$T = \sum_{i=1}^{n} \alpha_i \times U_i, \quad \sum_{i=1}^{n} \alpha_i = 1 \tag{7-10}$$

其中，α_i 为第 i 个子系统的权重，一般设为相同权重，此处取值为 1/2。

计算耦合协调度 D，公式如下：

$$D = \sqrt{C \times T} \tag{7-11}$$

最后，根据计算的耦合协调度 D 匹配对应的区间，匹配其协调等级和耦合协调类型，如表 7-8 所示。

表 7-8　耦合协调度评价标准

耦合协调度区间	协调等级	耦合协调类型
[0, 0.1)	1	极度失调
[0.1, 0.2)	2	高度失调
[0.2, 0.3)	3	中度失调
[0.3, 0.4)	4	轻度失调
[0.4, 0.5)	5	濒临失调
[0.5, 0.6)	6	勉强协调
[0.6, 0.7)	7	初级协调
[0.7, 0.8)	8	中级协调
[0.8, 0.9)	9	良好协调
[0.9, 1]	10	优质协调

二、耦合协调度结果分析

经测算，最终得出的结果如表 7-9 所示。结果表明，重庆市城乡经济耦合协调度整体偏高，且逐年上升，近些年耦合协调度水平越来越均衡。这表明近年来重庆市在缩小城乡差距、促进乡村振兴方面的努力正在取得成效。

表 7-9　2000~2022 年重庆市城乡经济耦合协调度及协调等级

年份	综合协调度 T	耦合度 C	耦合协调度 D	协调等级	耦合协调类型
2000	0.0322	0.9713	0.1768	2	高度失调
2001	0.0765	0.9891	0.2751	3	中度失调
2002	0.0942	0.9889	0.3053	4	轻度失调
2003	0.1190	0.9997	0.3450	4	轻度失调
2004	0.1291	0.9991	0.3592	4	轻度失调

年份	综合协调度 T	耦合度 C	耦合协调度 D	协调等级	耦合协调类型
2005	0.1704	0.9973	0.4123	5	濒临失调
2006	0.2102	0.9991	0.4583	5	濒临失调
2007	0.2490	0.9999	0.4989	5	濒临失调
2008	0.2938	0.9999	0.5420	6	勉强协调
2009	0.3508	0.9989	0.5920	6	勉强协调
2010	0.4168	0.9997	0.6455	7	初级协调
2011	0.4942	1.0000	0.7030	8	中级协调
2012	0.5444	0.9998	0.7378	8	中级协调
2013	0.6065	0.9992	0.7784	8	中级协调
2014	0.6494	0.9997	0.8057	9	良好协调
2015	0.6789	1.0000	0.8239	9	良好协调
2016	0.7115	0.9994	0.8433	9	良好协调
2017	0.7597	0.9995	0.8714	9	良好协调
2018	0.8015	0.9995	0.8950	9	良好协调
2019	0.8311	0.9987	0.9111	10	优质协调
2020	0.8615	0.9988	0.9276	10	优质协调
2021	0.9031	0.9980	0.9494	10	优质协调
2022	0.9153	0.9974	0.9555	10	优质协调

1. 耦合度分析

耦合度 C 值在观测期内整体表现出较高的稳定性，多数年份接近或等于 1。这一现象表明在对重庆市城乡经济协调发展进行综合考量时，所涉及的各项指标在整体发展水平上保持了相对的均衡性。较高且稳定的 C 值意味着在城乡经济发展进程中，无论是经济总量的增长、产业结构的调整，还是其他相关经济指标的变化，都未出现明显的失衡现象。这为城乡经济协调发展奠定了较为坚实的基础，暗示着重庆市在城乡经济发展过程中注重了各方面要素的统筹兼顾，避免了因某一要素过度发展或滞后发展而导致的整体协调度大幅波动。

2. 综合协调度分析

2000~2020 年，综合协调度 T 值呈现明显的上升趋势。2000 年 T 值仅为 0.0322，到 2020 年已增长至 0.8615，这表明重庆市城乡经济系统之间的相互作用程度在不断增强。在发展初期，城乡经济之间的关联性相对较弱，但随着时间推移，两者之间的互动、影响关系越发紧密，各要素之间的耦合作用越发显著。2000～2005年，T值增长相对较为缓慢，处于较低水平，说明在起步阶段城乡经济耦合发展速度有限。2005年之后，T值的增长速度逐渐加快，反映出重庆市在这一时期采取的一系列促进城乡经济协调发展的举措开始发挥更为明显的作用，使得城乡经济系统间的耦合关系得到快速强化。

3. 耦合协调度分析

2000～2007年，耦合协调度D值处于0.1768～0.4989，对应的协调等级从高度失调逐渐降至濒临失调。这表明重庆市城乡经济在这一阶段整体协调发展程度较低，城乡经济系统之间存在明显的差距，产业结构差异大，资源配置不合理，基础设施和公共服务在城乡之间的分布不均衡，导致城乡经济难以实现有效的协同发展。2008～2010年，D值在0.5420～0.6455，协调等级从勉强协调发展到初级协调。这一阶段标志着重庆市城乡经济开始呈现出协调发展的趋势，随着一系列促进城乡经济协调发展的政策措施的实施，城乡之间的互动和协同作用逐渐显现，城乡差距开始逐渐缩小，产业协同发展初见成效，基础设施和公共服务的共享程度有所提高。自2010年起，D值持续上升，从初级协调逐步发展到优质协调。这说明重庆市在这一时期采取的各项促进城乡经济协调发展的政策措施取得了显著成效，城乡经济在产业协同、资源配置、基础设施共享等方面实现了高度的协同配合，城乡差距进一步缩小，整体呈现良好的协调发展态势。

耦合协调度D值整体呈现持续上升的趋势，且在不同阶段上升速度有所不同。在失调阶段，D值上升相对较为缓慢，这是因为城乡经济在发展初期存在诸多制约因素，如城乡二元结构的顽固性、资源流动不畅等，使城乡经济协调发展难以快速推进。在协调过渡阶段和协调提升阶段，D值上升速度加快，这主要得益于重庆市不断加大对城乡经济协调发展的推动力度，出台了一系列行之有效的政策措施，有效促进了城乡经济的协同发展，加速了城乡经济协调度的提升。

4. 耦合协调度整体分析

2000～2022年，重庆市城乡经济协调发展经历了从失调到协调、从低水平协调到高水平协调的转变过程。这一转变得益于重庆市不断出台的促进城乡经济协调发展的政策措施、持续优化的产业结构、不断完善的基础设施建设及逐步改善的公共服务供给等因素。重庆市政府提出"一区两群"政策，做大做强"一区"，做优做特"两群"。主城都市区要以建成高质量发展、高品质生活新范例为统领加快建设；渝东北地区要发挥比较优势，努力拓展"生态美、产业兴、百姓富"的实现路径；渝东南地区要统筹抓好巩固拓展脱贫攻坚成果与推动共同富裕等重点工作，加快高质量发展。

为落实乡村振兴战略，2018 年重庆市政府以绿色化、优质化、特色化、品牌化为主攻方向，重点抓好农业产业结构调整、农业品种品质品牌建设、现代农业产业园区创建、一二三产业深度融合、智慧农业发展、农业科技支撑，做大做强山地特色高效农业。例如，在多个区（县）开展农业旅游融合试点，成功创建两个国家级现代农业产业园，在永川区利用茶叶基地重点推进农业供给侧结构性改革等。显然，这些措施促进了重庆市的城乡协调发展，进一步将耦合协调度提升了一个层次，如图 7-1 所示。

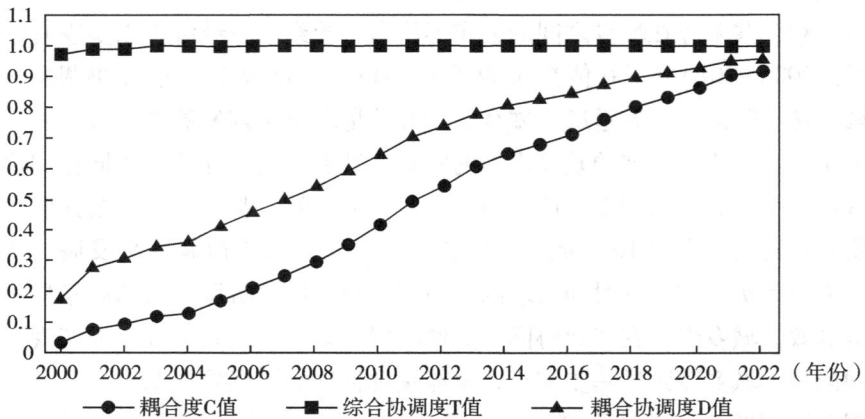

图 7-1 2000~2022 年重庆市耦合协调度的变化趋势

三、建议及对策

1. 优化产业布局与结构，培育和扶持产业集群

结合各区域的资源禀赋和比较优势，进一步明确城乡产业分工。例如，主城区可以重点发展高端制造、现代服务、金融和科技创新等产业，充分发挥其人才、技术和市场优势；远郊区（县）则可以根据自身的农业资源、生态资源等，发展特色农业、生态农业、农产品加工业及乡村旅游等产业，实现城乡产业的差异化发展。加强产业之间的融合与协同发展。推动农业与工业、服务业的深度融合，如发展农产品精深加工，延长农业产业链，提高农产品附加值；同时，鼓励农村地区发展生产性服务业，为农业生产提供技术、物流、营销等方面的支持，促进城乡产业相互渗透和协同发展。在城乡地区规划和建设产业园区和产业集

群，吸引相关企业集聚发展。通过产业集群的规模效应和协同效应，提高产业的竞争力和创新能力。例如，在一些交通便利、产业基础较好的城乡接合部，可以建设工业园区或科技园区，吸引企业入驻，形成产业集聚。

2. 加强交通基础设施建设，推进信息基础设施建设

加大对农村地区交通基础设施建设的投入，完善农村公路网络，提高农村公路的等级和通行能力。特别是加强偏远山区的交通建设，打通城乡之间的"最后一公里"，为农村经济发展提供便利的交通条件。加快城市与农村之间的快速交通通道建设，如高速公路、轨道交通等，缩短城乡之间的时空距离，促进城乡之间的人员、物资和信息流通。加大农村地区的网络覆盖力度，提高农村地区的宽带网络普及率和网速，消除城乡之间的数字鸿沟。加强农村信息化服务平台建设，为农村居民提供便捷的信息服务，包括农业技术、市场信息、就业信息等。推动信息技术在农村产业发展中的应用，如发展农村电商、智慧农业等，提高农村产业的信息化水平和市场竞争力。

3. 加强人才培养与引进，推动科技创新与应用

加大对农村教育的投入，提高农村教育质量，培养更多适应城乡经济协调发展的人才。加强农村职业教育和技能培训，为农村居民提供实用的技术和技能培训，提高他们的就业能力和创业能力。制定优惠政策，吸引城市人才到农村地区创业和就业。例如，为到农村创业的人才提供创业资金支持、税收优惠、住房补贴等，为农村地区的发展注入新的活力和智力支持，加大对农业科技的研发投入，支持农业科研机构和企业开展农业科技创新活动，提高农业生产的科技含量和效益。加强农业科技成果的转化和推广，将先进的农业技术应用到农村生产实践中，推动农业现代化发展。加大对农业科技的研发投入，支持农业科研机构和企业开展农业科技创新活动，提高农业生产的科技含量和效益。加强农业科技成果的转化和推广，将先进的农业技术应用到农村生产实践中，推动农业现代化发展。

4. 加强农村生态环境保护，推动绿色发展

加大对农村环境污染的治理力度，加强农村生活垃圾和污水处理设施建设，提高农村生活垃圾和污水处理率。城市化与生态环境耦合协调发展，加强农业面源污染治理，推广绿色农业生产技术，减少农药、化肥的使用量，保护农村生态环境。加强农村生态建设，开展植树造林、水土保持、生态修复等工作，提高农村地区的生态环境质量，为城乡经济协调发展提供良好的生态基础。倡导绿色生产和消费理念，鼓励企业和居民采用绿色生产方式和生活方式。在城乡产业发展中，注重资源的节约和循环利用，提高资源利用效率，减少对环境的污染和破坏。

5. 优化政策和制度保障

加大对农村地区的财政转移支付力度，提高农村地区的公共服务水平和基础设施建设水平。设立城乡经济协调发展专项资金，支持农村产业发展、农村创业创新、农村基础设施建设等项目。引导金融机构加大对农村地区的信贷支持，创新农村金融产品和服务，满足农村居民和农村企业的融资需求。建立农村金融风险补偿机制，降低金融机构的信贷风险，提高金融机构对农村地区的信贷投放积极性。深化农村土地制度改革，完善农村土地流转制度，促进农村土地的规模化、集约化经营。推进户籍制度改革，消除城乡户籍壁垒，促进城乡人口的自由流动。建立城乡统一的社会保障制度，提高农村居民的社会保障水平，缩小城乡居民的社会保障差距。

第三节　基于灰色关联度分析法对重庆市城乡发展综合指标的验证

前文研究重庆市城乡融合协调发展的过去与现状，构建了城市发展与农村发展两大系统，并分别细分为四个维度 15 个指标，根据熵权法，对重庆市 2000～2022 年各项指标数据作详细分析，计算城乡两个系统内各指标的权重；然后根据耦合协调度模型，以熵权法得出的权重为主，计算出各年度的耦合协调度，发现协调等级逐渐升高，城乡经济协调发展经历了从失调到协调、从低水平协调到高水平协调的转变过程。

本节将对上述研究中由熵权法得出的各个指标权重进行验证分析，采取灰色关联度分析法，计算灰色关联度分析法下各指标的权重，并与前文分析结果进行比较，分析结果与特殊情况。本节分为三个部分，灰色关联度分析法简介、重庆市城乡发展综合指标的验证过程、验证结果与分析评价。

一、灰色关联度分析法简介

1. 定义及基本原理

灰色关联度分析方法是一种多因素统计分析方法。它是根据因素之间发展趋势的相似或相异程度，来衡量因素间关联程度的一种方法。这种方法主要用于分析系统中各因素的关联程度，尤其适用于动态历程分析。简单来说，从曲线形状的角度理解，在以时间或者其他顺序为横轴，以指标数值为纵轴绘制曲线时，关联度高的两个序列所对应的曲线形状相似。比如，在分析农作物产量与气候因素的关系时，降水量序列和农作物产量序列的灰色关联度高，它们在不同时间段（如不同年份）的变化曲线呈现出相似的波动或者增长（下降）趋势。

灰色关联度分析法的基本原理为，根据序列曲线几何形状的相似程度来判断其联系是否紧密。曲线越接近，相应序列之间的关联度就越高，反之就越低。该方法的重点在于找到合适的参考序列与比较序列，通常记参考序列为 $X_0 = (x_{01}, x_{02}, \cdots, x_{0n})$，记多个比较序列为 $X_i = (x_{i1}, x_{i2}, \cdots, x_{in})$，$i = 1, 2, \cdots, m$。其中，参考序列通常又被称作母序列或理想序列，比较序列又被称为子序列。通过计算这些比较序列与参考序列之间的关联度，可以研究两者之间的关联性。

2. 具体计算步骤

计算灰色关联度总体分为三步：数据预处理、计算关联系数、计算关联度，下文将分步介绍。

（1）数据预处理。由于系统中各因素的物理意义不同，导致数据的量纲不一定相同，因此在进行灰色关联度分析时，需要对原始数据先进行正向化处理，再进行无量纲化处理。

当指标中存在极小型指标时，对数据作正向化处理更加合理。通常，极小型（成本型）指标需要进行正向化处理，极大型（收益型）指标不需要进行正向化处理。本节中极小化指标的正向化处理使用 $\max(x) - x$ 的方法，常见正向化处理法还包括倒数法等。

常用的无量纲化方法有初值法、均值法等。均值法是指每列中的数值除以该列的均值，具体公式如下：

$$x'_{ij} = \frac{x_{ij}}{\bar{x}_j} \tag{7-12}$$

初值法则为每列中的数值除以该列的第一个值，公式如下：

$$x'_{ij} = \frac{x_{ij}}{x_{1j}} \tag{7-13}$$

（2）计算关联系数。计算各个子序列与母序列的关联系数，其核心理念可以理解为三步操作：首先，计算每个子序列与母序列差值的绝对值；其次，计算第一步结果里的最小值和最大值（不包括母序列）；最后，将第二步的结果代入公式（7-4）得到关联系数 $\zeta_i(k)$，其中分辨系数 ρ 常取 0.5。具体公式如下：

$$\zeta_i(k) = \frac{\min_i \min_k |x_{0k} - x_{ik}| + \rho \max_i \max_k |x_{0k} - x_{ik}|}{|x_{0k} - x_{ik}| + \rho \max_i \max_k |x_{0k} - x_{ik}|} \tag{7-14}$$

（3）计算关联度。对每个指标的关联系数求均值，即可得到该指标与母序列的关联度。

3. 灰色关联度含义分析

根据灰色关联度的定义及基本原理，高灰色关联度代表系统因素间联系紧密。当灰色关联度高时，说明比较序列（子序列）与参考序列（母序列）在发展变化过程中相似程度高，也说明指标间的协同变化趋势明显。从动态角度看，高灰色关联度体现了指标之间协同变化的特性，呈现出了协同变化的趋势，除此之外，还在一定程度上体现了指标在一个系统中的重要性。虽然灰色关联度不能完全等同于因果关系，但较高的关联度可以暗示某一因素对参考因素的重要性，这为进一步研究它们之间可能存在的因果关系提供了线索。重点关注这些高关联度因素，可以更好地控制和优化系统。

二、重庆市城乡发展综合指标的验证过程

根据前文，我们对灰色关联度分析法已经有了一定的理解，本节的主要内容就是针对城乡两系统，对数据进行预处理后分别构造理想序列，使其作为母序列，将两系统内 15 个指标作为子序列，计算两序列的关联度，最终将所得的关联度作为指标的权重，并与前文中基于熵权法所得的权重作对比分析。参考孟晓华等（2023）的研究，本部分包括两点：首先，对灰色关联度法与熵权法两种方法作简要比较，分析用前者对后者进行验证的可行性；其次，展示基于灰色关联度所得权重的具体结果，对特殊情况进行分析；最后，证明前文中由熵权法所得的指标权重具有高可信度，将其作为耦合协调度模型的指标权重是有意义的。

1. 熵权法与灰色关联度分析法的简要比较

在前文中，我们了解到高灰色关联度代表子序列与母序列的发展变化过程相似度高。熵权法得到的权重熵值越小，指标所包含的信息越多，权重就越大。由此可见，两种方法的切入角度并不相同，所得出的高权重指标所代表的含义也不相同。两者作为计算指标权重的方法，有不少联系与互补之处。

两种方法的最终目的都是确定各指标在综合评价中的权重。它们都是多指标综合评价体系中的一部分，用于解决在多个指标情况下如何合理分配各指标对最终评价结果的贡献程度的问题。灰色关联度分析法和熵权法在数据处理过程中都可以对原始数据进行无量纲化处理，这是一个相似的步骤，而且在实际应用中，它们可以相互补充。例如，当数据的分布特征不明显或者数据之间的关联关系比较复杂时，灰色关联度分析法可以从数据序列的相似性角度挖掘指标的重要性；

熵权法从信息含量的角度确定权重，当数据包含较多的信息、不确定性因素时，熵权法更能体现各指标的信息价值。

在一些复杂的决策和评价系统中，可以将两种方法结合起来使用。比如，先通过灰色关联度分析法初步筛选出与目标关系紧密的指标，然后用熵权法进一步确定这些指标的权重，使权重的确定更加科学合理，提高综合评价的准确性。

2. 结果对比及具体分析

（1）城市发展综合水平。对数据进行正向化处理，使其保持正向化；根据式（7-12），采用均值法对城市发展系统的数据进行均值化处理；对无量纲化处理后的各指标数据进行筛选，选取其中的最大值作为每一年的理想数据，从而得到母序列 $X_0 = (x_{01}, x_{02}, \cdots, x_{0n})$。

根据式（7-14），计算各子序列与理想序列的关联系数，并加总求和后得到每一个指标的关联度。参考刘珏珏（2023）的研究，按照熵权法所得权重的大小进行排序，与灰色关联度进行对比（见表7-10）。

表 7-10　城市系统各指标权重与关联度对比

三级指标	熵权法权重	权重排序	灰色关联度	关联度排序
城镇居民每百户家用汽车拥有量	0.1423	1	0.4944	15
城镇居民人均储蓄存款余额	0.1124	2	0.6000	14
二三产业就业人数	0.1050	3	0.7822	4
城镇居民人均可支配收入	0.1001	4	0.7170	7
城镇就业人数	0.0899	5	0.8112	1
城镇居民人均消费性支出	0.0887	6	0.7829	3
城镇居民人均公共绿地面积	0.0603	7	0.6303	13
城镇居民人均道路面积	0.0483	8	0.8061	2
重点调查工业企业工业废水排放量	0.0482	9	0.6536	12
二三产业占三次产业比重	0.0414	10	0.6630	11
城乡收入比	0.0414	11	0.7327	5
城镇居民每百户移动电话拥有量	0.0358	12	0.6906	10
城镇居民人均住房面积	0.0352	13	0.7227	6

三级指标	熵权法权重	权重排序	灰色关联度	关联度排序
空气中二氧化硫浓度	0.0278	14	0.7099	8
城镇居民恩格尔系数	0.0231	15	0.6947	9

从表7-10可以看到，除权重排序位居第1、第2位的两项指标外，其他按照权重排序的指标与理想序列的关联度相对匹配。例如，二三产业就业人数权重为0.1050，排名第3，其灰色关联度为0.7822，排名第4，这凸显了产业发展与就业之间的紧密联系。二三产业是城镇经济的重要组成部分，就业人数的多少直接关系到城镇的经济活力和居民的收入来源，其灰色关联度较高，说明其与母序列的拟合度较高。

城镇就业人数权重排名第5，但灰色关联度为0.8112，排名第1，这表明就业人员数量与母序列的关联程度极高。母序列由各项指标的标准化极大值组成，2000~2022年其标准差仅为0.5944（见表7-11），理想序列变化平稳，因此保持高关联度的城镇就业人数具有稳定增长的特点。城镇的稳定发展离不开充足的就业岗位，就业人员的增加可以带动消费、促进生产，是城镇经济发展的关键动力。

表7-11　城市系统下母序列统计信息

指标	观测值	平均值	标准差	最小值	最大值
年份	23	2011	6.7823	2000	2022
理想序列	23	1.5386	0.5944	0.9321	2.7899

城镇居民人均可支配收入和人均消费性支出权重排名第4和第6，它们的关联度排名也较为靠前。根据前文分析，两者也具有稳定增长的特点，可以理解为可支配收入是居民消费和储蓄的基础，稳定的收入增长能够不断刺激消费，进而推动经济增长；消费性支出反映了居民的生活水平和消费结构，两者相互影响，共同揭示了城镇经济的发展质量。由此可见，这两者的大权重具有一定的可信度。

从熵权法权重来看，城镇居民每百户家用汽车拥有量权重位居第1，但其与我们构造的理想序列的关联度在15项指标中排名最后，如此大的反差需要基于两种方法的含义去进行理解。前文对熵权法和灰色关联度分析法的含义有所介绍，简单来说，理想序列的变化相对较为平稳，而城镇居民每百户家用汽车拥有量的变化则比较明显，两者拟合程度极差，这导致两者的关联度较低（见图7-2）。

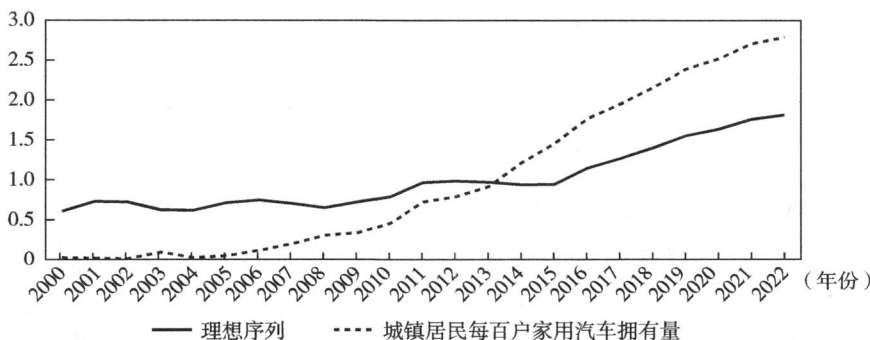

图7-2　2000~2022年标准化数据中城镇居民每百户家用汽车
拥有量与母序列发展趋势对比

由图7-2可以看到，2013~2014年城镇居民每百户家用汽车拥有量指标超过了我们构造的理想序列指标，并保持着高增长率。由此可见，熵权法所得出的权重与灰色关联度并不完全冲突，高权重的可信程度并不低。从灰色关联度的含义来看，如此大的反差是具有一定意义的，说明重庆市城镇居民每百户家用汽车拥有量指标相较于其余指标而言一直保持着高增长速度，这表明在衡量城镇发展的指标体系中，家用汽车拥有量具有重要地位。汽车拥有量在一定程度上反映了城镇居民的生活水平和消费能力，拥有量增多，意味着居民在交通出行方面的便利性和生活品质有所提升，这暗示了城镇经济的发展程度。

与重庆市城镇居民每百户家用汽车拥有量指标相同，城镇居民人均储蓄存款余额指标利用熵权法计算的权重为0.1124，排名第2但它的关联度排序只排在了第14位。根据上文对城镇居民每百户家用汽车拥有量指标的分析，由图7-3可知，城镇居民人均储蓄存款余额指标自2000年开始始终保持着较高的增长率，2012~2013年指标标准化数据超过了构造的理想序列，因此与上文中的情况类似，虽然具有较大反差，但城镇居民人均储蓄存款余额的大权重仍然具有较高的可信程度。

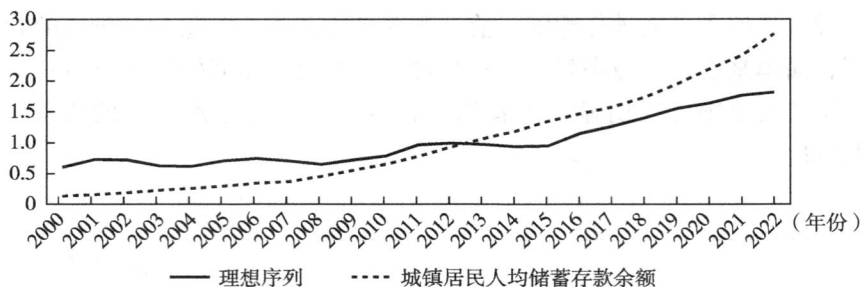

图7-3 2000~2022年标准化数据中城镇居民人均储蓄存款余额与母序列发展趋势对比

这一指标是城镇居民财富积累的重要体现。较多的储蓄存款余额说明居民在满足日常消费后有较多的剩余资金，反映出城镇整体经济环境稳定，居民收入状况良好，并且具备较强的储蓄意识，这为未来的投资、消费等经济活动提供了资金储备。

（2）乡村发展综合水平。与城市系统的计算步骤类似，对农村系统内的各个指标数据进行正向化、标准化处理后，取每一年度各个指标中的最大标准化值作为理想序列。根据式（7-14）计算子序列与母序列之间的关联系数，求和后得到每个指标的关联度。由表7-12可知，除农村道路桥梁建设投资总额、农村就业人数及第一产业从业人员数量三项指标外，其他指标基于熵权法所得的权重与关联度都较为匹配，位居前三的大权重指标同样拥有高关联度。由此可见，熵权法得出的大权重具有较高的可信度。

表7-12 农村系统各指标权重与关联度对比

三级指标	熵权法权重	权重排序	灰色关联度	关联度排序
农村居民人均消费性支出	0.1120	1	0.7161	6
农村居民人均可支配收入	0.1109	2	0.7425	2
农林牧渔业总产值	0.0999	3	0.8120	1
农村道路桥梁建设投资总额	0.0925	4	0.5993	15
农村居民人均住房面积	0.0813	5	0.7050	9
农村居民每百户移动电话拥有量	0.0691	6	0.6872	10
农村固定资产投资	0.0671	7	0.6489	11
农村居民恩格尔系数	0.0629	8	0.6454	12
规模以上食品及农产品加工企业主营业务收入	0.0503	9	0.7210	4
人均农业机械总动力	0.0484	10	0.7086	8
耕地面积	0.0480	11	0.6383	13
粮食综合生产能力	0.0476	12	0.7148	7

三级指标	熵权法权重	权重排序	灰色关联度	关联度排序
农村供水普及率	0.0441	13	0.6301	14
第一产业从业人员数量	0.0345	14	0.7206	5
农村就业人数	0.0312	15	0.7391	3

农村居民人均消费性支出权重位列第1，其灰色关联度为0.7161，排名第6。这一指标主要描述农村居民的消费模式和生活质量，较高的支出意味着在满足基本温饱后对教育、医疗、文化娱乐等领域的投入增加，反映出农村消费市场的活力及农村居民的生活水平有所提升。

农村居民人均可支配收入权重排名第2，与之匹配的关联度同样排名第2。可支配收入增长是农村经济发展成果在居民个体层面的体现，为消费升级提供了坚实的支撑，两者相互关联、相互促进，共同勾勒出农村居民经济生活的轮廓。

农林牧渔业总产值权重排名第3，其灰色关联度高居首位，这凸显了该产业在农村经济中的绝对核心地位。作为农村传统支柱产业，农林牧渔业总产值的高低直接决定了农村经济的基本盘。高产值意味着农产品产量和质量的提升、畜牧业的繁荣、渔业资源的有效利用及林业生态价值和经济价值的实现，为农村居民创造了大量的就业机会和收入来源，是农村经济稳定发展的根本保障。

考察两种方法下反差较大的一些指标，农村道路桥梁建设投资总额权重排序第4，属于较大的权重，但其灰色关联度排名第15，倒数第1。与前文城市系统中反差较大的指标相反，农村道路桥梁建设投资总额这一指标是不同的情况，如图7-4所示，农村系统下构造的标准化理想序列增长平稳，2017年开始增长率变大，但农村道路桥梁建设投资总额指标波动较大，长期在理想序列之上波动。

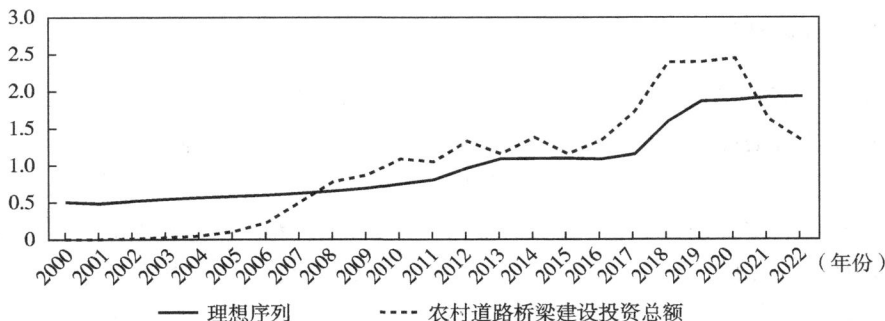

图7-4 2000~2022年标准化数据中农村道路桥梁建设

投资总额与母序列发展趋势对比

这一指标体现了农村交通基础设施建设的投入力度。尽管总体来看关联度较低，但考虑到长时间在母序列之上波动，因此该指标的大权重也具有一定可信度。道路桥梁建设对农村发展的意义重大，良好的交通设施有利于农产品运输、农村居民出行、农村与外界的经济文化交流，能有效降低物流成本，促进农村旅游等产业发展，是农村经济发展的先行条件，从长远来看对农村发展影响深远。

熵权法所计算的位居最后两位的权重也具有高关联度，第一产业从业人员数量权重排名第 14，农村就业人数权重排名第 15，两者关联度排名都比较靠前，分别位于第 5 与第 3。由图 7-5 可知，两者与构造的母序列关联度较高，与前文中反差较大的指标形成鲜明对比。合理的就业结构和充足的就业机会是农村经济发展和社会稳定的关键，能够反映农村劳动力资源的配置情况和利用效率。

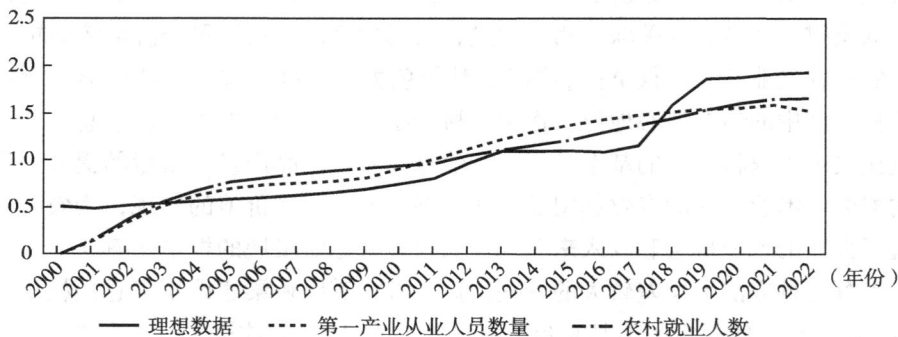

图 7-5　2000~2022 年标准化数据中第一产业从业人员
数量和农村就业人数与母序列发展趋势对比

三、验证结果与分析评价

总体而言，与灰色关联度对比后发现，前文根据熵权法计算得到的指标权重具有较高的可信度。从总体分析来看，在城市系统里，一些与二三产业相挂钩的指标，2000 年后增长率提高，发展迅速，占据高权重，但关联度较低是合理的。另外，一些利用两种方法计算得出的结果都较高的指标在城市系统里要重点考虑。例如，二三产业就业人数与城镇就业人数在本城市系统里都占据较高的比重，两者不仅关联度高，权重也非常大，是城市综合发展的重中之重。

农村系统则恰好与城市系统相反，农村居民人均消费性支出、农村居民人均可支配收入及农村道路桥梁建设投资总额等占据了更高的权重，第一产业从业人员数量和农村就业人数等尽管关联度更高，但权重相对更低。由此可见，农村系统更加关注居民生活水平这类指标。这些指标从经济、生活、基础设施等维度构建了农村发展的综合评价体系，为制定精准的农村发展策略、合理分配资源及评估政策效果提供了有力依据，有助于实现农村经济社会高质量、可持续发展。

综上所述，熵权法计算得出的重庆市城乡发展系统的权重具有很高的可信度，以此作为城乡耦合协调度模型的权重指标是可行的。

第四节　本章小结

本章通过熵权法、耦合协调度模型及灰色关联度分析法，对重庆市城乡经济协调发展进行了研究分析，最终结论为重庆市城乡协调发展水平逐年提高，由失调转变为协调，促进了城乡融合发展。

本章内容总体来说包含四部分：第一，研究重庆市城乡经济协调发展需要构建相应的指标，选择具有可信度的数据，本章利用2000～2022年《重庆统计年鉴》《中国统计年鉴》《中国城乡建设统计年鉴》等官方公布数据，构建了以城市与农村两大系统为主的指标体系，各系统均包含15个指标，涵盖产业、就业、生活水平、生态环境、基础建设、收入支出等方面。

第二，采用熵权法计算得出城乡系统内各个指标的权重，对数据进行标准化处理后，对各年度的各项指标权重进行水平加总，最终得到2000～2022年各年度城乡两系统的得分。

第三，基于熵权法计算得出的重庆市城乡发展系统各年度得分，构建耦合协调度模型，分析结果为重庆市城乡耦合协调度逐渐提高，在由失调变为优质协调的过程中，城乡经济水平、居民生活水平、产业发展现状等方面都得到了大幅提高。

第四，采用灰色关联度分析法对基于熵权法计算得出的权重进行验证，验证结果为两者结果较为匹配，可信程度较高，由此构建的耦合协调度模型结论正确。

综上所述，随着乡村振兴战略的深入实施，重庆市城乡要素流动更加顺畅。一方面，城市的科技、人才、资金等要素向农村流动，为农村产业发展、公共服务提升等提供支持；另一方面，农村的特色农产品、生态资源等为城市发展提供了新的机遇，城乡之间的互动增多，推动了城乡融合发展。

城乡协调发展能促进产业协同，发展潜力较大。重庆主城都市区是新型城镇化和工业化的主战场，产业基础较好，可通过产业转移、产业链延伸等方式带动"一区两群"产业发展。各区域要突出自身特色，渝东北地区突出生态优势、绿色发展，渝东南地区聚焦农旅深度融合，形成协同发展格局。例如，农村地区可以围绕城市产业需求发展配套产业，实现产业协同共进。

总体而言，重庆市在政策、产业、基础设施和城乡融合等方面具有诸多优势，未来城乡经济协调发展前景可期。

第八章　数字经济驱动重庆市城乡经济协调发展路径研究

第一节　数字经济驱动重庆市城乡经济协调发展的现实基础
——基于成渝地区

随着新一轮科技革命和产业革命的快速发展，以信息技术为载体的数字经济不断向其他产业领域拓展，为传统产业注入了新的活力，加速了与各行业的融合。本章主要从政策背景、数字产业化和产业数字化三个方面分析数字经济驱动成渝地区产业融合发展的现实基础。

一、数字经济驱动重庆市城乡经济协调发展的政策背景

数字经济和产业融合的发展离不开国家和地方政府的大力支持。2019 年 8 月，《国务院办公厅关于促进平台经济规范健康发展的指导意见》印发，强调要大力发展"互联网+服务业""互联网+生产"，推动互联网平台与农业、工业生产深度融合，培育平台经济新业态。2020 年 6 月，中央全面深化改革委员会第十四次会议审议通过了《关于深化新一代信息技术与制造业融合发展的指导意见》，明确强调依托新一代信息技术，以智能制造为主要方向，灵活运用工业互联网平台，加快信息技术与制造业融合。2021 年 3 月，《中华人民共和国国民经济和社会发展第十四个五年规划和 2035 年远景目标纲要》明确提出，"十四五"期间，将系统布局新型基础设施，强化数字转型，融合创新支撑。同时，加快现

代服务业与先进制造业、现代农业深度融合，深化业务关联、技术渗透和产业链延伸。2022年10月，党的二十大报告提出，推动现代服务业与先进制造业、现代农业深度融合，构建优质高效的服务业新体系。《关于推动工业互联网加快发展的通知》《工业互联网创新发展行动计划（2021—2023年）》等文件明确指出要夯实工业互联网新型基础设施建设，深化和拓展工业互联网平台与重点行业融合创新应用。国家发展改革委办公厅、国家数据局综合司印发的《数字经济2024年工作要点》对2024年数字经济重点工作做出部署，包括适度超前布局数字基础设施、加快构建数据基础制度、深入推进产业数字化转型等多个方面。重庆市人民政府发布了《重庆市数字经济"十四五"发展规划（2021—2025年）》等文件，为数字经济的发展提供了明确的指导和支持。日趋完善的政策体系，为我国实现更高层次的产业融合提供了坚实的政策保障。

近年来，成渝地区双城经济圈各城市政府积极出台政策方案，对加快发展数字经济作出了较为全面的战略部署。除双核城市外，遂宁、绵阳、宜宾等城市也推出了数字经济行动计划。2018年2月，成都市经信委等四部门出台《成都市推进智能经济发展实施方案》，加快发展新一代信息网络、新兴软件服务、电子核心产品制造等13个重点产业，促进数字技术与实体经济融合发展。2020年6月，重庆市政府出台《重庆市新型基础设施重大项目建设行动方案（2020—2022年）》，积极布局5G、数据中心、人工智能、物联网、工业互联网等新型基础设施建设。2020年，《遂宁市"两化融合、企业上云"行动计划（2018—2020年）》出台，重点推进企业"上云"推广行动，推动数字经济与实体经济深度融合发展。2020年8月，绵阳市人民政府办公室出台《绵阳市加快推进新型基础设施建设三年行动实施方案》，指出打造高速、移动、安全、泛在的新型信息基础设施，5G网络覆盖所有城镇、重点景区和交通要道。2019年9月，宜宾市人民政府办公室出台《宜宾市数字经济发展规划（2019—2023年）》，该文件指出建设全省数字经济示范生态系统，数字基础能力在全国领先，产业融合发展成效显著，大力发展大数据相关产业。政策文件的核心内容主要集中在数字经济生态建设、数字技术协调机制、大数据中心、数字经济体系等方面，从产业发展、制度建设、生态系统建设等方面体现了政府对数字经济发展的顶层设计。四川省人民政府办公厅印发的《四川省加快制造业智能化改造数字化转型行动计划（2024—2027年）》旨在推进四川省制造业的智能化改造和数字化转型。川渝两地政府积极布局新型基础设施，加快发展IPv6、数字终端、网络信息安全、新型显示等重点产业，加快构建数字经济生态系统，共建大数据共享中心，降低数据资源获取和使用成本，为未来构建数字经济新优势提供了载体。

二、成渝地区数字产业化发展基础

数字产业化是指依托新一代信息技术，将数字化的知识和信息转化成生产要素，并不断形成数字产业的各类经济活动。数字产业化的主要行业包括电信业、信息制造业、软件和信息技术服务业、互联网相关行业等。

1. 新型基础设施建设

数字基础设施是发展数字经济的基础，成渝地区数字经济的快速发展离不开互联网等基础设施的支撑。基于成渝地区城市层面数据的可得性，本部分仅从移动电话普及度、邮电业务总量两个方面分析 2011~2022 年成渝地区数字基础设施的建设情况。

（1）移动电话普及度。移动电话用户数是衡量地区电信主要通信能力与服务水平的重要指标之一，5G 网络的应用在一定程度上对地区数字经济发展产生了重要影响。2011~2022 年成渝地区移动电话普及率呈现出波动上升的趋势（见图 8-1）。

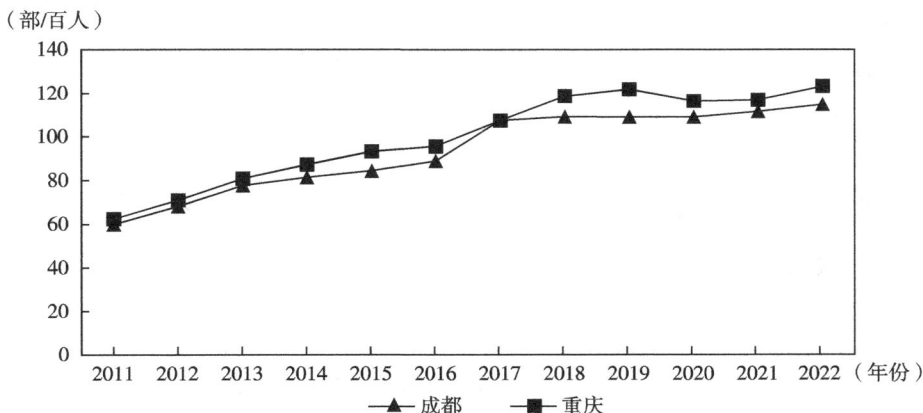

（部/百人）

图 8-1 2011~2022 年成渝地区移动电话普及率

资料来源：历年《四川统计年鉴》和《重庆统计年鉴》。

2011~2022 年，成渝地区移动电话用户数持续增长，这得益于移动通信技术的快速发展和普及，以及经济的持续发展和人口的增长。由图 8-1 可以看出，2017 年成渝地区移动电话普及率已经相当高，几乎达到了人手一部的水平。这反映了成渝地区在移动通信领域的领先地位和居民对移动通信的高度依赖。2019年，重庆成为首批5G商用城市之一，标志着移动通信技术进入了一个新的发展阶段。2022年，重庆的移动电话用户达到3962.16万户，移动电话普及率为123.26部/百人。这表明在短短几年内，移动电话普及率实现了显著提升。同时，5G移动电话用户数量也在快速增长，2022年已增长至1326.06万户。随着5G技术的普及和移动通信技术的不断发展，移动电话用户数和普及率有望继续保持增长态势。另外，随着智能手机和移动互联网的广泛应用，移动通信将在经济社会发展中发挥更加重要的作用。

（2）邮电业务总量。邮电业务总量是指以价值量形式表现的邮电通信企业为社会提供各类邮电通信服务的总数量。邮电业务包括邮政服务、电信服务及互联网服务等，它们的普及程度和使用频率反映了该地区在信息化、数字化方面的需求和进步。2011~2022年成渝地区的邮电业务总量呈现出波动上升的趋势（见图8-2）。

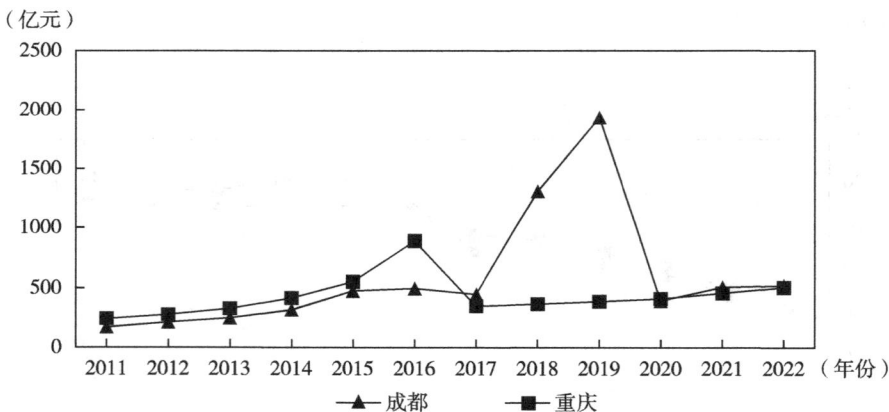

图8-2 2011~2022年成渝地区邮电业务总量

资料来源：历年《四川统计年鉴》和《重庆统计年鉴》。

从提供的数据来看，重庆和四川的邮电业务收入均呈增长趋势。2022年，四川省快递业务收入累计完成278.2亿元，同比增长3.8%。成都市的快递业务量在四川省排名首位，因此其快递业务收入也占据重要地位。快递业务作为邮政行业的重要组成部分，其收入的快速增长反映了成都市电子商务和物流行业的蓬勃发展。成都市的邮电业务总量由2011年的170.8亿元增长至2022年的

523.3 亿元，远高于成渝地区整体发展水平。值得注意的是，成都市的邮电业务总量从 2017 年的 451.2 亿元猛增至 2019 年的 1933.4 亿元后骤降，随后处于平稳上升态势；重庆市邮电业务总量由 2011 年的 242.6 亿元增长至 2022 年的 507.8 亿元，走势较为波动，在 2016 年达到峰值 887.6 亿元，2020 年以后与成渝地区整体平均发展水平相当。成都市作为四川省省会，会聚了相对较多的先进资源与要素，邮电业务更繁忙，数字基础设施较为完备。

2. 数字技术与创新

近年来，伴随成渝地区数字经济的蓬勃发展，数字产业化步伐不断加快，这必然离不开数字技术产业与相关服务业的贡献。因此，本部分主要从信息技术发展水平和数字创新发展水平两个方面分析数字产业发展水平。

（1）信息技术发展水平。在数字产业化发展过程中，信息传输、软件和信息技术服务业（以下简称"信息技术服务业"）是衡量地区信息技术发展水平的重要指标之一，具有渗透力强、技术更新快、人力资本水平高等特点，对数字经济尤其是数字服务业具有重要影响。基于此，本部分重点分析成渝地区信息技术服务业从业人员情况（见图 8-3）。

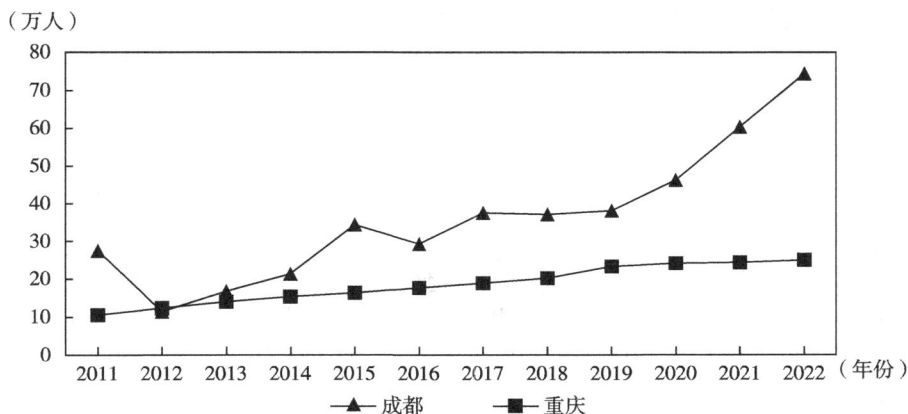

图 8-3 2011~2022 年成渝地区信息技术服务业从业人员情况

资料来源：历年《四川统计年鉴》和《重庆统计年鉴》。

随着企业的数量增加，成渝地区的信息技术服务业逐渐形成了产业集聚效应。众多企业在同一区域聚集，共同推动产业发展和升级，同时吸引更多的从业人员加入。从图 8-3 可以看出，2011~2022 年成都市信息技术服务业从业人员数量波动上升，成都市信息技术服务业就业人数从 2011 年的 27.54 万人增加到 2022 年的 74.44 万人，对成渝地区的信息技术服务业贡献较大。重庆市信息技术服务业从业人员数量一直稳步增长，2022 年相较 2011 年增长了 14.41 万人。随着成渝地区经济的快速发展和城市化进程的加速推进，信息技术服务业的市场需求持续增长。预计未来几年内，该产业的规模将持续扩大，从业人员数量将继续增加。未来，该产业将更加注重技术创新和高质量发展，对从业人员的要求也将越来越高。

（2）数字创新发展水平。伴随数字经济的迅猛发展，科技研发、技术创新成为数字产业化发展的重要手段和支撑。R&D（研究与试验发展）经费的投入强度、科技人才数量、专利授权量是衡量地区数字创新发展水平的关键因素。基于此，本部分重点从 R&D 经费的投入强度和 R&D 人员全时当量两方面分析 2011～2022 年成渝地区数字创新发展水平。

从图 8-4 可以看出，近年来成渝地区对科学研究越来越重视，R&D 经费支出呈逐年上升趋势。其中，2022 年成都市的 R&D 经费投入强度为 3.52%，比重庆市高出 1.16 个百分点。可见，成都市作为科技聚集地，信息产业发展较快，R&D 经费投入强度较大。重庆市和成都市的 R&D 经费支出和投入强度每年都有所提升，但近几年重庆市与成都市的 R&D 经费投入强度差距逐渐增大。

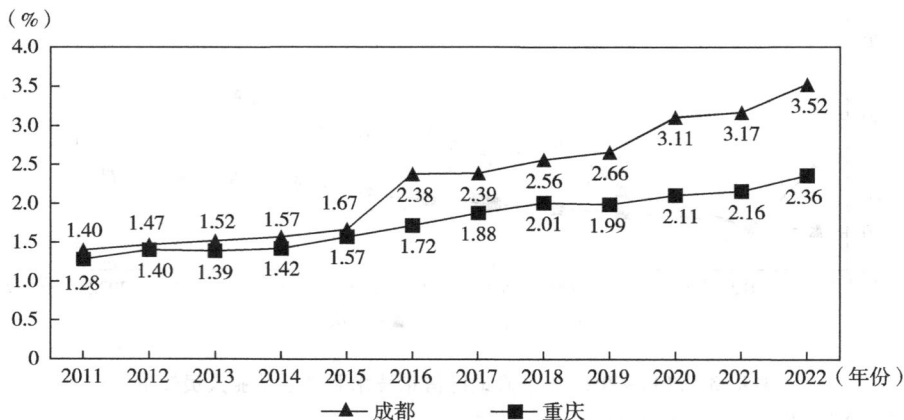

图 8-4　2011～2022 年成渝地区 R&D 经费的投入强度

资料来源：历年《四川统计年鉴》和《重庆统计年鉴》。

R&D 人员全时当量是国际通用的指标，用于比较科技人力投入。它是指研发人员按实际从事研发活动的时间所计算出的工作量，单位为"人/年"。计算方式是将全时人员的工作量和非全时人员按实际工作时间折算的工作量相加。全时人员是指实际从事 R&D 活动的时间占制度工作时间 90% 及以上的人员，其全时当量计为 1 人/年；非全时人员则按实际工作时间的比例计算。从图 8-5 可以看出，成渝两地的 R&D 人员全时当量呈现上升趋势，这反映了两地对科技创新和研发投入的重视，但也存在明显差距。其中，成都市作为成渝地区双城经济圈的核心增长极，始终保持着高速发展。

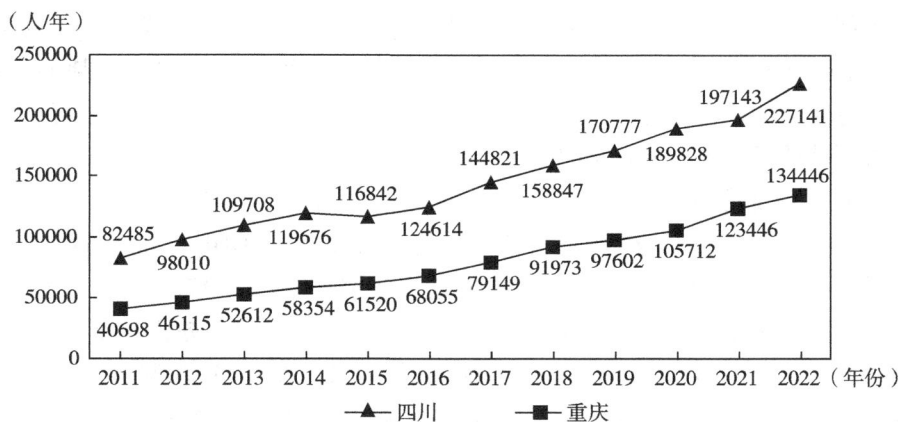

图 8-5　2011~2022 年成渝地区 R&D 人员全时当量

资料来源：历年《四川统计年鉴》和《重庆统计年鉴》。

三、成渝地区产业数字化发展基础

产业数字化是指将数字技术赋能传统产业所带来的产业数字化转型、升级和再造的过程，在此过程中衍生出工业互联网、两化融合、平台经济等融合型新产业新模式新业态。本部分重点从产业数字化转型和产业融合发展两方面分析成渝地区产业数字化发展基础。

1. 产业数字化转型

由于成渝两地的产业结构处于不同的发展阶段，因此两地产业数字化发展的侧重点不同。这一部分主要分析制造业、服务业和农业的数字化。

（1）制造业数字化。重庆作为西南地区重要的制造业基地之一，近年来通过深入实施"工业强市"战略，推动产业多元化发展转型升级，构建了以汽车、电子产业为主导，以其他支柱产业为支撑的现代产业体系，产业结构持续优化，战略性新兴制造业和高技术制造业加快发展。预计到 2027 年，重庆制造业产值占区域 GDP 的比重将达到 28%，数字经济增加值占区域 GDP 的比重将超过 50%[①]。2023 年，成都工业增加值突破 6000 亿元，达到 6370.9 亿元，占 GDP 的比重达到 28.9%[②]，对全市经济社会发展的支撑作用进一步增强。成都已形成万亿级电子信息产业集群和集成电路、新材料产业集群。成都软件与信息服务集群、成德高端能源装备集群、成渝地区电子信息先进制造集群被列入国家先进制造业集群，生物医药和轨道交通装备被列入首批国家战略性新兴产业集群发展项目。成都还在加快生产方式智能化升级和绿色转型。2022 年，成都清洁能源消费占比达到 64%，高于全国 38.1 个百分点。成都全面退出煤炭等高耗能产业，先后创建 4 个国家级绿色产业园、34 个国家级绿色工厂、93 个省级绿色工厂，巴莫科技被授予全球首家正极材料"零碳工厂"[③]。

（2）服务业数字化。重庆服务业持续回升向好，高质量发展稳步进行。2023 年，重庆市第三产业增加值 16371.97 亿元，占全市 GDP 比重为 54.3%，比上年增长 5.9%，对全市经济增长的贡献率达到 52.5%，带动全市 GDP 增长 3.2%。其中，信息传输、软件和信息技术服务业，租赁和商务服务业支撑有力，增加值增长 5.6%，对全市经济增长的贡献率为 22.1%[④]。重庆服务业数字化发展迅速，数字经济成为引领经济高质量发展的主要引擎，数字技术和实体经济深度融合，数字经济基础底座不断夯实，服务业数字化转型成效显著。

成都在服务业中广泛应用数字技术，推动产业转型升级。例如，通过工业互联网平台、大数据中心等基础设施，提升服务业的数字化水平。2023 年，成都市规模以上服务业实现营业收入 9041.1 亿元，同比增长 16.2%。其中，租赁和商务服务业（包括旅游会展服务）营业收入同比增长 18.0%，增速高于规模以上服务业 1.8 个百分点[⑤]。

（3）农业数字化。2023 年，重庆共汇聚整理涉农数据 4 亿条，这一庞大的数据基础为农业数字化提供了有力的支撑；共享涉农数据 2150 万条，数据的共享促进了农业信息的流通和应用，提升了农业生产的效率和质量；新建市级智慧农业试验示范基地达 20 个。全市已建成 270 个市级智慧农业试验示范基地，农

---

① 资料来源：《重庆市推动成渝地区双城经济圈建设行动方案（2023—2027 年）》。
②⑤ 资料来源：《四川统计年鉴（2023）》。
③ 资料来源：2022 年成都政府工作报告。
④ 资料来源：《2022 年重庆市国民经济和社会发展统计公报》。

业农村信息化发展总体水平达到 43.3%，这一数据表明重庆市在农业农村信息化方面取得了显著进展。数字化对重庆农业科技进步的贡献率从 2018 年的 58.6% 提高到 2022 年的 62%，2022 年实现第一产业增加值 202.05 亿元，同比增长 4.0%。

成都市在智慧农业领域的发展涉及 5G 技术、无人机技术、卫星遥感技术、物联网技术、大数据分析技术、人工智能、自动化和机器人技术、区块链技术等关键技术的应用和验证，为农业种植装上"数字大脑"，推进数据集成共享，建设大数据平台，推进大数据平台与现有系统对接融合，实施试点示范工程。在成都市农业农村局的支持下，成都市数字农业农村联盟成为助力成都打造数字农业发展先锋城市的有力支撑。该联盟整合多方力量，推动政产学研合作，送"数字"下乡，加强信息共享、案例互通、难点共商，为农业园区和农业企业的经营管理、生产、发展和规划提供全方位的服务。作为成都市唯一的国家数字农村试点县，大邑县编制完成了数字农村建设规划。建成 1 个数字农业综合服务平台，167 个数字农场，以及全省首个"五良融合"无人农场。主要作物种植和收获综合机械化率达到 90%，数字化技术的应用带动项目区农业节资增效达到 15% 以上。同时，农民人均可支配收入增长也保持在较高水平，为农民增收致富提供了有力支撑①。

2. 产业融合发展

随着新一轮科技革命和产业革命的快速发展，数字技术已逐步渗透到农业、工业和服务业的不同层面。近年来，在国家政策的引导下，产业融合主要体现为先进制造业与现代服务业的融合、农村三次产业融合。

（1）制造业服务化。重庆培育了 3 大主导产业、3 大支柱产业、6 大特色优势产业和 18 个"新星"产业，产业结构更加多元化和高端化。迭代升级 16 幅标志性产业链全景图，编制先进制造业产业发展地图，明确区（县）"主导产业+特色产业"的发展方向，提升产业链的完整性和竞争力。2023 年，重庆市规模以上工业企业总产值超过 2.6 万亿元，规模以上工业增加值增长 6.6%，高于全国平均水平 2 个百分点。在规模以上工业主要产品产量中，新能源汽车产量达到 50.03 万辆，同比增长 30.3%；智能手机产量为 7693.64 万部，同比增长 11.2%；液晶显示屏产量为 3.21 亿片，同比增长 13.6%。2023 年，重庆规模以上工业数字产品制造业实现增加值 924.74 亿元，比上年增长 1.7%，增速较前三季度提高 2.3 个百分点。制造企业数字化率稳步提高，累计认定市级智能工厂 17 个、数字

① 资料来源：中国新闻网、四川新闻。

化车间 224 个，打造国家级智能制造示范工厂 10 个、典型场景 35 个、系统解决方案 8 个，工业互联网标识解析国家顶级节点接入 10 个省（市）、47 个二级节点、3.5 万家企业，每万人拥有 5G 基站超 26 个，位居全国第一梯队，为制造业数字化转型提供了有力支撑。2023 年，全市高技术产业投资比上年增长 12.7%。其中，高技术制造业投资增长 11.3%，高技术服务业投资增长 16.1%[①]。

成都拥有"大健康"产业生态系统，是先进制造业与现代服务业融合发展的典型布局，包括创新药（含中药）、高端医疗器械、高端诊疗三大产业链。根据成都市统计局发布的数据，2023 年成都市实现地区生产总值 22074.7 亿元，按可比价格计算，比上年增长 6.0%。其中，第二产业增加值 6370.9 亿元，增长 3.0%。成都市规模以上工业增加值比上年增长 4.1%，表明制造业在整体经济中稳定增长。目前，成都已拿下 9 个国家级产业集群，包括 3 个国家级先进制造业产业集群、2 个国家战略性新兴产业集群、4 个中小企业特色产业集群。根据《成都市"十四五"制造业高质量发展规划》，到 2025 年，成都支柱产业集群规模突破 4 万亿元，打造电子信息、装备制造 2 个万亿级产业集群，集成电路、智能终端、汽车制造、轨道交通、航空航天、生物医药等 10 个以上千亿级产业集群[②]。

（2）服务型制造业。重庆与上海浦东新区、深圳、烟台一起，成为全国首批服务型制造业示范城市（区）。重庆深入实施软件和信息服务业"满天星"行动计划，积极培育"启明星"企业、"北斗星"企业。2023 年前三季度，新引进培育软件和信息服务业企业 5500 余家，累计达 3.9 万余家；新增从业人员近 7 万人，累计达 32 万人；实现软件业务收入 2405 亿元，同比增长 14.1%。截至 2023 年底，重庆已建成 10 个国家级工业设计中心、165 个市级工业设计中心，另有 22 个国家级工业设计中心和 1 个国家工业设计研究院在渝设立的分支机构。江北区新增软件企业 872 家，新增从业人员 10646 人，软件业务收入超过 330 亿元，培育了 11 家规模以上企业，累计达到 39 家，规模以上软件行业营收总额居全市第一，规模以上互联网行业增速也居全市第一[③]。

成都大力发展工业互联网，推动智能制造，积极培育 48 个智能工厂和 110 个数字化车间，打造 4 个国家级智能制造示范工厂和 31 个优秀场景，2 家单位获评国家"数字领航"示范，建成 2 座全球"灯塔工厂"。2023 年，成都新增上云

---

① 资料来源：2024 年重庆市工业和信息化工作总结。
② 资料来源：《成都市"十四五"制造业高质量发展规划》。
③ 资料来源：重庆市人民政府官网。

企业 2.07 万户，累计超 10 万户实现"上云"；服务业增加值增长 7.5%，对经济增长的贡献率达 82.9%；现代服务业保持活跃，信息传输、软件和信息技术服务业增加值增长 6.2%，金融业增加值增长 6.0%①。

（3）农业、制造业、服务业融合。重庆市农业农村信息化水平已提升至43.3%。建成"三农"大数据平台，汇聚全市涉农数据超 4 亿条，打造全市农业产业数字化地图和七个区域性单品种大数据管理平台。获批建设生猪、蛋鸡、柑橘、渔业四个国家数字农业创新应用基地项目，建成市级智慧农业试验示范基地262 个。发展"品牌引领+标准支撑+直播带货+数据赋能"的农产品电商，全市农产品网络零售额持续保持 15%以上的增长。成立市级"5G+智慧农业"和"区块链农业"两个创新应用实验室，推动区块链技术、"5G+智慧农业"在质量安全追溯、农村金融保险等方面的应用。建成国家级生猪大数据平台、丘陵山地数字化无人果园，数字乡村发展水平居西部前列。在社会力量的参与下，重庆和腾讯公司合作开展"巴渝新农具计划"公益项目培训活动，在重庆 7 个区（县）开展培训超 100 场，培育新农人超 1000 人。2023 年，《重庆市制造业数字化转型行动计划（2023—2027 年）》发布，旨在全方位纵深推进制造业数字化转型，加快推动制造业高端化、智能化、绿色化发展。2023 年末，全市有全国乡村旅游重点村 41 个、全国乡村旅游重点镇（乡）6 个，市级乡村旅游重点村187 个、市级乡村旅游重点镇（乡）14 个。2 个案例成功入选《2023 世界旅游联盟——旅游助力乡村振兴案例》。重庆服务业扩大开放综合试点，实现"点"上项目集聚、"线"上创新集成、"面"上带动发展的多维度实施格局②。重庆探索"科技跨境贷"、铁海联运"一单制"等创新举措 180 项，推动国家部门出台配套支持举措 25 项、市级配套政策 300 余项。在服务业扩大开放综合试点的助力下，2023 年以来，重庆市服务业外资主体同比增长 33.71%，全市第三产业增加值同比增长 5.8%，增速并列全国第一③。

成都市在推进数字化农业、制造业、服务业融合发展的过程中，注重产业之间的协同和融合发展。通过数字化技术的应用和推广，成都市实现了产业之间的无缝连接和高效协同。农业、制造业和服务业在数字化技术的推动下相互融合、相互促进，共同推动了成都市经济的持续健康发展。在推进数字化农业方面，成都市通过新建高标准农田、推广智能农业设备等措施，提高农业生产的智能化水

---

① 资料来源：成都市人民政府官网。
② 资料来源：重庆市农业农村委员会官网。
③ 资料来源：重庆日报。

平；同时，积极探索数字技术在农业生产中的应用，如利用物联网、大数据等技术对农作物生长环境进行实时监测和数据分析，为精准农业提供有力支持。成都市聚力推进农业现代化，高标准打造天府农博园、国家现代农业产业科技创新中心等园区，建成了全球首座超高层无人化垂直植物工厂。这些园区和项目的建设不仅提升了成都市农业的科技含量和附加值，还推动了农业产业的升级和转型。成都市服务业在数字化技术的推动下实现了快速增长，全年实现服务业增加值15109亿元，同比增长7.5%。这一增长不仅得益于传统服务业的数字化升级，还得益于新兴服务业的快速发展。成都市通过数字化手段激发消费活力，推动国际消费中心城市建设。全年实现社会消费品零售总额10001.6亿元，同比增长10.0%。其中，新能源汽车、金银珠宝类零售额分别增长48.7%、45.5%，显示出数字化消费市场的巨大潜力[1]。成都市注重提升商圈的数字化水平，通过引导购物中心数字化精准营销、强化数字赋能智慧运营等措施，推动商圈转型升级。春熙路商圈、交子公园商圈等核心商圈发布了数字化平台和应用场景，为消费者提供了更加便捷、智能的购物体验。

第二节　重庆市数字经济与产业融合发展水平测度

为实证研究数字经济驱动重庆产业融合发展的影响效应及作用机理，本章在构建数字经济和产业融合发展评价指标体系的基础上，测算重庆数字经济与产业融合发展水平并做出分析。

一、指标体系构建及方法选取

1. 构建原则

（1）科学性原则。在构建综合评价指标体系时，要结合数字经济与产业融合的内涵与特征，选取的指标客观合理且数据易获取，使指标能够真实反映数字经济与产业融合发展的水平。

（2）全面性原则。在进行评价时，选取的指标应该全方位、多角度地反映地区的发展水平。构建的指标体系覆盖面要广，不仅能够反映研究目标的现有水平，还要考虑其未来的发展潜力。

---

① 资料来源：历年《四川统计年鉴》。

（3）可比性原则。由于不同部门的统计资料披露的指标统计口径及计算方法不尽相同，为保证评价结果的公平性，尽可能选取数据来源一致的连续性指标。最终的综合评价结果通过纵向比较反映该地区的发展水平、方向和速度。

（4）可操作性原则。选择的评价指标不仅要以理论知识为基础，还要考虑相关资料和数据是否能够获取，即应用的可操作性。

（5）代表性原则。在指标选取过程中应尽可能选用简单实用且极具代表性的指标，同时规避重复、含义相似的指标，用最少的指标表达最全面的信息。

2. 指标体系

依据指标体系构建的科学性、全面性、可比性、可操作性和代表性原则，本部分从重庆数字经济发展水平和产业融合发展水平两个方面分别构建综合评价指标体系，并对各个指标进行详细说明。

（1）数字经济发展水平评价指标体系的构建及指标说明。为了全面、科学地反映成渝地区数字经济发展的具体情况，本部分以数字经济的内涵和理论为基础，参考黄群慧（2019）、刘传辉等（2021）的研究，兼顾数据的可得性，构建重庆数字经济发展水平综合评价指标体系。该指标体系主要包括数字基础设施建设水平、数字产业发展水平及数字创新发展水平三个一级指标，并选取移动电话年末用户数、R&D 人员全时当量等六个二级指标，具体指标如表 8-1 所示。

表 8-1　重庆数字经济发展水平综合评价指标体系

目标层	一级指标	二级指标	单位	指标属性
数字经济发展水平	数字基础设施建设水平	移动电话年末用户数	万户	正向
		固定电话年末用户数	万户	正向
	数字产业发展水平	邮电业务总量	万元	正向
		信息传输、软件和信息技术服务业就业人数	万人	正向
	数字创新发展水平	R&D 经费投入强度	%	正向
		R&D 人员全时当量	人/年	正向

第一，数字基础设施建设水平。完善的数字基础设施是一个地区推进数字产业化、产业数字化发展的必要前提，是数字经济发展的基础。基于城市层面的数据可得性，本部分选取移动电话年末用户数、固定电话年末用户数反映地区的网络化和基础通信网络服务水平。

第二，数字产业发展水平。伴随人工智能、大数据、云计算等技术的迅猛发展，信息通信产业（电信业、软件和信息技术服务业、互联网等相关产业）加速发展，使数字经济与实体经济深度融合，并逐渐渗透到各产业，赋能地区产业转型升级。本部分选取邮电业务总量及信息传输、软件和信息技术服务业就业人数来反映地区数字产业发展水平。

第三，数字创新发展水平。数字经济本身就是创新驱动型经济，高创新性、强渗透性与广覆盖性是数字经济的三大特性。数字技术创新在引领数字经济发展、加速经济社会数字化转型过程中发挥着至关重要的作用，而人才作为技术的载体、创新的根本，是数字经济发展的关键动力。因此，本部分选取 R&D 经费投入强度、R&D 人员全时当量两项指标反映地区的创新发展水平。

（2）产业融合发展水平评价指标体系的构建与描述。为了全面、科学地反映重庆产业融合的发展水平，本部分遵循指标体系的构建原则，以产业融合的内涵和理论为基础，参考潘竟虎等（2016）、赵云辉等（2023）的研究设计评价指标体系。考虑到数据的可得性，本部分从第一、第二、第三产业三个层面，选取农业劳动生产率、工业产值利润率、第三产业就业率等 14 项指标，构建重庆产业融合发展水平综合评价指标体系（见表 8-2）。

表 8-2　重庆产业融合发展水平综合评价指标体系

目标层	一级指标	二级指标	具体指标	单位	指标属性
产业融合发展水平	第一产业	发展规模	第一产业产值	亿元	正向
		劳动生产率	农林牧渔业产值/第一产业从业人数	元/人	正向
		农业机械化水平	农业机械总动力	万千瓦	正向
		农村居民收入水平	农村居民人均可支配收入	元	正向
		农村居民消费水平	农村居民人均消费支出	元	正向
	第二产业	工业发展规模	第二产业产值	亿元	正向
		工业劳动生产率	工业增加值/第二产业从业人数	元/人	正向
		工业化率	工业增加值/地区 GDP	%	正向
		工业就业水平	第二产业就业人数/地区总就业人数	%	正向
		工业产值利润率	规模以上工业企业利润总额/工业总产值	%	正向
	第三产业	发展规模	第三产业产值	亿元	正向
		劳动生产率	第三产业产值/三产就业人数	元/人	正向
		就业率	第三产业就业人数/地区总就业人数	%	正向
		产值占比	第三产业增加值/地区 GDP	%	正向

第一，选取第一产业发展规模、劳动生产率、农业机械化水平、农村居民收入水平和农村居民消费水平五项指标来衡量农业现代化水平。其中，第一产业发展规模是指其产出规模，用第一产业产值来表示；劳动生产率是指劳动者在一定时期内所创造的劳动成果与其劳动消耗量的比率，以农林牧渔业产值与第一产业从业人数的比值来表示第一产业劳动生产率；农业机械化水平是指农业生产中使用机械设备的程度，以农业机械总动力来反映。增加农村居民收入、扩大农村居民消费是农村经济增长的动力，有利于提高农业现代化水平，因此本部分选取农村居民人均可支配收入与人均消费支出来衡量农村居民收入与消费水平。

第二，工业是国民经济的主体和增长引擎，在第二产业中占有较大比重。因此，本部分选取工业发展规模、工业劳动生产率、工业化率、工业就业水平、工业产值利润率五项指标来衡量第二产业发展水平。其中，工业发展规模用第二产业产值表示；工业劳动生产率以工业增加值与第二产业从业人数的比值表示；工业化率是衡量地区工业化发展程度的重要指标之一，用工业增加值占地区 GDP 的比重表示；工业就业水平是反映产业发展过程中劳动就业程度的指标，用该地区第二产业就业人数占地区总就业人数的比重表示；工业产值利润率是反映企业是否增加生产和收入的重要指标，以规模以上工业企业利润总额占工业总产值的百分比表示工业产值利润率。基于数据的可得性，规模以上工业企业利润总额用规模以上工业企业主营业务收入来代替。

第三，近年来，随着产业融合新形态的发展，不同产业或同一产业内的不同业务相互渗透、交叉，形成了新的产业发展形态和模式。第三产业作为未来产业发展的引领者，其中的信息技术势必将对经济增长和产业转型升级起到巨大的推动作用。工业和第三产业可以看作现代农业的延伸，第三产业可以促进工业现代化和产业转型升级。因此，本部分选取第三产业发展规模、劳动生产率、就业率和产值占比来衡量第三产业发展水平。其中，第三产业发展规模用第三产业产值表示；第三产业劳动生产率以第三产业产值与第三产业从业人数的比值表示；以第三产业就业人数占地区总就业人数的比重来衡量第三产业就业率；第三产业产值占比是反映地区产业结构和经济结构的重要指标，用第三产业增加值占地区 GDP 的比重计算。

3. 评价方法及数据来源

评价方法包括熵值法、耦合协调度模型。

（1）熵值法。熵值法属于客观赋权法，它根据各评价指标之间的差异程度来确定指标的权重系数，从而避免人为主观因素的干扰，能够客观地反映各项指标在综合评价指标体系中的重要程度，使评价结果更加科学有效。熵值法客观赋权的基本原理如下：在评价指标体系中，某一指标的信息熵越大，该指标的离散程度越大，对综合评价结果的影响越大，被赋予的权重越大；否则，权重分配越小。因此，本部分采用熵值法对各指标进行权重赋值，进而计算成渝地区数字经济与产业融合的综合发展水平，为后续实证研究提供参考。

由于评价指标体系中各项指标存在量纲不一致问题，为了消除这些差异对实证结果的不利影响，保证加权结果的准确性，需要对各指标的初始值进行标准化处理，公式如下。

正向指标标准化公式：

$$x_{ij}^* = \frac{x_{ij} - \min\{x_{ij}\}}{\max\{x_{ij}\} - \min\{x_{ij}\}} \tag{8-1}$$

负向指标标准化公式：

$$x_{ij}^* = \frac{\min\{x_{ij}\} - x_{ij}}{\max\{x_{ij}\} - \min\{x_{ij}\}} \tag{8-2}$$

其中，$\min\{x_{ij}\}$ 为第 i 年指标中的最小值，$\max\{x_{ij}\}$ 为第 i 年指标中的最大值，标准化后的指标数值在 [0，1] 范围内。随后，利用熵值法测算各项指标的客观权重，计算步骤如下。

计算第 i 年第 j 项指标所占比重 p_{ij}，公式如下：

$$p_{ij} = \frac{x_{ij}^*}{\sum_{i=1}^{m} x_{ij}^*} \tag{8-3}$$

计算第 j 项指标的信息熵值 e_j，公式如下：

$$e_j = -\frac{1}{\ln m} \sum_{i=1}^{m} p_{ij} \times \ln p_{ij} \tag{8-4}$$

计算第 j 项指标的差异性系数 d_j，公式如下：

$$d_j = 1 - e_j \tag{8-5}$$

计算第 j 项指标权重 w_j，公式如下：

$$w_j = \frac{d_j}{\sum_{i=1}^{m} d_j} \tag{8-6}$$

（2）耦合协调度模型。耦合协调度主要用来度量两个或多个系统相互作用和相互影响的协调程度。产业耦合是系统理论下不同产业之间相互促进和协调的动态关系。产业融合是指不同产业或同一产业中的不同业务相互渗透、交叉、重组，逐渐产生新的业态的动态发展过程。由此可见，产业耦合是产业一体化的延伸，提高耦合协调度不仅可以提高产业绩效，还可以促进产业结构调整，增强产业竞争力。

鉴于此，本部分将三个产业作为三个耦合系统，构建了耦合协调度模型。耦合度主要是指三次产业在耦合的空间逻辑上相互作用和发展的正向关联度，反映了三次产业之间相互影响的强弱程度；耦合协调度是指三次产业交互耦合的协调水平，即本部分所测算的一二三产业融合度，该耦合协调度模型如下：

$$C=\left\{\frac{U_1\times U_2\times U_3}{(U_1+U_2)\times(U_1+U_3)\times(U_2+U_3)}\right\}^{1/3} \tag{8-7}$$

$$D=\sqrt{C\times T} \tag{8-8}$$

$$T=aU_1+bU_2+cU_3 \tag{8-9}$$

式中，C 是三个系统的耦合度，且 $0\leq C\leq 1$；U_1、U_2、U_3 分别表示第一产业、第二产业、第三产业三个子系统的综合发展水平；T 是综合协调度，用来反映三个子系统整体发展水平对协调度的贡献；D 是耦合协调度，代表三个子系统的协调发展程度，即三次产业的融合度；a、b、c 为待定系数，考虑到三次产业对我国经济发展水平的贡献同等重要，故待定系数均为 $1/3$。

为了更直观地反映重庆三次产业融合程度，本部分借鉴程艳等（2014）的研究，对产业融合发展耦合协调度的等级进行如下分类（见表8-3）。

表8-3 重庆产业融合发展耦合协调度评定等级

耦合协调度区间	协调等级	耦合协调类型
[0，0.1)	1	极度失调
[0.1，0.2)	2	高度失调
[0.2，0.3)	3	中度失调
[0.3，0.4)	4	轻度失调
[0.4，0.5)	5	濒临失调
[0.5，0.6)	6	勉强协调
[0.6，0.7)	7	初级协调
[0.7，0.8)	8	中级协调
[0.8，0.9)	9	良好协调
[0.9，1]	10	优质协调

4. 数据来源

本部分选取的指标数值为重庆市 2011~2022 年的统计数据，以上指标数据主要来源于历年《重庆统计年鉴》《四川统计年鉴》和国家统计局，部分缺失数据通过插值法、中位数法等进行补充。

二、重庆市数字经济发展水平测度

运用标准化后的指标 x_{ij} 及权重 w_j，测算重庆市数字经济发展的综合得分，计算公式如下：

$$DECI_i = \sum_{j=1}^{m} w_j \times x_{ij} \qquad (8-10)$$

其中，$DECI_i$ 表示 i 市的数字经济综合发展水平，其数值在 0~1，数值越大代表数字经济发展水平越高；反之，数字经济发展水平越低。下面分别从成渝地区及两地两个层面分析测算结果。

在采用熵值法测算各指标权重的基础上，结合公式（8-10），得到重庆市数字经济综合发展水平，并绘制出数字经济发展水平趋势（见图 8-6）。

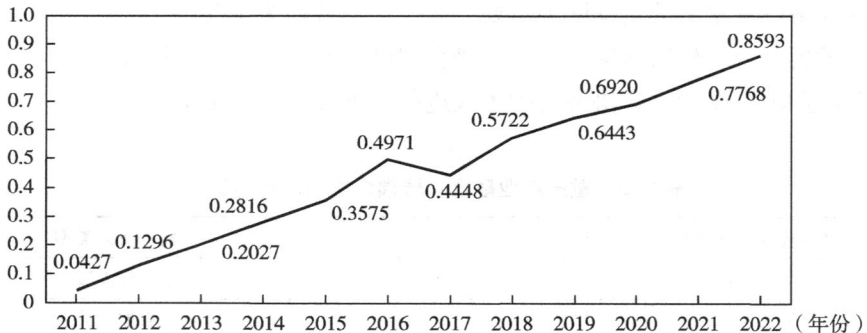

图 8-6　2011~2022 年重庆数字经济发展水平综合得分

由图 8-6 可以看出，2011~2022 年重庆市数字经济发展水平总体呈上升趋势，这表明重庆在数字经济领域的发展速度较快，数字经济的整体水平有了显著提升。2011 年，重庆数字经济发展综合得分为 0.0427，2022 年增长到 0.8593，增长幅度较大，虽然 2017 年略有下降，但整体来看，呈逐年增长的态势。可见，重庆持续加强数字基础设施、数字产业和数字创新等方面的建设，数字经济在重庆未来发展中具有较强的活力与潜力。尽管取得了显著进展，但重庆的数字经济发展水平仍有进一步提升的空间。未来，重庆可以通过加强数字基础设施建设、推动产业数字化转型、培养数字人才等措施，进一步提升数字经济发展水平。

三、重庆市产业融合发展耦合协调度分析

经测算，最终得出的结果如表 8-4 所示。2011~2022 年，重庆市的综合协调度 T 值呈现波动上升的趋势。2011~2013 年，综合协调度 T 值从 0.248928 上升到 0.285696，但整体仍然处于较低水平。2011~2013 年，重庆市尚未完成从传统工业到现代服务业和高新技术产业的转型，这导致一二三产业发展不均衡，缺乏有效的产业协同发展机制。2014~2016 年，综合协调度 T 值有所波动，但整体保持在 0.4 以上，显示出一定的增长势头。2017~2020 年，综合协调度 T 值继续上升，基本稳定在 0.5 以上，表明重庆市的产业融合程度逐渐加深。2021 年，综合协调度 T 值大幅提升至 0.768587，达到近年来的最高点。重庆市在这一时期开始逐步调整产业结构，推动制造业高质量发展，通过优化产业链条，提升产业链的完整性和竞争力，从而促进产业间的耦合作用。政府出台了一系列支持政策，如推动"一区两群"协调发展，强化各区域、各区（县）对推动制造业高质量发展的共同责任意识，实施差异化发展战略，从而促进产业间的协同发展。2022 年，综合协调度 T 值略有下降，但仍然保持在 0.6 以上。

表 8-4　2011~2022 年重庆市产业融合发展协调度各指数计算值

年份	综合协调度 T 值	耦合度 C 值	耦合协调度 D 值	协调等级	耦合协调类型
2011	0.248928	0.932019	0.481669	5	濒临失调
2012	0.227620	0.913178	0.455914	5	濒临失调
2013	0.285696	0.945208	0.519656	6	勉强协调
2014	0.413658	0.937827	0.622848	7	初级协调
2015	0.412101	0.985877	0.637401	7	初级协调
2016	0.505459	0.995695	0.709425	8	中级协调
2017	0.515266	0.998103	0.717139	8	中级协调
2018	0.449161	0.948271	0.652630	7	初级协调
2019	0.522970	0.940274	0.701238	8	中级协调

年份	综合协调度 T 值	耦合度 C 值	耦合协调度 D 值	协调等级	耦合协调类型
2020	0.556004	0.959358	0.730347	8	中级协调
2021	0.768587	0.990313	0.872435	9	良好协调
2022	0.630264	0.947911	0.772939	8	中级协调

耦合度 C 值在多数年份都保持在较高水平，显示出重庆市在产业融合过程中协调性较好。2011～2013 年，耦合度 C 值略有波动，但整体保持在 0.9 以上。2014～2018 年，耦合度 C 值有所波动，但整体仍然保持在较高水平。2019～2022 年，耦合度 C 值基本在 0.94 左右波动，表明重庆市在产业融合过程中协调性相对稳定。

2011 年和 2012 年，协调等级较低，耦合协调类型为"濒临失调"，说明这段时间重庆市的耦合协调模型处于较为不稳定的状态。协调等级较低表明市场环境不成熟。市场环境是影响产业发展的重要因素，市场环境不成熟导致产业难以实现有效的资源配置，缺乏竞争力。2013～2015 年，协调等级有所提升，但仍然处于"初级协调"阶段，耦合协调模型开始逐渐稳定。在此期间，重庆市加快了传统产业的转型升级步伐，推动了新兴产业的发展。这种产业升级和转型有助于提升产业间的互补性和协同性，从而提高产业协调等级。2016～2020 年，协调等级基本处于"中级协调"阶段，这段时间重庆市的耦合协调模型较为稳定且表现出良好的发展趋势。2021 年，协调等级提升至"良好协调"，说明重庆市的耦合协调模型在这段时间取得了进步。重庆市在技术创新方面取得了进展，推动了产业技术的不断进步和升级，通过资源整合和优化，提高了资源利用效率，降低了生产成本，增强了产业的竞争力；同时，加强了与其他地区的合作与交流，推动了区域间的产业协同发展；通过引进外资、先进技术和管理经验等，提升了产业的整体水平和竞争力；积极推动数字经济与实体经济深度融合，通过数字技术赋能传统产业，提升产业的生产效率和智能化水平。这种深度融合推动了产业间的协同发展和耦合协调模型的优化。2022 年，虽然协调等级有所下降，但仍然保持在"中级协调"阶段，说明重庆市的耦合协调模型仍然具有较高的稳定性。这表明重庆市的经济结构在不断优化，一二三产业之间的相互作用和依存关系在增强。耦合度的提高意味着产业间的融合程度加深，各产业之间的协同效应更加明显。这有助于提高经济效率和创新能力，促进经济可持续发展，同时反映了重庆市经济转型的成效，特别是从传统的第二产业向服务业和高科技产业的转型。未来，重庆应继续推动产业结构优化升级，促进产业深度融合，提升产业链水平和核心竞争力。

第三节　重庆市数字经济发展存在的问题

一、基础设施建设不足

虽然重庆在网络基础设施上有一定投资，但仍需提升网络覆盖率和速度。尽管城市核心区域网络覆盖较好，但偏远乡镇和山区的网络覆盖仍然不足，影响了数字服务的普及。在一些地区，网络速度和稳定性不够理想，尤其是在高峰时段，可能出现拥堵现象。部分基础设施没有及时进行升级，对新兴技术（如5G、物联网）的应用有一定难度。不同区域的网络服务质量存在较大差异，造成数字鸿沟，加上网络基础设施建设缺乏系统性和前瞻性规划，导致资源分配不均。现有的网络设施的维护和管理存在一些问题，影响了网络的长期稳定性和安全性。

二、人才短缺

高素质的数字技术人才相对不足，制约了数字经济的创新和发展。根据重庆市人力资源和社会保障局的数据，2020年重庆市数字经济人才缺口约为15万人，2025年这一数字将增加到30万人。

第一，重庆高学历人才比例较低。数字经济需要大量高技能人才，而重庆市在这方面面临挑战。2021年，重庆市拥有计算机及相关专业本科及以上学历的人才约占全市高学历人才的12%。相比于北京、深圳等城市，重庆的这一比例明显偏低，北京、深圳等城市通常在25%以上。除此之外，高校毕业生供给不足也是一个重要问题，2022年重庆市高校计算机专业毕业生约1.5万人，但行业需求则超过3万人，存在明显的供需失衡。据统计，2023年重庆市数字经济人才缺口约为20万人，竞争加剧了企业在人才招聘上的压力。

第二，职称评定和职业发展存在问题。据统计，2023年重庆市获得高级职称的IT类人才不足500人，占全市高技术人才的比例不到2%，这与其他发达城市差距较大，影响了行业的整体竞争力。

第三，行业培训及继续教育缺乏。2021 年，重庆市数字经济领域的职业培训人数仅为 1.2 万人，而同期的深圳达到 5 万人，同时培训内容和形式较为单一，未能满足行业快速发展的需求。

第四，人才外流现象明显。近几年，越来越多的数字技术人才选择流向经济更发达的城市，2022 年重庆市数字技术人才流失率达 30%，严重影响了本地企业的人才储备。

三、企业转型困难

传统企业向数字化转型面临技术、资金和管理能力等多方面的挑战。产业链不长、产业群不强：重庆市"芯屏器核网"产业链不长、产业群不强，新兴数字产业规模不足、龙头企业偏少。还有一些企业数字化转型意愿不强，部分中小企业对数字化转型的认识不足，意愿不强，导致产业数字化总体水平不高。

数字产业能级不高，数字产业规模不大、竞争力不强，较广东、上海、江苏等发达省份仍有一定差距。数字经济发展"重硬轻软"：企业多集中于边缘业务，缺乏核心业务的龙头企业，整体技术含量偏低，市场竞争力偏弱。领军企业、龙头企业匮乏，独角兽、瞪羚等创新企业较少，市场主体实力不强。另外，产业集群优势不是很明显，产业发展缺乏总体设计及规划布局，园区同质化现象明显，难以形成发展合力。

此外，公司融资困难也是一大问题。虽然重庆市数字经济发展潜力巨大，但初创企业融资困难。数据显示，2022 年重庆市初创企业平均融资额仅为 150 万元，远低于一线城市的 500 万元，导致企业难以扩展。

四、数据安全与隐私问题

在数字经济发展过程中，数据安全与隐私泄露问题日益凸显，已经成为制约数字经济进一步发展的重要因素。

第一，数字经济的发展带来了数据规模的不断扩大，数据泄露、滥用等风险日益凸显，防范数据安全风险、构建数据安全保护体系成为各方共识。国家互联网应急中心发布的报告显示，近年来我国网络数据泄露事件呈逐年增加趋势，涉及的个人信息数以亿计。这些泄露的信息包括姓名、电话、身份证号、银行账户等敏感信息，一旦被不法分子利用，可能导致身份盗窃、财务损失等严重后果。2024 年上半年，全网监测并分析验证有效的数据泄露事件高达 16011 起，较 2023 年下半年增长了 59.58%；同时，监测到涉及真实数据泄露事件的黑产团伙共计 1973 个，较 2023 年下半年增长了近一倍。数据的跨境流动对国家安全造成严重威胁，我国尚未有专门的法律对跨境数据流动进行规范，这导致跨境数据流动下的隐私泄露问题进一步凸显。数据泄露的渠道包括第三方泄露、短信通道泄露、运营商通道泄露、内鬼泄露及黑客攻击等，这些渠道使数据泄露的风险进一步加大。从行业分布来看，数据泄露事件涉及多个行业，其中银行、电商、金融、保险、快递等行业成为数据泄露的重灾区。这些行业由于掌握了大量用户信息，因此成为黑客攻击的重点目标。数据泄露还可能对国家安全和社会稳定构成威胁。一些敏感数据的泄露可能引发社会恐慌和不稳定因素，甚至可能被敌对势力用来破坏国家安全。

第二，隐私保护的困难表现在信息不对称、泄露隐私难以追回及隐私泄露难以定损三个方面。由于缺乏对用户个人信息价值的统一判断，隐私泄露的惩罚和补偿政策缺乏一个量化的标准，因此隐私保护政策具有很大的不确定性。数据泄露可能导致个人隐私暴露，使个人生活受到困扰。例如，个人可能突然接到各种推销电话和诈骗短信，甚至银行账户里的钱会被不法分子盗取。数据泄露不仅关乎个人隐私，还可能引发企业商业机密的泄露。这可能导致企业品牌声誉受损，甚至面临法律诉讼和巨额罚款。例如，某知名互联网公司因用户数据泄露事件，不仅股价大跌，还支付了巨额赔偿金。

在加强隐私保护成为共识的背景下，处理好维护个人权益与合理使用信息的关系，成为信息社会必须直面的现实课题。以保护个人权益和促进信息流通为准绳，找到信息利用和安全的平衡点，有助于数字经济长远发展。

五、市场竞争激烈

随着 5G、人工智能、大数据等技术的快速发展，数字经济的技术创新和应用场景不断拓展。这些技术的成熟和应用，为数字经济的快速发展提供了坚实的技术支撑。然而，这也使市场竞争更加激烈，企业需要不断投入研发，以跟上技术更新的步伐。尽管重庆市数字经济发展迅速，但相关企业数量庞大，行业集中度较低，导致市场竞争非常激烈。重庆在互联网服务和电子商务领域拥有超过5000 家企业，竞争分散。除国内市场的竞争外，重庆市还需要面对来自国际市场的竞争压力。随着经济全球化的深入发展，国际数字经济巨头纷纷进入中国市场，加剧了市场竞争。重庆市需要不断提升自身的数字经济发展水平，加强与国际市场的接轨和合作，以应对区域竞争压力。

六、创新能力不足

随着数字经济的蓬勃发展，市场竞争加剧，企业面临较大压力。部分企业的创新能力较弱，缺乏核心技术和自主知识产权。以重庆为例，在信息存储、光学和摄影、半导体元件、半导体组件与集成电路等领域，其专利数量不到全国的1%。这一数据直观反映出重庆在关键核心技术领域的创新能力不足，专利数量不足也成为其数字经济核心技术研发进程中的短板。2022年，重庆每万人口发明专利拥有量达到16.14件，较2021年增长了22.1%。虽然专利数量有所增长，但与国内发达地区相比，这一数字仍然偏低，说明重庆在提高专利质量和数量方面还有较大提升空间。而且，国际专利申请数量有限，2023年重庆国际专利（PCT）申请528件，较2022年增长了17.07%。虽然国际专利申请数量有所增长，但与全球数字经济领先地区相比，这一数量仍然有限，表明重庆在国际知识产权竞争中仍处于劣势。

缺乏国家级技术创新中心也体现了创新能力不足的问题，重庆尚未创建数字技术领域的国家级技术创新中心。国家级技术创新中心是推动技术创新和成果转化的重要平台，缺乏这样的平台意味着重庆在数字经济领域的创新能力和影响力有待提升。另外，重庆科研成果转化进程较慢，而且存在科研成果外流现象。科研成果转化是将创新成果转化为实际生产力的关键环节，慢速的转化进程和成果外流都表明重庆在数字经济领域的创新活力和竞争力有待加强。

综上所述，重庆市在数字经济领域的创新能力存在一些不足，主要表现在专利数量较少、缺乏国家级技术创新中心、科研成果转化进程慢、每万人口发明专利拥有量较少及国际专利申请数量有限等方面。这些问题的存在，限制了重庆数字经济的高质量发展，需要通过加强研发投入、优化创新环境、提升专利质量等措施来加以解决。

七、政策支持不足

重庆市在数字经济发展方面已经出台了一系列政策，并取得了一些显著成果，但在具体执行和实施上仍显不足，导致政策效果未能充分发挥。政策缺乏差异化扶持，市级政策与地方政策间存在简单叠加的现象，缺乏有效协调，未针对不同地区、不同行业的特点进行差异化扶持。政府数据存在一定壁垒，政务数据、公共数据和社会数据的共享场景不足、融合开发机制不健全，数据要素资源作用发挥不够。

第四节　数字经济驱动重庆市城乡经济协调发展的路径

一、完善政府发展数字经济的顶层设计

政策支持是推动产业融合发展的重要外部动力。根据数字经济对重庆市产业融合发展影响效应的论证，政府干预程度对重庆市产业融合发展的影响效应不显著。自成渝协同发展政策实施以来，两地在交通、产业、生态治理等方面合作成效显著，但仍需平衡跨行政区域利益协调机制、政府激励机制与各利益主体之间的关系，完善合作机制。

第一，完善政府层面的协调机制。双城数字经济圈的顶层设计仍需立足成渝地区的数字经济比较优势，不断完善多层次、多链的数字经济系统连接机制和合作框架体系。此外，明确两地数字产业链各环节分工，为产业优势互补、融合发展提供政策保障。

第二，完善跨区域合作利益共享机制。积极发挥政府的作用，合理制定利益协调和互动合作框架，将利益协调机制内化为政府的功能，借助市场势力协调不同部门之间的分工合作。充分发挥中心城市引领作用，深入推进合作，加强成都与重庆主城区、成都与重庆都市圈的规划、政策、功能联系。

第三，建立推广合作试点示范区。针对各地区的比较优势，选择数字经济和三次产业融合水平较高的重庆、成都、绵阳等地，建立数字化示范区和产业融合发展典型试点，探索符合成渝地区不同产业需求的合作模式和利益共享机制。

二、推进产业数字化转型

成渝地区是我国数字产业发展的重要板块，但两地存在一定的"数字鸿沟"，产业发展梯度差距制约着产业承接能力与融合发展。

第一，改造升级传统网络基础设施。成渝地区尤其是数字经济发展相对较落后的四川省部分市，应继续深入实施宽带中国战略，组织开展云网融合工程，在数字先行示范区优先部署千兆网络，推进5G等新型信息通信网络、工业互联网平台的建设与普及应用，提高各地区的宽带网络普及率和服务质量。

第二，推进两地新型基础设施互联互通。四川省部分市应当与成都市、重庆市协同建设移动基站、工业互联网、产业技术创新平台等基础设施，与其执行统一的技术规范，推进标准协同、布局协同、应用协同，并以数字基础设施为纽带，推动两地融合发展。

第三，优化配置创新资源。现阶段，对于成渝两地的高精尖成果，四川省部分市尚存在承接能力与创新吸纳能力较弱等问题，四川省部分市应重点发展现代信息传输、软件和信息技术服务等产业，依托两江新区、绵阳等地的产业承接平台，加强与成渝两地的高校、科研机构、高科技企业的深度合作，加快科研成果转化和落地。同时，应梯度培育优质企业，加快培育电子信息单项冠军企业和专精特新"小巨人"企业，为数字产业化发展奠定基础。

三、加快数字技术赋能

从成渝地区产业数字化水平来看，成渝地区数字经济发展不平衡。除成都和重庆外，只有绵阳和德阳两个城市进入数字经济百强市。成渝地区数字经济融合程度不够，数字经济核心产业跨区域协同发展程度不高，数字化对中小企业的融合程度不够，因此需要突破产业协同的时空限制，加快数字技术赋能产业融合发展。

第一，加快制造业数字化转型。推动大小微企业供应链、营运链、生产链、消费链等价值链按需使用云数据，打造一批行业级、企业级工业互联网平台、工业APP、智能工厂、共享工厂、智能车间、智能生产线，共建成渝工业互联网一体化发展示范区、区域协同公共服务平台和服务体系。打造国内领先的"5G+工业互联网"生态圈。在重庆、成都等地加快培育数字工程系统集成、数字贸易、数字供应链、数字文化创新、数字金融等数字现代服务业，加快发展全域平台经济、共享经济、融合经济等新经济。

第二，统筹推进服务业数字化转型。服务业是数字经济发展的重点领域。积极推进物资采购、物流、加工、零售、配送、服务等业务流程数字化，推动数字技术与商业、金融、教育、医疗等行业融合应用，大力发展智慧物流、"互联网+教育"、"互联网+医疗"等新型服务业态和模式。

第三，以三产融合推动成渝地区农业高质量发展。加强成渝地区高层次农业生产要素整合，开展农业科技创新项目，推动农业领域科技成果转化，提高农业领域自主创新能力和农业现代化水平。同时，丰富三产融合模式，鼓励龙头企业带动农户向农业优质高效生产转型，推动文化、教育、医疗、金融融入农业发展，催生新业态新模式。

第五节　本章小结

本章围绕"数字经济驱动重庆城乡经济协调发展路径研究"进行了深入探讨。第一节分析了数字经济驱动重庆城乡经济协调发展的现实基础，特别是成渝地区的产业发展优势。成渝地区作为西部大开发的重要战略支点，拥有丰富的人才资源、完善的交通网络及良好的产业基础，为数字经济的蓬勃发展提供了肥沃土壤。这一节揭示了数字经济在促进城乡资源优化配置、缩小城乡发展差距方面的重要作用。

第二节聚焦于重庆市数字经济与产业融合发展水平的测度。通过量化分析，评估了数字经济在重庆市各产业中的渗透程度及其带来的经济效益。结果显示，数字经济与一二三产业的融合日益紧密，成为推动产业升级和经济发展的重要力量。同时，一些融合发展的亮点和潜力领域被发现，为后续的路径探索提供了方向。

第三节深入剖析了重庆市数字经济发展存在的问题。尽管数字经济在重庆市取得了显著成就，但仍面临诸多挑战，如数据安全、人才短缺等。这些问题不仅影响了数字经济的持续健康发展，还对城乡经济协调发展构成了一定阻碍。因此，解决这些问题成为推动数字经济与城乡经济深度融合的关键。

第四节提出了数字经济驱动重庆城乡经济协调发展的路径。这些路径包括完善政府发展数字经济的顶层设计、推动产业数字化转型、加快数字技术赋能。这些路径的实施，旨在构建更加公平、包容、可持续的数字经济体系，为重庆城乡经济协调发展提供强大动力。

综上所述，本章通过系统分析数字经济在推动重庆城乡经济协调发展中的作用、现状、问题及路径，为重庆乃至整个成渝地区的数字经济发展提供了有益的理论指导。随着数字经济的不断深入发展，重庆将在数字经济的赛道上实现城乡经济更高质量、更有效率、更加公平的发展。

第九章　政策建议

一、推动农业现代化，提升农民收入

完善农业基础设施建设。通过投资升级农村基础设施，特别是灌溉系统、道路和仓储设施，以提高农业生产能力和农产品流通效率。改善农村交通网络，降低物流成本，提高农产品的市场竞争力。加强农产品冷链物流体系建设，减少损耗，延长保质期，提高农产品附加值。同时，加大力度推广现代农业技术，包括智能农业、精准农业等，以提高农业生产效率和产品质量。通过建立农业科技示范园区，展示最新农业技术，鼓励农民学习和应用新技术。另外，提供技术培训和咨询服务，帮助农民掌握新技术，提高生产技能。

提供政策支持。制定和实施一系列农业扶持政策，如税收减免、补贴等，以降低农业生产成本，提高农民收入。同时，通过政策引导，鼓励农民种植高附加值作物，调整农业产业结构。提供更多的金融服务和信贷支持，特别是对农村中小企业和农户，以促进其发展。建立农业保险体系，降低农业生产风险。鼓励金融机构开发适合农业特点的金融产品，如小额信贷、农业保险等，为农业发展提供资金保障。

注重环境保护与可持续发展。在推动农业发展的同时，注重环境保护，实现绿色可持续发展。推广生态农业、有机农业等环保型农业模式，减少化肥和农药的使用，保护土壤和水资源。

加强农村信息化建设。通过加强信息基础设施建设，提高农村地区的信息获取能力，促进信息共享。通过建立农村信息服务平台，提供市场信息、政策信息、技术服务等，帮助农民更好地对接市场。加强农产品品牌建设，提高农产品的市场认知度和竞争力。通过电子商务平台，拓宽农产品销售渠道，增加农民收入。同时，建立农产品质量追溯体系，提高消费者对农产品的信任度。

二、推动城乡要素流动和产业协同，促进区域经济均衡发展

建立城乡互动平台，促进城市科技、人才、资金等要素向农村流动。推动农村地区围绕城市产业需求发展配套产业，落实"一区两群"协调发展部署；立足各区域现实条件和增长潜力，实施差异化发展策略，促进"一区两群"制造业协同发展，实现产业协同共进。在生态环境保护和绿色发展方面，制定和实施严格的生态保护政策，确保城乡发展与生态环境保护相协调，特别是在渝东北地区，突出生态优先、绿色产业发展。根据不同区域的耦合协调度，制定差异化的发展政策，以指导城乡协调发展。

重庆市应推动产业结构调整与升级，鼓励发展高附加值产业，减少对传统产业的依赖。通过政策引导和资金支持，促进传统产业的技术改造和产品升级，提高产业竞争力。合理规划支柱产业布局，避免资源过度集中，促进各区域均衡发展。通过政策引导，鼓励支柱产业向欠发达地区转移，带动当地经济发展。加强区域间的经济合作，通过资源共享和优势互补，缩小不同区域间的经济发展差距。建立区域经济合作机制，促进产业转移和区域经济一体化。建设一批特色产业园区，吸引国内外企业投资，促进产业集聚发展。通过建设产业园区，提供良好的基础设施和政策环境，吸引高端产业入驻。

加强科技创新，推动产业转型升级。建立科技创新平台，鼓励企业加大研发投入，提高自主创新能力。加强人才培养和引进，为产业发展提供人才支持。建立人才引进机制，吸引国内外高端人才。同时，加强本地人才培养，提高人才素质，满足产业发展需求。

三、因地制宜发展乡村特色产业，开创特色产业发展之路

通过动员、引导多元主体共同参与，因地制宜地选择、培育和发展适合不同地区的乡村特色产业，多措并举地促进特色产业发展壮大。一方面必须健全乡村产业链，增强乡村特色产业的生命力和活力，以不断扩大村民的就业范围，为持续满足乡村居民的精神文化需求打下良好的物质基础；另一方面以特色产业助推乡村振兴，为实现组织振兴、文化振兴、人才振兴、生态振兴提供强有力的经济条件。重庆市的渝西经济走廊、三峡库区生态经济区和渝东南地区都是相对比较落后的农村，应当深入挖掘并充分利用当地生态资源、农业资源、文化资源等优势，推动农业、文化、旅游融合发展，大力开展集特色种养、采摘观光、休闲度假于一体的农旅融合经营项目，带动村民就业增收，为乡村发展注入新动力。同

时，还应建立多层次、多主体乡村治理网络。乡村在产业发展过程中常遇到村民意见不统一、村集体难以收拢土地等问题，当地党组织、政府、企业、村民和社会组织等多元利益主体要同气连枝、一齐发力，正确识别本村产业发展难题，共同制定落实村集体决策，合理分配本村资源和发展成果，形成多元协同效应，实现优势互补，灵活地应对复杂多样的治理难题，尽量避免村民陷入单一主体难以应对的市场环境，出现盲目种养导致同质化现象严重的艰难局面。此外，对于交通便利的城郊村，应引导利用集体所有的非农建设用地，兴建标准厂房、专业市场、仓储设施等；村集体通过土地租赁、承包经营等方式，提高村集体提价议价能力，规范租期，更好地提升集体资源效益，租期满后土地附着物归村集体所有，实现土地保值增值及群众增收共赢。

四、加快发展数字经济，赋能城乡经济协调发展

数字经济赋能重庆城乡经济协调发展，是推动重庆经济社会全面进步的关键路径。重庆作为中国西南地区的重要城市，其城乡经济结构复杂，既有繁华的都市区，又有广阔的农村地区，这种经济结构为数字经济的介入提供了广阔的空间和迫切的需求。为了有效促进重庆城乡经济协调发展，政府可从基础设施建设、人才培养、产业融合、公共服务等多个维度出发，制定并实施一系列针对性强、操作性高的政策措施。

加强基础设施建设，缩小城乡数字鸿沟，推动智慧城市与数字乡村建设。在都市区，政府应积极推进智慧城市建设，利用物联网、大数据、云计算等先进技术，提升城市管理的智能化水平，优化城市资源配置，提高城市运行效率。在农村地区，政府应启动数字乡村建设，通过物联网技术实现农田环境的智能监测，利用大数据技术优化农业生产管理，提升农产品质量和产量。

强化人才培养与引进，激发数字经济活力。为了吸引和培养数字经济领域的专业人才，政府应依托高校、职业院校和培训机构，建立数字经济专业人才库。这个人才库可以汇聚各类数字经济领域的专业人才，包括数据分析师、软件开发工程师、数字营销专家等。同时，政府还可以通过政策激励，如提供住房补贴、税收优惠等，吸引国内外数字经济领域的高端人才来渝工作。通过建立数字经济人才库，为重庆数字经济的发展提供坚实的人才支撑。

促进工业与服务业融合发展。为了推动重庆经济的转型升级，政府应鼓励制造业企业向智能化、服务化转型。通过引入智能制造技术，可以提高制造业的生产效率和产品质量。同时，政府还应大力发展数字经济服务业，如云计算、大数

据、数字金融等，为城乡企业提供数字化转型服务。通过工业与服务业的融合发展，可以实现产业链的延伸和价值的提升，推动重庆经济高质量发展。推进电子政务建设，为了提高政府服务效率和透明度，方便城乡居民办事，政府应完善电子政务平台，实现政务服务"一网通办"。

数字乡村建设还应注重提升农村公共服务水平，如通过电子政务平台提供便捷的政务服务，利用远程教育平台提供优质的教育资源，通过数字医疗体系提供便捷的医疗服务。为了保障城乡居民的健康需求，政府应推动医疗信息化进程，建立城乡一体化的远程医疗服务体系。通过远程医疗服务体系，城乡居民可以享受便捷的医疗服务，如在线问诊、远程会诊等。这不仅可以提高医疗服务的可及性和质量，还可以降低医疗成本。同时，政府还应加强基层医疗机构的建设和人才培养力度，提高基层医疗机构的服务能力和水平。通过完善数字医疗体系，为城乡居民提供更加便捷、高效、优质的医疗服务。

五、制定全面的人才战略，营造良好的人才发展氛围

人才是数字经济发展的关键，重庆市需要大量数字经济人才来推动城乡经济协调发展。首先要明确人才定位，结合重庆市的产业结构和发展方向，明确需要培养和引进的人才类型，如科技创新人才、高技能人才、经营管理人才等。其次要制定人才发展的长期规划，确保人才政策的连续性和稳定性，为人才提供可预期的发展空间。贯彻尊重劳动、尊重知识、尊重人才、尊重创造的方针，牢固确立人才引领发展的战略地位，深化人才发展体制机制改革，实施更加积极、开放、有效的人才政策。紧扣重点产业、重点项目、重点学科，加快引进和培养创新型、应用型、技能型人才。提升"重庆英才"品牌影响力，实施"重庆英才计划"和引进外国专家倍增行动计划。

加强人才培养和引进力度，完善人才引进政策。对高层次人才、急需紧缺人才等给予更加优惠的引进政策，如提供安家补助费、岗位津贴、住房补贴等。强化人才激励机制，建立健全以创新能力、业绩、贡献为导向的人才评价体系，对优秀人才给予表彰和奖励，激发人才的创新活力。提高人才服务的效率和质量，简化人才流动和落户手续，为人才提供便捷、高效的服务。加大对高等教育和职业教育的投入，提高教育质量，培养更多符合市场需求的高素质人才。鼓励企业和高校、科研院所等开展产学研合作，共同培养创新人才和实践能力强的技能型人才。拓宽人才引进渠道，通过举办人才招聘会、开展人才引进活动等方式，拓宽人才引进渠道，吸引更多优秀人才来重庆工作。

促进人才在城乡间的流动和配置。推动城乡人才一体化发展，加强城乡人才市场的对接和融合，促进人才在城乡间有序流动和合理配置。实施人才下沉计划，鼓励优秀人才到基层、农村和边远地区工作，为城乡经济协调发展提供人才支撑。相关部门应该建立人才信息共享机制，加强人才信息的收集和整理，建立人才信息数据库，实现人才信息的共享和互通。

六、加强区域合作，推进融合发展

加强区域合作与交流，共同应对数字经济发展中的挑战。建立区域合作机制，促进区域内资源共享和优势互补。首先，提升产业竞争力是经济发展的基础与关键。为了提升产业竞争力，必须优化产业结构，推动高新技术产业发展，促进传统产业的转型升级，关注新兴产业的培育。高新技术产业的发展对提升国家整体科技水平和创新能力至关重要。政府应加大对人工智能、大数据、云计算、生物科技、新能源等高新技术产业的投入，通过政策引导、资金支持、税收优惠等措施，鼓励企业技术创新和成果转化。同时，还需要积极推动传统产业转型升级，利用现代信息技术改造提升传统产业，如制造业智能化、农业信息化、服务业数字化转型等，以提高生产效率、产品质量和服务水平。此外，关注全球产业发展趋势，提前布局前沿领域，通过设立专项基金、建设创新平台、吸引顶尖人才等方式，加速新兴产业的培育和发展，也是提升产业竞争力的重要途径。其次，加强区域合作是提升产业竞争力的重要手段。区域合作有助于实现资源的优化配置，促进产业协同发展，形成区域一体化发展的新格局。为了加强区域合作，需要建立跨区域的产业协同发展机制，如区域产业联盟、产业链合作平台等，促进信息共享、资源互补、市场开放。同时，根据各地区的资源禀赋、产业基础和发展潜力，科学规划产业布局，避免同质化竞争，引导产业向优势区域集聚，形成特色鲜明、优势互补的产业发展格局。此外，完善交通基础设施也是加强区域合作的关键。政府应加大对交通、通信等基础设施的投资力度，特别是加强跨区域交通网络建设，缩短时空距离，降低物流成本，为区域间的要素流动和产业合作创造良好条件。

为了保障上述措施的有效实施，还需要强化政策支持与服务保障。政府应设立产业发展专项基金，为关键领域和薄弱环节提供精准有效的金融支持，并优化政府服务，简化审批流程，提高服务效率。同时，还需要完善与产业发展相适应的法律法规体系，保障公平竞争，维护市场秩序。此外，建立产业发展动态监测和评估机制也是必不可少的。政府应建立跨部门、跨区域的产业发展监测体系，及时跟踪产业发展趋势，评估政策效果，并根据评估结果适时调整政策措施。这将有助于及时发现产业发展中的问题和挑战，采取有效措施予以应对，确保产业竞争力持续提升。

七、加强金融支持，增强金融服务覆盖与创新

重庆市金融服务业支撑不足，金融服务覆盖面有限，金融产品创新不足，金融政策供给体系需进一步优化。

引导金融机构创新金融产品和服务，面向重点领域、薄弱环节，建设全面服务、高质量发展的金融产品体系。持续加大信用贷款、无还本续贷产品的投放，提升金融信贷审批效率，优化贷款审批流程，推广线上贷款、无还本续贷等高时效贷款产品。鼓励大型金融机构、企业集团、科技创新企业等发起设立金融控股集团。推动符合条件的银行理财公司、金融资产投资公司在渝设立专业子公司。健全信用服务体系，探索设立具有区域影响力的信用公司，促进专业服务中介发展，支持保险经纪、货币兑换、信息统计等金融配套服务机构创新经营模式。同时，结合区域的重大产业规划，构建"一行业领域一人才规划"体系，促进产业发展与人才供给精准匹配，提高人才培育模式与现实发展需求间的匹配度，打造高质量、专业化的金融人才队伍。加强金融风险防范和化解能力，完善央地协同监管机制，加强金融监管的透明度和包容性。建立金融风险差异化管理机制，优化小微企业贷款风险分类制度。

这些政策建议旨在提升重庆市金融服务的质量和效率，促进金融资源的有效配置，增强金融业的竞争力和风险防控能力，培养和吸引高层次金融人才，从而推动重庆市金融服务业全面发展。

参考文献

［1］ Boudeville J R. Problem of Regional Economic Plan ［M］. Edinburgh：Edinburgh University Press，1966.

［2］ Jiang P，Yang Y R，Ye W，et al. Study on the Efficiency，Evolutionary Trend，and Influencing Factors of Rural-Urban Integration Development in Sichuan and Chongqing Regions under the Background of Dual Carbon ［J］. Land，2024，13（5）：696.

［3］ Liu H，Lu G J，Luo K，et al. Measurement and Spatio-Temporal Pattern Evolution of Urban-Rural Integration Development in the Chengdu-Chongqing Economic Circle ［J］. Land，2024，13（7）：942.

［4］ Tobler W R. A Computer Movie Simulating Urban Growthin in the Detroit Region ［J］. Economic Geography，1970，46（2）：234-240.

［5］ 敖永春，金霞. 区域战略性新兴产业的分阶段选择模型及应用——以重庆市为例 ［J］. 重庆邮电大学学报（社会科学版），2016（3）：114-120.

［6］ 曹宝明，顾松年. "新苏南发展模式" 的演进历程与路径分析 ［J］. 中国农村经济，2006（2）：63-68，80.

［7］ 陈国权，皇甫鑫. 在线协作、数据共享与整体性政府——基于浙江省 "最多跑一次改革" 的分析 ［J］. 国家行政学院学报，2018（3）：62-67，154.

［8］ 陈浩天，肖延玉. 数字经济、生态保护与城乡融合发展的耦合协调效应——来自省域面板数据的实证检验 ［J］. 西北农林科技大学学报（社会科学版），2024（4）：102-113.

［9］ 程莉，刘志文. 地区经济差距对城乡收入差距的影响机理与实证分析——以统筹城乡综合配套改革试验区重庆市为例 ［J］. 中国人口·资源与环境，2013（9）：114-120.

［10］程艳．徐州市城市化与生态环境耦合协调发展研究［D］．徐州：中国矿业大学，2014．

［11］《当代中国》丛书编辑部．当代中国的四川（下）［M］．北京：中国社会科学出版社，1990．

［12］范从来，路瑶，陶欣，等．乡镇企业产权制度改革模式与股权结构的研究［J］．经济研究，2001（1）：62-68．

［13］高帆．中国各省区二元经济结构转化的同步性：一个实证研究——兼论地区经济结构转变与经济增长差距的关联性［J］．管理世界，2007（9）：27-36，47．

［14］高昕．后发地区县域经济跨越式发展的障碍与突破［J］．区域经济评论，2022（2）：133-140．

［15］郭建军．日本城乡统筹发展的背景和经验教训［J］．农业展望，2007（2）：27-30．

［16］郭岚．上海城乡一体化发展研究［M］．上海：上海社会科学院出版社，2016．

［17］郭跃文，邓智平．中国共产党乡村经济政策的百年演变和历史逻辑［J］．广东社会科学，2021（4）：5-13．

［18］韩佳洪，祝连波，陶玉，等．基于熵权—灰色关联度分析的零碳社区建设评价研究［J］．上海节能，2024（10）：1596-1604．

［19］何二龙，孙蚌珠．土地、城乡关系及中国式工业化［J］．上海经济研究，2022（8）：19-33．

［20］何如海，谭兴坤，余玉娟，等．乡村振兴背景下新时代重庆城乡融合度综合评价研究［J］．辽宁工业大学学报（社会科学版），2021（3）：50-54．

［21］何相涯．统筹城乡发展的嘉兴模式研究［D］．杭州：浙江大学，2011．

［22］何勇，骆金龙，刘钢．上海推进城乡一体化发展的问题与对策［J］．科学发展，2016（2）：70-75．

［23］侯锐，涂建军，贾林瑞，等．城镇化进程中产业结构效益的优化——以重庆市为例［J］．西南大学学报（自然科学版），2015（8）：112-116．

［24］黄群慧，余泳泽，张松林．互联网发展与制造业生产率提升：内在机制与中国经验［J］．中国工业经济，2019（8）：5-23．

［25］黄仕川．重庆市教育促进城乡经济统筹协调发展研究［D］．重庆：重庆大学，2009．

[26] 黄易禄. 基于经济协调发展的城乡用地结构研究 [D]. 重庆：西南大学，2006.

[27] 江苏省邓小平理论研究会课题组，王霞林，高峰，等. 江苏缩小城乡收入差距的成功实践与深层思考 [J]. 群众，2012 (11)：5-7.

[28] 雷曜，唐文强. 家庭债务与居民消费：一个文献综述 [J]. 当代金融研究，2019 (5)：4-9.

[29] 李敏. 重庆三大经济区经济发展水平与财政收支水平差距论析 [J]. 重庆师范大学学报（哲学社会科学版），2005 (6)：88-92.

[30] 李文. 关于新中国实行统购统销政策历史必然性的认识与思考 [J]. 党的文献，2021 (6)：90-95.

[31] 李雪松. 以城乡区域协调发展优化现代化经济体系的空间布局 [J]. 区域经济评论，2018 (4)：9-10.

[32] 廖杉杉. 国外农产品价格调控的经验及其对我国的启示 [J]. 广东农业科学，2013 (12)：219-222.

[33] 林万龙. 从城乡分割到城乡一体：中国农村基本公共服务政策变迁 40 年 [J]. 中国农业大学学报（社会科学版），2018 (6)：24-33.

[34] 刘传辉，杨志鹏. 城市群数字经济指数测度及时空差异特征分析——以六大城市群为例 [J]. 现代管理科学，2021 (4)：92-111.

[35] 刘丹. 重庆市城乡经济协调发展问题及对策研究 [D]. 重庆：西南大学，2007.

[36] 刘玒玒. 基于熵权 TOPSIS-耦合协调度-灰色关联度的长江经济带水资源承载力综合评价 [J]. 武汉大学学报（工学版），2023 (5)：532-541.

[37] 刘耀森. 重庆市产业结构与就业结构变动关系的实证研究 [J]. 西北人口，2012 (2)：53-56，62.

[38] 刘勇. 经济活动的多层次城乡空间区域体系分析——"点线面"组合形成的不同尺度和不同主要功能的多层次城乡经济体系 [J]. 重庆理工大学学报（社会科学），2022 (6)：1-11.

[39] 罗健. 西部地区数字经济与新型城镇化耦合协调及影响因素研究 [D]. 喀什：喀什大学，2024.

[40] 罗昭阳，古云惠. 重庆三线建设略论 [J]. 理论观察，2021 (1)：80-82.

[41] 骆黎，谢世友，张启东. 重庆农业生态环境问题与可持续发展对策

[J]．乐山师范学院学报，2004（12）：126-129．

[42] 吕丹，汪文瑜．中国城乡一体化与经济发展水平的协调发展研究[J]．中国软科学，2018（5）：179-192．

[43] 孟晓华，许军．基于熵权灰色关联度分析的中国数字服务贸易综合竞争力影响因素实证研究[J]．价格月刊，2023（11）：77-86．

[44] 聂圣平．美国乡镇自治对我国乡镇体制改革的启示[J]．河南大学学报（社会科学版），2012（4）：40-45．

[45] 潘竟虎，胡艳兴，刘晓．中国地级及以上城市"四化"协调发展效率的时空分异测度[J]．地理科学，2016，36（4）：512-520．

[46] 戚斌．我国城乡协调发展的影响因素探究[J]．中国物价，2017（8）：16-18．

[47] 屈晓东，范巧．成渝地区双城经济圈双循环框架及其体制机制变革研究[J]．经济体制改革，2021（5）：41-47．

[48] 冉珍梅，钟坚．债务异质性视角下货币政策对家庭消费的影响——来自中国家庭追踪调查（CFPS）的经验证据[J]．湘潭大学学报（哲学社会科学版），2020（2）：69-74．

[49] 上海市农村经济学会课题组，王东荣．上海深化农村土地制度改革研究[J]．科学发展，2015（9）：72-83．

[50] 申社芳，王雪，杜靖宇．数字经济对经济韧性的影响——基于城乡协调发展视角[J]．重庆理工大学学报（社会科学），2024（7）：74-89．

[51] 孙成明．共同富裕视角下乡村振兴与县域经济协调发展研究[J]．农村经济与科技，2024（9）：140-143．

[52] 唐源秀．区域协调背景下数字普惠金融与城乡收入差距——基于地方政府竞争视角[J]．现代金融，2023（11）：43-49．

[53] 佟岩，孙毓，王茜．交叉上市与企业创新——以 A+H 上市公司为例[J]．科研管理，2022（6）：121-131．

[54] 童峰．江苏南北产业转系的现状和对策的研究[J]．江苏科技大学学报（社会科学版），2011（3）：89-92．

[55] 汪晖，陶然．论土地发展权转移与交易的"浙江模式"——制度起源、操作模式及其重要含义[J]．管理世界，2009（8）：39-52．

[56] 汪宇明，刘高，施加仓，等．中国城乡一体化水平的省区分异[J]．中国人口·资源与环境，2012（4）：137-142．

［57］王东荣．从城乡一体化迈向城乡融合发展［J］．上海农村经济，2019
（12）：7-11.

［58］王东荣，顾吾浩，吕祥．上海推进农村一二三产业融合发展［J］．科
学发展，2017（7）：53-65.

［59］王东荣，顾吾浩，吕祥．深入推进农业供给侧结构性改革促进上海农
村一、二、三产业融合发展［J］．上海农村经济，2017（6）：4-10.

［60］王琼．现代化经济体系下的城乡协调发展［J］．人民论坛，2018
（36）：96-97.

［61］王淑佳，孔伟，任亮，等．国内耦合协调度模型的误区及修正［J］．
自然资源学报，2021（3）：793-810.

［62］王毅．三线建设中的重庆军工企业发展与布局［J］．军事历史研究，
2014（4）：26-33.

［63］王毅．三线建设中重庆地区的工业发展与空间布局［J］．重庆交通大
学学报（社会科学版），2020（4）：71-75.

［64］王寅生，王初升．供给侧结构性改革下推进江西城乡发展一体化建设
对策研究［J］．产业创新研究，2019（12）：28-29.

［65］吴晓华．实施城乡协调发展政策加快二元经济结构转换［J］．宏观经
济研究，2009（1）：14-20.

［66］武超茹．创新、协调、绿色、开放、共享发展理念推动重庆新型工业
化进程的思考［J］．智库时代，2019（23）：271，275.

［67］夏月华．统筹城乡经济协调发展破解农村空心化困局［J］．北方经济，
2017（12）：67-70.

［68］肖明辉，明川智，刘美蓉，等．基于区域差异化战略的重庆城乡统筹
发展研究［J］．科学咨询（科技·管理），2017（9）：4-5.

［69］熊竞，伲晓光．基于"城乡等值"理念的超大城市乡村振兴推进路径
研究——以上海为例［J］．上海城市管理，2021（3）：56-60.

［70］徐雪，王永瑜．城乡融合的逻辑机理、多维测度及区域协调发展研
究——基于新型城镇化与乡村振兴协调推进视角［J］．农业经济问题，2023
（11）：49-62.

［71］徐雪，王永瑜．甘肃省新型城镇化与乡村振兴协调水平及其影响因素
［J］．中国沙漠，2022（5）：1-13.

［72］许丹丹．重庆市农村基础设施对农业经济增长的影响研究［D］．重

庆：重庆工商大学，2014.

［73］严瑞珍，龚道广，周志祥，等．中国工农业产品价格剪刀差的现状、发展趋势及对策［J］．经济研究，1990（2）：64-70.

［74］杨珍珍，徐敏．数字普惠金融赋能区域协调发展：效应与机制［J］．南方农村，2023（1）：40-49.

［75］姚毓春，梁梦宇．城乡融合度与协调效应检验——来自中国省际层面的经验证据［J］．东南大学学报（哲学社会科学版），2021（2）：105-115，148-149.

［76］应寿英，郭耀辉，杜兴端，等．"要素—空间—功能"视角下的大都市近郊区城乡融合发展路径——基于成都郫都区东林片区的分析［J］．辽宁农业科学，2024（5）：77-82.

［77］岳文泽，钟鹏宇，甄延临，等．从城乡统筹走向城乡融合：缘起与实践［J］．苏州大学学报（哲学社会科学版），2021（4）：52-61.

［78］曾国平，李燎原，徐耀．重庆统筹城乡发展进程中城乡居民收入差距调节的对策研究［J］．经济师，2008（2）：268-269.

［79］张安录．城乡相互作用与生态经济交错区形成模式研究［J］．地域研究与开发，2000，19（3）：1-4.

［80］张彦涛．重庆市工业布局变迁及区位优化研究［D］．重庆：西南大学，2009.

［81］张应良，胡军建，汤莉．重庆市缩小城乡居民收入差距的对策研究［J］．农业经济，2013（10）：97-99.

［82］张永刚．破除城乡二元结构形成城乡发展一体化新格局［J］．农家之友，2009（3）：6-7.

［83］赵华，丁凡．新时代城乡融合发展水平的测度研究——基于新发展理念的视角［J］．南大商学评论，2019（4）：26-42.

［84］赵云辉，吴心月，白佳奇．数字经济、产业融合与城市经济高质量发展——基于制度环境的调节作用［J］．财经理论研究，2023（1）：1-18.

［85］郑荣周，张官丽．改善生态环境推进生态农业建设［J］．农业与技术，2017（4）：35，37.

［86］中国宏观经济研究院产业所课题组．改革开放40年中国工农关系演变：从缓和走向融合［J］．改革，2018（10）：39-51.

［87］周叔莲，郭克莎．地区城乡经济关系研究的内容和特点［J］．经济学

家，1994（2）：19-27，127.

[88] 朱允卫，黄祖辉. 经济发展与城乡统筹互动关系的实证分析——以浙江省为例 [J]. 农业经济问题，2006（5）：9-14，79.

[89] 祝汉收，刘春霞，李月臣. 重庆市战略性新兴产业空间集聚测度及时空演变分析 [J]. 重庆师范大学学报（自然科学版），2018（5）：63-71.

附　录

一、2000～2022 年重庆市城市综合发展各项指标数据

　　附表 1 为第七章第一节中用于计算城市综合发展水平评价指标的原始数据，涉及 2000～2022 年重庆市有关城市发展的生态环境、产业状况、经济水平及居民生活水平等方面；第七章第三节基于灰色关联度分析法验证熵权法所得指标权重是否可行，检验城市发展层面所用的原始数据。

附表 1　2000～2022 年重庆市城市综合发展指标

年份	城镇居民人均公共绿地面积（平方米）	空气中二氧化硫浓度（微克/立方米）	重点调查工业企业工业废水排放量（万吨）
2000	2.58	156	84344
2001	1.40	108	36748.86
2002	2.30	91	37277.19
2003	3.12	115	63969.28
2004	4.09	113	76691.02
2005	4.93	73	77635.26
2006	6.59	74	75669.59
2007	6.97	65.26	62095.63
2008	8.91	63	62126.94
2009	10.57	53	60940.65
2010	12.72	48	40908.08
2011	17.01	37.89	30593.40
2012	17.41	37	28004.97
2013	17.10	32	30916.94

续表

年份	城镇居民人均公共绿地面积（平方米）	空气中二氧化硫浓度（微克/立方米）	重点调查工业企业工业废水排放量（万吨）
2014	16.54	24	32154.30
2015	16.10	16.24	32838.43
2016	16.18	13	23777.61
2017	16.43	12	17507.76
2018	16.55	9	18757.57
2019	16.16	7	20462.09
2020	16.16	8	21491.42
2021	16.33	9	16268.32
2022	17.35	10	15686.81

年份	二三产业占三次产业比重（%）	二三产业就业人数（万人）	城乡收入比（农村居民收入为1）	城镇就业人数（万人）
2000	84.61	740.24	3.24	528.97
2001	85.60	745.56	3.30	539.80
2002	86.29	750.73	3.31	549.17
2003	87.27	757.09	3.48	560.28
2004	86.26	767.12	3.47	573.97
2005	86.80	777.98	3.41	589.27
2006	90.27	790.42	3.74	602.99
2007	90.16	810.35	3.30	631.65
2008	90.59	840.24	3.18	665.74
2009	91.26	874.92	3.18	696.82
2010	91.95	947.18	2.98	743.30
2011	92.18	1018.09	2.80	787.70
2012	92.41	1074.71	2.79	835.70
2013	92.78	1123.61	2.72	869.50
2014	93.23	1168.34	2.65	902.35
2015	93.34	1207.11	2.59	935.50
2016	93.14	1239.13	2.56	976.13
2017	93.64	1256.42	2.55	1004.52
2018	93.61	1272.61	2.53	1032.46
2019	93.43	1286.68	2.51	1068.58

年份	二三产业占三次产业比重（%）	二三产业就业人数（万人）	城乡收入比（农村居民收入为1）	城镇就业人数（万人）
2020	92.80	1298.01	2.45	1100.12
2021	93.11	1302.11	2.40	1108.23
2022	93.09	1255.86	2.36	1087.42

年份	城镇居民恩格尔系数（%）	城镇居民人均可支配收入（元）	城镇居民人均消费性支出（元）	城镇居民人均储蓄存款余额（元）
2000	41.61	6152.23	5424	3511.25
2001	39.87	6544.44	5658	4251.80
2002	36.78	7000.35	6267	5122.34
2003	36.17	7773.15	6991	6059.10
2004	35.37	8792.72	7806	6964.28
2005	33.81	9699.89	8417	8033.20
2006	33.40	10878.43	9146	9219
2007	33.86	11757.92	9596	9977.84
2008	35.60	13321.42	10781	12247.16
2009	33.64	14502.2	11710	14986
2010	32.95	16032.07	12818	17677
2011	34.51	18516.80	14394	20992.94
2012	36.71	21002.61	15931	25009.09
2013	35.04	23058.22	17123.80	28651
2014	34.51	25147.23	18279.49	31921
2015	33.57	27238.84	19742.29	36203.63
2016	32.73	29609.96	21030.94	39502
2017	32.10	32193.23	22759.16	42384
2018	31.45	34889.30	24154.15	46736
2019	31.16	37938.59	25785.46	52508
2020	32.57	40006.22	26464.39	59188
2021	32.02	43502	29849.60	65131
2022	33.04	45508.93	30573.89	74576

年份	城镇居民每百户家用汽车拥有量（辆）	城镇居民每百户移动电话拥有量（部）	城镇居民人均住房面积（平方米）	城镇居民人均道路面积（平方米）
2000	0.33	18.33	10.72	5.50

年份	城镇居民每百户家用汽车拥有量（辆）	城镇居民每百户移动电话拥有量（部）	城镇居民人均住房面积（平方米）	城镇居民人均道路面积（平方米）
2001	0.24	34.33	11.47	8.07
2002	0.14	53.94	19.56	4.38
2003	1.33	95.67	21.29	5.86
2004	0.33	128.33	22.76	6.20
2005	0.67	154.33	22.17	6.64
2006	1.67	187	24.52	8.14
2007	2.88	178.79	29.28	9.16
2008	4.41	176.74	29.68	9.49
2009	4.90	180.5	31.42	9.78
2010	6.60	190.48	31.69	9.37
2011	10.44	207.11	31.77	10.43
2012	11.37	213.66	32.17	10.67
2013	13.19	218.61	35.10	11.23
2014	17.53	228.34	35.63	11.68
2015	20.94	237.65	35.16	12.05
2016	25.43	251.89	34	12.23
2017	28.07	256.72	35.28	12.67
2018	31.04	259.55	36.53	13.52
2019	34.40	262.21	37.50	14.38
2020	36.30	262.51	39.66	14.65
2021	39	262.3	40.31	15.95
2022	40.20	263.59	40.56	16.64

二、2000~2022 年重庆市农村综合发展各项指标数据

附表 2 为第七章第一节中用于计算农村综合发展水平评价指标的原始数据，涉及重庆市 2000~2022 年有关重庆市农村发展的生产条件、产业状况、经济水平及农村居民生活水平等方面；第七章第三节基于灰色关联度分析法验证熵权法所得指标权重是否可行，检验农村发展层面所用的原始数据。

附表2　2000～2022年重庆市农村综合发展指标

年份	人均农业机械总动力（千瓦）	粮食综合生产能力（万吨）	耕地面积（千公顷）
2000	166388	141064	2261.13
2001	183953	158106	2257.98
2002	188674	154743	2254.83
2003	199187	172886	2251.68
2004	196004	175317	2248.53
2005	211098	181795	2245.38
2006	230400	192414	2242.23
2007	216931	195459	2239.08
2008	235000	199006	2235.93
2009	247325	213488	2438.39
2010	258353	220511	2442.86
2011	273445	225310	2449.71
2012	258499	237230	2451.28
2013	274503	240609	2455.82
2014	282114	259544	2454.65
2015	278368	249649	2430.47
2016	304895	260761	2382.47
2017	325434	273982	2369.85
2018	317512	274398	2120.01
2019	325530	276425	1870.17
2020	324739	287722	1866.29
2021	363065	309152	1853.78
2022	338387	308473	1850.35

年份	农林牧渔业总产值（亿元）	第一产业从业人员数量（万人）	农村就业人数（万人）	规模以上食品及农产品加工企业主营业务收入（万元）
2000	412.63	920.92	1132.19	34741
2001	431.17	870.52	1076.28	37351
2002	460.98	801.04	1002.60	39271
2003	488.57	742.90	939.71	41359
2004	612.77	704.22	897.37	41999
2005	662.19	678.32	867.03	43885

续表

年份	农林牧渔业总产值（亿元）	第一产业从业人员数量（万人）	农村就业人数（万人）	规模以上食品及农产品加工企业主营业务收入（万元）
2006	575.24	664.35	851.78	46477
2007	711.67	658.52	837.22	47557
2008	851.74	652.19	826.69	48225
2009	886.15	638.08	816.18	52069
2010	980.45	603.85	807.73	53124
2011	1204.16	568.95	799.34	55398
2012	1327.34	531.18	770.19	57249
2013	1418.27	495.08	749.19	60376
2014	1485.78	463.78	729.77	59680
2015	1609.05	440.30	711.91	63115
2016	1851.60	419.19	682.19	62872
2017	1902.47	402.91	654.81	65583
2018	2052.41	390.62	630.77	66933
2019	2337.81	381.48	599.58	70263
2020	2749.05	378	575.89	70556
2021	2935.65	366.16	560.04	74630
2022	3068.45	388.51	556.95	74536

年份	农村居民恩格尔系数（%）	农村居民人均可支配收入（元）	农村固定资产投资（亿元）	农村居民人均消费性支出（元）
2000	52.57	1900	43.10	1452
2001	52.71	1982	47.67	1556
2002	53.92	2112	47.89	1601
2003	50.05	2233	49.01	1716
2004	53.30	2536	48.58	2041
2005	49.52	2842	58.29	2394
2006	48.85	2911	72.18	2498
2007	50.86	3560	74.52	2906
2008	49.16	4193	82.42	3368
2009	44.42	4557	90.24	3722
2010	42.87	5378	94.60	4359

续表

年份	农村居民恩格尔系数（%）	农村居民人均可支配收入（元）	农村固定资产投资（亿元）	农村居民人均消费性支出（元）
2011	41. 53	6605. 27	106. 42	5414
2012	38. 92	7526	125. 80	6035
2013	38. 12	8492. 55	144. 28	6970. 65
2014	40. 45	9489. 82	144. 58	7982. 56
2015	39. 96	10504. 71	145. 10	8937. 71
2016	38. 68	11548. 79	116. 31	9954. 36
2017	36. 51	12637. 91	96. 48	10936. 07
2018	34. 90	13781. 22	95. 50	11976. 81
2019	34. 89	15133. 27	90. 50	13112. 07
2020	36. 66	16361. 37	81. 10	14139. 54
2021	36. 56	18099. 60	87. 80	16095. 70
2022	36. 50	19318. 66	82. 60	16727. 14

年份	农村供水普及率（%）	农村居民每百户移动电话拥有量（部）	农村居民人均住房面积（平方米）	农村道路桥梁建设投资总额（万元）
2000	59. 30	0. 89	29. 58	485. 55
2001	57. 10	4. 11	31	1051. 17
2002	60. 60	8. 33	31. 02	2275. 66
2003	63. 50	20. 06	31. 45	4926. 54
2004	65. 90	27. 89	32. 49	10665. 41
2005	68. 28	49. 33	32. 91	23089. 42
2006	70. 30	60. 72	34. 30	49986
2007	73. 23	82. 06	34. 56	108214
2008	76. 40	98. 28	35. 03	167868
2009	80. 90	107. 78	35. 73	186988
2010	87. 50	132. 00	37. 56	234324
2011	90. 30	175. 78	40. 18	226044
2012	90. 45	187. 17	40. 99	285498
2013	91	187. 52	53. 34	248738
2014	91. 10	210. 07	54. 13	296175
2015	91. 50	225. 01	52. 17	248890
2016	75	237. 77	53. 74	287685

年份	农村供水普及率（%）	农村居民每百户移动电话拥有量（部）	农村居民人均住房面积（平方米）	农村道路桥梁建设投资总额（万元）
2017	79.30	241.82	54.81	372101
2018	82.63	263.95	53.93	514412.04
2019	80.50	269.30	54.29	515120.16
2020	86	268.31	53.70	525886.76
2021	83.10	260.81	55.46	349190.19
2022	89	259.77	55.72	286169.77

三、2011~2022 年重庆市数字经济发展水平综合评价指标体系数据

附表 3 为第八章第二节中用于计算城市数字经济发展水平综合评价指标的原始数据，该指标体系主要包括移动电话年末用户数，固定电话年末用户数，邮电业务总量，信息传输、软件和信息技术服务业就业人数，R&D 经费投入强度，R&D 人员全时当量六个二级指标。

附表 3　2011~2022 年重庆市数字经济发展水平综合评价指标

年份	移动电话年末用户数（万户）	固定电话年末用户数（万户）	邮电业务总量（万元）	信息传输、软件和信息技术服务业就业人数（万人）	R&D 经费投入强度（%）	R&D 人员全时当量（人/年）
2011	1801.20	571.20	242.60	10.57	1.28	40698
2012	2069.70	575.70	277.20	12.34	1.40	46115
2013	2380.80	580	329.90	13.98	1.39	52612
2014	2589.90	583	418.10	15.31	1.42	58354
2015	2788.80	565	552.30	16.31	1.57	61520
2016	2880.10	541.60	887.60	17.64	1.72	68055
2017	3274.90	566.80	350.80	18.89	1.88	79149
2018	3650.70	589	368.80	20.21	2.01	91973
2019	3678.80	604.20	390.10	23.34	1.99	97602
2020	3640.10	600	414.60	24.15	2.11	105712
2021	3751.10	608	460.60	24.37	2.16	123446
2022	3962.20	598.70	507.80	24.98	2.36	134446

四、2011~2022 年重庆市产业融合发展水平综合评价指标体系数据

附表 4 为第八章第二节中用于计算重庆产业融合发展水平综合评价指标的原始数据，该指标体系主要包括第一产业发展规模、劳动生产率、农业机械化程度、农村居民收入水平和农村居民消费水平、第三产业发展规模、劳动生产率、就业率和产值占比等 14 个二级指标。

附表 4　2011~2022 年重庆市产业融合发展水平综合评价指标

年份	第一产业产值（亿元）	农林牧渔业产值/第一产业从业人数（元/人）	农业机械总动力（万千瓦）	农村居民人均可支配收入（元）	农村居民人均消费支出（元）
2011	794. 14	21164. 60	1140. 30	6480. 40	4502. 10
2012	879. 67	24988. 50	1162	7526	5018. 60
2013	941. 24	28647. 40	1198. 90	8492. 60	5796. 40
2014	990. 75	32036. 30	1243. 30	9490	7982. 60
2015	1067. 72	36544. 40	1299. 70	10505	8938
2016	1236. 98	44170. 90	1318. 70	11549	9954
2017	1276. 09	47218. 20	1352. 60	12638	10936. 10
2018	1378. 68	52542. 30	1386. 50	13781	11977
2019	1551. 59	61282. 50	1464. 70	15133	13112. 10
2020	1803. 54	72726. 20	1500	16361	14140
2021	1921. 91	80173. 90	1532. 50	18100	16096
2022	2012. 05	78979. 80	1565. 60	19313	16727

年份	第二产业产值（亿元）	工业增加值/第二产业从业人数（元/人）	工业增加值/地区 GDP（%）	第二产业从业人数/总就业人数（%）	规模以上工业企业利润总额/工业总产值（%）
2011	4571. 30	19312. 40	7. 43	24. 62	15. 09
2012	5308. 10	13984. 30	5. 10	26. 32	15. 04
2013	5988. 60	10709	3. 72	27. 94	17. 14
2014	6774. 60	12792. 80	4. 06	28. 46	24. 20
2015	7208	5311. 40	1. 57	28. 75	25. 12
2016	7765. 40	5762. 80	1. 52	28. 74	27. 96
2017	8455	6632. 70	1. 53	27. 82	24. 21
2018	8842. 20	1485	0. 30	26. 61	19. 44

续表

年份	第二产业产值 （亿元）	工业增加值/ 第二产业从业人数 （元/人）	工业增加值/ 地区GDP（%）	第二产业从业 人数/总就业人数 （%）	规模以上工业 企业利润总额/ 工业总产值（%）
2019	9392	6536.90	1.20	26.02	17.80
2020	9969.60	10425.90	1.75	25.12	19.57
2021	11217.30	22251.20	3.38	25.59	23.65
2022	11693.90	8094.90	1.15	25.20	20.35

年份	第三产业产值 （亿元）	第三产业产值/ 第三产业就业人数 （元/人）	第三产业就业人数/ 总就业人数 （%）	第三产业增加值/ 地区GDP（%）
2011	4795.77	76452.20	39.53	9.88
2012	5407.56	82940.60	40.60	5.28
2013	6097.74	90821.30	41.48	5.30
2014	6858.45	97440.50	43.13	5.20
2015	7764.81	105872.70	44.52	5.65
2016	9020.68	118308.70	45.98	6.97
2017	10335.18	130044.80	47.90	6.55
2018	11367.89	136954.30	49.91	4.78
2019	12662.22	148509.50	51.11	5.48
2020	13268.34	151290.60	52.33	2.42
2021	14938.11	170666.60	52.47	5.95
2022	15423.12	183294.40	51.17	1.67